SYLVIE GÜHMANN

DIE JUNGE FRAU UND DAS MEER

INHALT

VORWORT

Die vorliegende Geschichte beruht auf einer wahren Begebenheit; meinem Leben. Doch wie bei allen wahren Begebenheiten verhält es sich eben auch bei dieser einen Wahrheit wie folgt: Es ist meine Wahrheit und somit in großen Teilen eine, die ausschließlich für mich wahr ist.

Reale Geschehnisse und Figuren wurden zudem zugunsten der Dramaturgie und des Persönlichkeitsschutzes mit fiktiven Schilderungen verwoben und objektiviert.

Keine Geschichte, kein Film und keine Fotografie vermag es, die Realität in ihrer Gesamtheit einzufangen. So bleiben die nachfolgenden Zeilen zu Papier gebrachte Fragmente und der Versuch, den Leserinnen und Lesern das zu vermitteln, was alle Literatur möchte: eine Möglichkeit von Wirklichkeit.

TEIL 1

*»Und Gott sprach: Es sammle sich das Wasser
unter dem Himmel an einem Ort, dass man das
Trockene sehe. Und es geschah so.
Und Gott nannte das Trockene Erde, und die
Sammlung der Wasser nannte er Meer.«*

1. Buch Mose (Genesis), Kapitel 1, Vers 9–10

DIE ALTE FRAU
UND DAS MEER

D er erste tote Mensch, den ich gesehen habe, war eine alte Frau, die im Meer ertrank.

Es war kein Verwandter, kein Großvater und keine Großtante, nicht einmal ein flüchtiger Bekannter der Familie; es war eine völlig fremde Frau, und ich war die Erste, die sie sah. Ich habe damals auch nicht auf einer Kirchenbank gesessen, dem einzigen Möbelstück, das einem bewusst werden lässt, dass sich im eigenen Hinterteil Knochen befinden, oder stand ich an einem Grab, umgeben von verzogenen Gesichtern. Die Szene, in der ich meinen ersten Toten vorfand, hätte fürderhin unangemessener nicht sein können. Ich hatte nicht einmal ein Kleid an oder irgendetwas anderes Würdevolles, im Gegenteil, ich war bemerkenswert würdelos unterwegs: in einen Badeanzug. Der war immerhin schwarz.

Ich war acht Jahre alt, schlaksig und im Urlaub an der italienischen Adria. Auf den Fotos aus dem Urlaub sind meine Haare hüftlang und meine blauen Augen stechen aus dem sonnengebräunten Gesicht deutlicher hervor als sonst. Wir verbrachten den Sommer wie jedes Jahr auf einem Campingplatz an der Lagune vor Venedig. Diesmal glich der Platz eher einer Zeltstadt, er besaß mehrere Waschhäuser, in denen mein Vater mich und meine Schwester mit seinen Gesangseinlagen blamieren konnte, und sogar eigene Bäckereien und eine kleine Fußgängerzone. Es war das reinste Labyrinth, in dem ich mich nicht einmal gen Ende des Urlaubs zurechtfand, weshalb ich auf dem Rückweg vom Waschhaus in regelmäßigen Abständen verloren ging und meine Eltern sich, meinen Namen rufend, zwischen den Pinien auf den Weg begaben, um mich schließlich heulend und mit rotzverschmiertem Gesicht zwischen einem der Nadelbäume sitzen zu sehen.

Man könnte meinen, der Tag, an dem ich den ersten toten Menschen in meinem Leben sah, sei vielleicht ein besonders denkwürdiger Tag gewesen, womöglich habe sich die Katastrophe angebahnt, irgendwelche Zeichen hätten auf das Ereignis hingedeutet, so als hätte es den einen Moment gegeben, der den anderen zur Folge gehabt hätte, wie ein Dominostein, der den anderen anstößt, bevor er umfällt und alle anderen mit sich reißt. Immerhin ging es um das im Leben paradoxerweise größte eintretende Ereignis – den Tod. Doch war der Tag an der Adria eigentlich nur eines: bemerkenswert unbemerkenswert. Es kam, wie es fast immer kommt, wenn es sich nicht gerade um einen Film handelt: Ich sah die Tragödie nicht voraus. Im echten Leben gibt es keine Hinweise für den Beobachter, um Spannung aufzubauen, keine Ungereimtheiten, die den letzten unbedarften Zuschauer in die Handlung ziehen, keine Cliffhanger, damit er nicht abschaltet. Im echten Leben fallen einem die Katastrophen meistens so unerwartet vor die Füße wie ein Möwenschiss. So auch an diesem Tag in meinem Sommer an der Adria; die Katastrophe traf mich aus heiterem Himmel.

Der Beginn des Tages reihte sich nahtlos in die Gewöhnlichkeit des Sommers an der Adria ein. Die erste Aufregung über die neue Umgebung war verflogen, ebenso die Begierde nach der andersartigen Luft, die sich hier dicker anfühlte, die Gerüche von Nadelhölzern und Salzwasser und die neuen Gesichter waren vertraut geworden, und ganz allmählich, sodass man nicht sagen konnte, wann es genau passiert war, schlich sich die Routine ein, vor der wir geflüchtet waren. Es war einer der vielen Tage, an denen man es abseits des Strandes kaum aushalten kann. Zumindest war es das, was alle behaupteten, die als Urlauber dort waren, weil sie das Glück hatten, sich einmal über das gute Wetter beklagen zu können.

Die Luft flirrte über dem Asphalt der geteerten Hauptstraßen des Zeltplatzes. Wir schwitzten schon beim Frühstück in unseren Badesachen, als wir die kleinen, geriffelten Brötchen aßen, die immer etwas trocken waren, und meinem Vater zuhörten, wie er sich über das ungenießbare Leitungswasser echauffierte, wie jeder Ostfriese das im Urlaub pflichtschuldig tat. Kaum waren wir damit fertig, cremten wir uns ein, warfen uns Handtücher über, meine Schwester und ich zankten uns im Bad ums Waschbecken und machten uns auf den Weg zum Strand.

Am Vortag hatte ich meine Eltern endlich so weit gehabt, dass sie mir völlig entnervt eine leuchtend gelbe Luftmatratze gekauft hatten, weshalb ich hoffte, das Meer unruhig und mit vielen Wellen vorzufinden, um mich hineinstürzen zu können. Die Matratze unter den Arm geklemmt, von ihrem quietschenden Geräusch begleitet, das durch die Reibung mit meiner Achsel entstand, stapfte ich zwischen meinen Eltern und meiner Schwester den Weg entlang zum Strand, vorbei an den Pinien, Zelten und Wohnwagen, die Füße nach einigen Metern angestaubt von dem pudrigen Sand, durch den wir liefen. Mein Vater und meine Schwester spielten auf dem Weg Autokennzeichenraten, und ich lief schweigend hinterher. Bei dem Spiel hatte ich noch nie gewonnen. Mit einem letzten ›Flip, Flop‹ meiner Schuhe kam ich zum Stehen, als wir die erste Düne hinter uns ließen und ich das Meer sah.

Die Sonne knallte auf die gestreiften Sonnenschirme, die dicht aneinandergedrängten Rücken und die Neoprenanzüge aller rothaarigen Kinder. Auf meinem Körper hatten die Stellen, die mein heiß geliebter schwarzer Badeanzug freiließ, bereits bei meinen Tauchgängen der Vortage einen dunkelbraunen Farbton angenommen. Es war spürbar Sommer an der italienischen Adria, es roch nach Salz und Sonnencreme, das Fleisch unter meinen Fingernägeln war hellrosa, und meine sonst so aschblonden Haare trugen die Sonne auf ihren Spitzen.

Mein Blick fiel aufs Meer, und ich runzelte enttäuscht die Stirn, als ich sah, dass es sich an diesem Tag nur träge bewegte. Es verhielt sich wie eine der italienischen Nonnas, die ich dabei beobachtet hatte, wie sie sich in der Mittagshitze auf den Campingplatz zwischen den Pinien zurückzogen, um sich im Schatten ihren Stuhl aufzustellen und den Kopf über die Touristen zu schütteln, die sich in der Mittagshitze wie Hähnchen brieten. Es war schlicht und ergreifend zu heiß, um sich zu bewegen, und selbst das Meer hatte an diesem Tag keine große Lust, eine Welle zu machen. Ich zog die Augenbrauen zusammen.

Meine Schwester gab mir einen Klaps auf den Hinterkopf. »Mama und Papa stehen schon am Platz, wo bleibst du denn? Willst du hier stehen bleiben und Wurzeln schlagen oder was?« Sie lachte, als ich zusammenzuckte. »Sieh zu!«

Ich blinzelte. »Sieh zu!«, äffte ich sie nach und verdrehte meine Augen, was rückblickend betrachtet erschreckend lange meine Abwehrstrategie für die Wortgewandtheit meiner zwei Jahre älteren Schwester blieb. »Sieh du doch zu«, sagte ich und stapfte, die Luftmatratze noch immer unter den Arm geklemmt, wütend quietschend auf meinen Vater zu, der bereits den Schirm aufspannte, womit der Tag am Strand offiziell eröffnet war.

Bei ihm angekommen, tat ich, was ich an solchen Tagen immer tat: Ich warf das Handtuch und die Matratze in den Sand, kickte meine Schlappen weg und marschierte schnurstracks zum Meer. Ich strich mit meinen Füßen erst durchs Wasser und sah, wie das Wasser sich mitbewegte. Dann schwamm und tauchte ich, was das Zeug hielt. Hielten meine Eltern dieser Tage nach mir Ausschau, suchten sie das Wasser mit abgeschirmten Augen nach einem herausschauenden Paar Beine ab. Das hatte sich als besonders effizient herausgestellt, da sie mich auf diese Weise auch aus der Entfernung schnell entdecken konnten. Die Sache mit dem Tauchen ging sogar so weit, dass ich sieben Jahre lang in Folge den Sommer an der Adria damit zubringen sollte, die ersten zehn Tage unter Wasser zu verbringen. Die anderen zehn Tage saß ich bei 30 Grad Außentemperatur mit Mütze und Badeanzug in einem Planschbecken vor unserem Zelt, um meine Mittelohrentzündung auszukurieren, die der Arzt nach fachkundigem Blick in mein Ohr Sommer für Sommer diagnostizierte. Auf der Rückfahrt, die uns über die österreichisch-italienische Grenze führte, trieb mir der Luftdruck der Berge auf meine entzündeten Ohren stets bittere Tränen in die Augen, sodass der ellenlange Heimweg nur noch verhasster für mich wurde.

Doch noch war es längst nicht so weit. Nicht an dem Tag. Wir befanden uns in der ersten Hälfte des Sommers an der Adria. Sein Ende war so unabsehbar, wie es das nur für ein Kind sein kann. Ich zählte keine Urlaubstage, ich hätte nicht einmal die Wochentage gekannt, wenn mein Vater sie nicht allmorgendlich am Tisch verkündet hätte. Die Mittelohrentzündung des letzten Jahres war in diesem Raum-Zeit-Kontinuum längst vergessen, ich stieß also Freudenschreie aus, tauchte auf und noch weiter hinab, das Wasser angenehm warm um mich herum, und die Wellen kamen mir vor wie die Umarmung eines fast vergessenen Freundes.

Als mir schließlich doch kalt wurde und ich herausfand, dass die warmen Strömungen nicht nur vom Wasser selbst, sondern auch von dem Jungen neben mir kamen, der mich auch noch dreist angrinste, ging ich eilig zurück zu unserem Schirm, den ich vom Wasser aus routiniert an seiner gelb-weiß gestreiften Silhouette ausmachte. Ich setzte mich auf mein Handtuch, ließ den heißen Sand durch meine Hände rieseln, sah zu, wie die Tropfen auf meiner Haut verschwanden und wie sie weiße Ränder hinterließen. Meine Familie genoss den Tag, wie sie es immer tat: Während meine zwei Jahre ältere Schwester erfolglos nach den dicken Krebsen kescherte, vor denen es mir insgeheim graute, und hin und wieder quiekte, wenn sie auf wundersame Weise Erfolg hatte, blickte meine Mutter unter dem Schirm stoisch in ihr Buch. Vermutlich waren es wieder diese »verflixten letzten Seiten«, wie sie meist mit einem Brummen verlauten ließ, wenn wer es wagte, sie zu stören. Dabei durfte sie eigentlich generell nie wer beim Lesen stören, auch nicht auf den ersten Seiten oder mittendrin. Mein Vater, der die eine Hand wie so oft in die Hüfte gestemmt und die andere lässig auf dem Schirm liegen hatte, stand über mir, strich sich über den Schnauzer und konstatierte die »tolle Aussicht«. Und noch während er das tat, packte mich eine Langeweile, die einen beim Ausruhen nur überkommen kann, wenn einem die Pubertät noch bevorsteht. Es war zu früh für mein tägliches Flutscheis, und so schob ich meine Füße in die unter der Mittagssonne längst heiß gewordenen Schlappen und stand auf.

Damals hatte ich gerade erst erfolgreich meine Senkrechtstarterkarriere als Marketing-Opfer begonnen. Nachdem der dritte Handtuchverkäufer mit einem lauten »*Lookie, lookie, very good price*« an unserem Schirm und meiner Charakterschwäche vorbeigezogen war, konnte ich nicht mehr an mich halten. Ich musste eines dieser Tücher haben. Nachdem ich in Venedig keinen Knetball an einem der unzähligen Stände bekommen hatte, fand ich das nur fair. Der Stand des Strandverkäufers bot eine Vielfalt absurder Farbkombinationen, grelles Pink mischte sich unter giftiges Grün, was unterbewusst eine biologische Warnung bei mir hätte hervorrufen müssen. Rückblickend könnte ich mich fragen, wie meine Vorfahren es auf diese Weise geschafft hatten, sich in der Natur durchzuschlagen, ohne sich irgendwo eine tödliche Vergiftung zuzuziehen. Ich strich über die flauschigen Stoffe, die zu der Sorte zählten, die spätestens nach dem ersten Mal Waschen bockelhart wurden, und wollte gerade die Rückseite des Standes erkunden, die dem Meer zugewandte Verkaufsfläche, nur um sicherzugehen, dass ich auch ja das grellste Tuch von allen auswählte, als ich sie sah.

Wenn ich heute an die Szenen zurückdenke, die auf diesen Moment folgten, dann dehnen sie sich in meinem Kopf aus wie alte Heizungsrohre im Winter, kurz vor ihrem Bruch. Meine Synapsen waren wie die Röhren einer alten Anlage, in der zu lange Wasser stillgestanden hatte: Die Moleküle darin froren ein und quollen so weit auf, dass sie ihre Ummantelung bersten ließen. Die Sekunden weiten sich beim Erinnern zu gefühlten Stunden aus. Jeder noch so kleine Moment schwillt zu etwas Größerem an, das mehr Platz einnimmt. Die eingefrorenen Bilder ziehen ein wenig stockend, aber akkurat und trennbar wie bei einem alten Film durch meinen Kopf.

Ich kann heute gar nicht mehr genau sagen, was genau mir an der alten Frau aufgefallen war, wieso ich überhaupt zu ihr hinübergesehen hatte, obwohl mich der Handtuchstand mit seinen Farben so sehr in Beschlag genommen hatte. Mein Blick fiel zuerst auf ihre lang ausgestreckten Beine im Wasser, über deren Haut sich Besenreiser wie kleine Flüsse zogen. Ich schätzte die Frau auf um die achtzig Jahre alt, was aber nicht allzu viel bedeutet, da für mich damals jeder Mensch, der älter als 20 war, mit einem Bein fest im Grab stand. Nachdem meine Augen die Beine gescannt hatten, deren Haut einer Landkarte glich, wanderte mein Blick höher und fiel auf die obere Körperhälfte, die sich außerhalb des Wassers im Sand befand, dort, wo er noch fest unter den Schuhsohlen war. Das Meer schwappte wieder und wieder über ihre Beine hinweg, während ich alle Details aufsog. Die Wellen krochen über ihren Körper bis hin zu ihrem Bauch, über den sich der Stoff ihres schwarzen Badeanzugs spannte.

Eigentlich hatte auch das mich nicht wundern sollen. So etwas hatte ich schon häufiger im Sommer am Strand beobachtet: Hardcore-Sonnenbadende, die sich direkt am Wasser im Licht aalten, um ihre Urlaubsbräune auf Sonnenbankniveau zu heben. Doch irgendwas an der Frau ließ mich an diesem Tag innehalten, weshalb ich zögerlich nähertrat. Vermutlich verstand ich erst in diesem Moment, dass sich etwas nicht ins Bild fügte, dass eine Aufnahme auf der Filmrolle kaputt war.

Ich näherte mich widerwillig, fast als watete ich durch meterhohes Wasser und nicht durch dessen Ausläufer. Da mich die Flipflops so nah am Wasser beim Gehen eher behinderten, als dass sie halfen, kickte ich sie weg und spürte, wie bei der nächsten Welle das warme Wasser meine Knöchel umschloss, nur dass es mir diesmal nicht wie eine sanfte Berührung vorkam. Ich machte einen Schritt nach vorn, weg vom Wasser, als würde es ätzen. Als ich beim nächsten Schritt scharfkantige Muscheln unter der Fußsohle spürte, bemerkte ich ihre Einschnitte in meine Haut nicht mehr. Der Körper der Frau hatte sich vollständig in mein schon damals kurzsichtiges Gesichtsfeld geschoben. Jetzt war ich mir ganz sicher, dass etwas nicht stimmte.

Ich ging in die Hocke. Der Bauch der Frau schien, aus der Nähe betrachtet, nicht zum Rest des Körpers zu gehören. Er war beinahe unnatürlich dick und aufgebläht, sodass nicht einmal jahrzehntelanger exzessiver Alkoholkonsum dafür hätte verantwortlich sein können. Die Glieder der Frau waren viel zu entspannt dafür, dass sie so nah am Wasser lag, wo die Wellen im Sand Linien aus Schaum hinterließen wie ein tollwütiges Tier seinen Speichel. Etwas stimmte überhaupt nicht, und meine Augen begannen sich mit einem Schlag zu weiten. Als mein Blick auf das Gesicht der Frau fiel, verstand ich endlich, was mich nicht hatte wegschauen lassen: Die Frau rang mit dem Tod. Aus ihrem Mund quoll derselbe weiße Schaum wie der, den die Wellen um sie herum ausspuckten. Gerade als ich zu einem Schrei ansetzte, der meine Lippen nie erreichen sollte, folgte eine Spaziergängerin meinem Blick und zerriss mit einem Geräusch, das keinen Ton beinhaltete, den letzten Rest Idylle an der italienischen Adria.

Ein Mann, der sich als Arzt vorstellte, aber in seiner blauen Speedo-Badehose und mit sonnenverbranntem kugelrundem Bauch nicht wie einer aussah, kniete sich in den Sand und vollzog hektisch pumpende Bewegungen auf der Brust der Frau. Ich war beinahe empört, mit solch einer brachialen Gewalt hob er auf ihren Oberkörper ein. Beinahe wollte ich ihn wegziehen, weshalb er auf die arme Frau, die im Schwimmeinteiler vor ihm lag und die ohnehin schon mit dem Leben rang, auch noch eindreschen musste, war mir schleierhaft.

Eine halbe Stunde später, nach verzweifelten Wiederbelebungsversuchen der Sanitäter, die vorbei an Schirmen, Sandburgen und Familien durch den Sand geeilt waren, war die alte Frau in dem schwarzen Badeanzug tot. Später versuchte unser Vater, uns Kindern zu erklären, was passiert war. Die Strömung hatte die alte Frau an dem Tag fortgerissen, unter Wasser gezogen und wieder an Land gespuckt. Ich erinnere mich noch, dass ich wie versteinert auf dem weißen Plastikstuhl vor unserem Zelt saß. Denn das Meer, das mir am Morgen noch so harmlos und langweilig erschienen war, hatte mich getäuscht. Der Bauch der Frau, der mir so dick vorgekommen war, hatte sich mit Wasser vollgesogen wie ein Schwamm. Der Schaum, der aus ihrem Mund gequollen war, war der letzte Versuch ihres Körpers gewesen, sich gegen das Meer aufzubäumen, es wieder auszuspucken, dahin, wo es hingehörte, aber es hatte nicht gereicht.

Der Ehemann der Frau, ein alter Mann mit Sonnenhut, wachte an dem Tag regungslos, zwei Meter entfernt unter dem jetzt lächerlich gestreiften Schirm über den Körper seiner Frau bis der Leichenwagen kam. Ich weiß noch, wie ich dachte, als ich neben ihm stand, dass es aussah, als würde auch er mit den Wellen kämpfen, obwohl er nicht einmal im Meer stand. Wasser hatte sich in seinen blauen Augen gesammelt, deren Farbe vom Alter blasser als der Himmel selbst war.

Meine Eltern hatten mich von der Szene wegziehen müssen und zurück zu unserem Platz unter dem Schirm bugsiert. Ich wusste, ich *spürte,* dass es sich nicht gehörte, zuzuschauen und in das fremde Drama am Wasser einzudringen, das sich dort am helllichten Tag auftat, ich gab mir alle Mühe, aber ich konnte nicht anders. Aufmerksam sah ich zu, wie die Sanitäter am Ende ein Tuch über der Frau ausbreiteten, wie sie sie auf eine Trage hievten und wie sie ihre weißen Koffer mit dem kleinen roten Kreuz darauf packten, als würden sie aus dem Urlaub abreisen. Ein bisschen kam es mir so vor, als taten wir es ihnen gleich, in diesem einen Augenblick am Strand am Meer, als nähmen sie unseren Sommer in ihrem Pick-up mit.

Ich blickte dem Leichenwagen sogar noch hinterher, der viel zu spät gekommen war, »weil in Italien die Uhren einfach anders ticken«, wie mein Vater sagte, und beobachtete, wie der Wagen mit seinem Allradantrieb versuchte, sich seinen Weg durch den Sand zu bahnen, um den Leichnam der Frau fortzubringen.

Ja, ich sah sogar noch dabei zu, wie der alte Mann, der jetzt Witwer war, seinen Stuhl und den Schirm zusammenklappte und wie eine Frau ihn vom Strand wegführte, und erst, als er zwischen den Dünen verschwand, sah ich weg. In diesem

Moment war die Tragödie um die alte Frau und das Meer für mich vorbei. Da erst merkte ich, dass ich das Tuch vom Stand die gesamte Zeit über noch in den Händen gehalten hatte, und brachte es zurück. Ich wollte es nicht mehr.

Auf dem Weg zurück zu unserem Zelt warfen die Pinien lange Schatten auf den Boden, es gab mehr Dunkel als Hell, und wir sprachen nicht miteinander. Sogar meine Schwester, die sonst nur wenig davon verstand, schwieg. Nur das ›Flip, Flop‹ meiner Schuhe, das Quietschen meiner Matratze, die jetzt unangenehm auf meiner von der Sonne gereizten Haut rieb, und das Rascheln der Rucksäcke, die an unserer mit Sonnencreme geölten Haut scheuerten, begleiteten den stillen Marsch durch die Zeltstadt.

Am nächsten Tag wachte ich um dieselbe Zeit wie tags zuvor auf. Wir klammerten uns jetzt an unsere neu gelebte Routine wie an einen Rettungsring. Wir frühstückten die runden, geriffelten Brötchen, die mein Vater geholt hatte, zankten uns vor dem Spiegel und bekamen Ärger, bevor wir uns auf den Weg durch die Pinien zum Strand machten. Und obwohl meine Schwester weiterkescherte, meine Mutter weiterlas (diesmal waren es bestimmt die letzten Seiten), mein Vater die Aussicht weiterbewunderte und ich weitertauchte, hatte sich etwas verändert. Irgendetwas hatte sich verändert, und es war nicht das Meer. Das Meer war, wie es immer war, der Strand war, wie er immer war, nur *wir, wir* waren anders. Das spürte ich deutlich, und meine Familie spürte es auch, obwohl sich alle nach Kräften bemühten, es nicht zu sein. Bauschten sich die Wellen um ihre Beine, war meine Schwester zögerlicher, der stoische Blick meiner Mutter war durchbrochen von kurzen Seitenblicken zu uns, und die Ausführungen meines Vaters über den »tollen Ausblick« durch das Anspannen seiner Hand gestört, die auf dem Schirm lag. Mein Tauchen führte mich an diesem Tag nicht so weit und tief hinaus. Die Wellen, die mir am Tag zuvor noch wie eine Umarmung vorgekommen waren, beunruhigten mich mit einem Mal, sie fühlten sich aufdringlich an. Auch war der Strand nicht so voll, nicht geschäftig ungeschäftig, eher verkrampft unverkrampft, weil alle »zur Normalität übergehen wollten«, wie mein Vater sagte, und trotzdem schienen die Ferngläser der *salvataggio*, der italienischen Rettungsschwimmer, wie angeschweißt an deren Stirn. Ich bemerkte zum ersten Mal, wie viele es von ihnen gab.

Das ging in dem Sommer am Meer ein paar Tage lang so, bevor sich die kleinen Verschiebungen auf wundersame Weise zurückbewegten. Es war fast so, als würden sich die tektonischen Platten, die das kleine Erdbeben am Strand ausgelöst hatten, wieder voneinander weg und an ihren ursprünglichen Platz bewegen. Der Blick meiner Mutter heftete sich länger auf ihr Buch, die Arme meines Vaters fanden selbstsicherer den Platz auf seinen Hüften, der Kescher meiner Schwester wurde zielstrebiger, und meine Tauchgänge führten mich weiter und bestimmter hinaus. Meine Glieder fühlten sich wieder an, als wüssten sie, wie sie sich bewegen müssten. Es war fast, als hätte es die tote Frau am Strand nie gegeben.

Noch heute kommt es mir ein bisschen so vor, als hätte ich mir das alles zusammengereimt, als wäre es Teil eines Tagtraums, der mich ob der Langeweile oder der Temperaturen am Strand heimgesucht hatte. Ich dachte sogar darüber nach, ob mir wer von etwas Ähnlichem berichtet und ich diese Erzählung unbewusst in meine Erinnerung integriert hatte wie bei einem False-Memory-Effekt, wenn es zu einer Pseudoerinnerung kommt. Denn wir sprachen nie mehr über das, was in diesem Sommer passiert war, nicht über die alte Frau, die ich hatte sterben sehen. Vermutlich weil es nichts war, was wir gerne mit dem Urlaub verknüpfen wollten.

Ich glaube, meine Familie vergaß den Tag am Strand fast vollkommen und vergrub ihn unter all den anderen Tagen im Sand, die wir am Meer verbrachten, unter all den Tagen, an denen wir die runden, geriffelten Brötchen aßen und uns auf dem Weg durch die Pinien zum Meer begaben und die sich so ähnelten, dass man sie kaum auseinanderhalten konnte. Nur für mich war der Tag, an dem ich die tote Frau gesehen hatte, wie die eine, feine, unebene Stelle in der Naht eines Pullovers. Ich spürte sie eher, als dass ich sie sah, zu unauffällig fügte sie sich in all die anderen Reihen der Nähmaschine ein. Doch so unauffällig sie auch sein mochte, wusste ich doch, dass sie da war.

Mir wollte es einfach nicht richtig gelingen, zu vergessen. Es war so, als hätten die Platten, die das Beben am Strand ausgelöst und die Wellen verursacht hatten, in mir drin nie wieder ihren eigentlichen Platz gefunden. So, als hätten sie sich endgültig verschoben. Wie bei einem Grabenbruch, wenn sich nach einem Erdbeben die Platten so sehr verschieben, dass kontinentale Kruste auseinanderbricht und die Stücke so weit voneinander wegdriften, dass vom Meeresgrund Gebirge und Schluchten aufklaffen wie eine sich nie mehr schließende Wunde. Allenfalls bildeten die Zellen in mir eine Kruste, neue Haut, aber die Narbe blieb.

MEIN LEBEN,
DER WITZ

Wenn mich jemand fragt, wo ich herkomme, folgt meine Antwort mehreren Pfaden mit unterschiedlichen Optionen. Je nachdem, wie ortsunkundig mein Gegenüber ist, antworte ich, dass ich aus Leer komme. Weiß er oder sie damit nichts anzufangen, sage ich, dass ich aus Ostfriesland komme und so weiter. Darauf folgen andere, weiter gefasste, geografische Einordnungen, je nach dem, wie viel Lust ich dazu habe. Der Nordwesten ist etwa darunter, manchmal sage ich aber auch einfach, dass ich aus der Nähe von Bremen oder sogar Hamburg komme, weil damit viele mehr anfangen können. Hilft das alles nichts, beschränkt sich meine Antwort auf die Frage, woher ich komme, häufig auf fünf Wörter: aus der Nähe vom Meer. Die meisten nicken dann und haken nicht weiter nach. Es genügt ihnen als Auskunft. Das ist ein bisschen so, wie wenn jemand gefragt wird, was er beruflich macht, und er antwortet, er mache irgendwas mit Medien. Dann will eigentlich auch keiner mehr nachfragen, was genau derjenige damit eigentlich meint. Dabei ist ›Aus der Nähe vom Meer‹ eine Halbwahrheit. Denn obwohl meine Heimatstadt der zweitgrößte Reedereistandort nach Hamburg ist und wir sie deshalb auch als Seehafenstadt bezeichnen, dauert es von dort aus im Auto noch mindestens eine halbe Stunde, bis man zur See kommt.

Diejenigen, die glauben, meine Heimat zu kennen, würden sie vermutlich anhand folgender Eckdaten beschreiben. Der Name der Stadt lautet nicht ›Aus der Nähe vom Meer‹. Sie heißt Leer und liegt zwar nicht ganz an der Küste, aber ziemlich weit weg von den Bergen, übrigens ein für mich relativ wichtiges Detail. Die Leute würden sagen, die Stadt, in der ich aufwuchs, ist eine Stadt, in der jeder jeden kennt, aber in der man manchmal so tut, als wäre letzteres nicht der Fall. So wie das in Kleinstädten eben so läuft. Da, wo einem die Anonymität verwehrt wird, steckt hinter einem Nichtgrüßen blankes Kalkül, ein Affront, eine schwerwiegende Sache also, aber dazu später vielleicht mehr.

Über den Namen der Stadt Leer werden außerdem gerne Witze gemacht. Das würden die Leute in jedem Fall über meine Heimat sagen. Er stammt vermutlich aus dem Urgermanischen und leitet sich von dem Wort ›hlér‹ ab. Das bedeutet übersetzt so viel wie ›umzäunte Weide‹. Das trifft es ganz gut, wie ich finde, eigentlich auch viel besser als ›Aus der Nähe vom Meer‹. Vor allem in Anbetracht der Landschaft, die sie von Postkarten kennen und die die Stadt umgibt, kommt das ganz gut hin, weil es genau genommen ziemlich wenig zu sehen gibt: Man sieht viel Weide, ein paar Schafe und eine Hand voll Kühe. Die stehen dann auf plattem Land am Stadtrand in der Gegend herum und zermalmen Grashalme. Zwischendurch mäht und muht es. Manchmal weht ein bisschen Heu am Stadtrand über die Straße, wie in einem alten Westernfilm, aber da hört die Gemeinsamkeit auch auf. Ist das Heu in der Filmhandlung der Vorbote eines Ereignisses, lässt die Spannung in Leer ihren Höhepunkt an der Kurve hinter sich. So hat es zumindest den Anschein.

Zur Kulisse hinzu kommen womöglich ein paar Wolken, die immerzu über den Himmel ziehen. Ich finde, das lässt ihn wie eine halbfertige Leinwand aussehen. Fast so, als wäre er ohne die Tupfer zu einsam gewesen, und nach den Tupfern ist dem Künstler nichts mehr eingefallen. Vielleicht guckt man ihn genau deshalb aber so gerne an, weil er nie gleich ist, nie ganz fertig wirkt und deshalb Fragen aufwirft wie das Lächeln der Mona Lisa. Manchmal sagen Paare, die an unterschiedlichen Orten wohnen, sie teilten immerhin denselben Himmel. Das gilt vielleicht für den Rest der Welt, aber nicht für den Zipfel im Nordwesten, in dem ich aufgewachsen bin, zumindest nicht tagsüber. Der Wind dreht so häufig, dass die Wolken immer anders aussehen und nie gleich, wie ein sich immerwährend veränderndes Kaleidoskop. Schon ein paar Meter weiter sieht jemand etwas vollkommen anderes. Außenstehende würden sagen, dass ich dem Spiel des Himmels eine übertriebene Bedeutung zuschreibe, ist der Tatsache geschuldet, dass hier meist nicht viel mehr passiert.

Die Einwohner der Stadt Leer nehmen es wegen der Weide-Schaf-Kuh-Sache mit einem tapferen Lächeln hin, wenn im Sommer die Touristen die Stadt fluten und mit einem Augenzwinkern sagen, dass es hier wirklich ausgesprochen leer sei. Auch wenn Leute, die diesen Wortwitz lustig finden, in etwa auf demselben Level rangieren wie jene, die »Guten Moin« sagen oder Sprüche wie ›Meer ist mehr‹ als Wandtattoo im Flur kleben haben. Die Sache mit den Witzen über unsere Stadt macht uns Einwohnern aber ohnehin nicht viel aus. Wenn man es genauer betrachtet, sind wir es einfach gewöhnt, dass jemand Witze über uns macht. Denn nicht nur über den Namen der Stadt Leer machen sich Außenstehende lustig, sondern über unsere gesamte Region – und über uns Bewohner gleich mit. Das ist ein ziemlicher Rundumschlag, den wir da verkraften müssen, und das geht schon ziemlich lange so.

Zwischen 1968 und 1969 berichtete erstmals eine Schülerzeitung über den ›Homo ostfrisiensis‹, den schlichten Bewohner Ostfrieslands. Kurze Zeit später schrieben gleich mehrere Lokalzeitungen über die Witze im Frage-Antwort-Schema, in denen wir nie so richtig gut wegkamen, bevor Medien wie der *Spiegel* das Thema aufgriffen. Als dann einige unserer wenigen Emporkömmlinge die Witze in ihr Bühnenrepertoire aufnahmen, kam der Stein so richtig ins Rollen. In der Regel handelt es sich bei unseren Emporkömmlingen übrigens mittlerweile um ältere Herren, und wie es der Zufall will, wirft Ostfriesland ausschließlich Unikate ab (siehe Karl Dall, Otto Waalkes und H. P. Baxxter alias Scooter).

Vermutlich fühlt es sich für uns Leeraner aber auch deshalb nicht so schlimm an, wenn wieder wer aus der Stadt Emden »In Aurich ist es schaurig, in Leer noch viel mehr« sagt – im Grunde genommen ist das egal, weil das restliche Deutschland ausnahmslos über alle Bewohner Ostfrieslands lacht. Es ist also völlig gleich, wenn auch noch die Stadt durch den Kakao gezogen wird. Die Witze einen uns Ostfriesen sozusagen. Deshalb kommt es hin und wieder auch vor, dass die Leute doch etwas damit anfangen können, wenn ich sage, aus welcher Stadt ich komme. Meist ufert es dahingehend aus, dass irgendein Ostfriesenwitz aus dem Gehirnspeicher gekramt wird. Auch deshalb greife ich oft lieber auf ›Aus der Nähe vom Meer‹ zurück. Denn trotz der stoischen Gelassenheit, die uns nachgesagt wird, ist irgendwann jedermanns Maß an Flachwitzen voll, so platt das Land auch sein mag. Haha.

Grundsätzlich sind wir nicht für unsere aufbrausende Ader bekannt. Es gibt wenig, womit man einen Ostfriesen so richtig aus der Reserve locken kann. Eine Sache aber, die wir in Leer nicht leiden können, ist, wenn man uns Leerer nennt. Dann taucht manchmal ein leichtes Zucken um unsere Augen herum auf. Irgendwo hört der Spaß auf, es heißt Leeraner, und das sollte man also vielleicht dann doch wissen, wenn man auf uns trifft.

Trotz allem sind wir natürlich stolz auf Otto, auf Karl Dall, auf Scooter und sogar die Ostfriesenwitze. Am Ende haben wir immer gut lachen, vor allem wenn wir sehen, wie jeden Sommer Touristen in unsere Städte einfallen und unsere Kassen füllen, weil sie die Ostfriesen aus den Witzen so nett finden »und so lustig«. Dann holen wir unser Teeservice heraus und zucken nicht einmal mit der Wimper, wenn ein Reisender Zucker statt *Kluntjes,* den weißen Kandis, nimmt oder den Tee umrührt oder irgendwie alles falsch macht, was man falsch machen kann. Mit einem Lächeln auf den Lippen schleusen wir sie dann in eines unserer Teemuseen, wo dann noch einmal die Kassen klingeln. Denn vor der Geschichte mit den Ostfriesenwitzen kannte uns im Rest Deutschlands kein Schwein.

Auch deshalb können die Witze uns so wenig anhaben, weil wir Leeraner insgeheim Lokalpatrioten sind. Wir sind stolz auf unseren Hafen, das mit der Seehafenstadt versuchen wir meist auch im Gespräch unterzubringen. Wir verweisen auf unsere »eigene kleine Hafencity«, die der in Hamburg in »nichts nachsteht«, unsere Nesse, eine Halbinsel mit verchromten Gebäuden, was der Hafencity natürlich irgendwie in allem nachsteht, wie Hamburger sagen würden, allein im Größenvergleich. Hinzu kommen natürlich unsere Burgen, von denen wir nicht allzu viele besitzen, dafür aber doppelt so stolz auf die vorhandenen sind. »Nee, nich nur in Süddeutschland haben die so was«, sagen wir dann und schleppen die Besucher beispielsweise zur Evenburg, die wirklich ausgesprochen hübsch ist und die scherzeshalber Schloss Neubramstein genannt wird, in Anlehnung an einen vergangenen Landrat und das Steuergelderloch, das sich aufgrund der Renovierung aufgetan hat.

Zu guter Letzt verweisen wir immer auf unsere schöne Altstadt, auf ihren historischen Gehalt und die pittoresken Gassen, auf die schon die Schilder an der Autobahn hinweisen, wenn man in Richtung Leer fährt. Ja, auch wir haben solche braunen Sehenswürdigkeiten-Schilder am Straßenrand. Sie fallen ob ihres Raritätengehalts in Norddeutschland nur mehr auf, könnten andere jetzt vielleicht einwerfen.

Wir werden trotzdem nicht müde zu betonen – und das geht mittlerweile Jahrzehnte weit zurück –, dass Leer im Übrigen das ›Tor Ostfrieslands‹ genannt wird, und hoffen klammheimlich, dass niemand die abfallende Aufschrift ›Die Einkaufsstadt‹ auf dem Wasserturm entdeckt. Das mit dem Tor meinen wir Leeraner nicht mal als Hyperbel, sondern ganz ernst. Auch wenn das vermutlich nur daher rührt, dass wir im Vergleich zur Nachbarstadt Aurich (etwas über 40.000 Einwohner) immerhin einen Bahnhof besitzen, der sogar mehr als einen Bahnsteig aufzuweisen hat (Leer hat etwas mehr als 34.000 Einwohner und zwei Gleise). Wächst man in Aurich auf, sitzt man in seiner Jugend also so richtig in der Tinte. Schlimmer geht also immer. Das Gefühl der Ausweglosigkeit muss omnipräsent sein, wie eine Mücke im Ohr: kein Bahnhof, schlechte Autobahnanbindung und das alles am

Arsch der Heide, wie man so schön sagt. Richtig aufspielen möchte ich mich aber nicht, der Nabel der Welt ist Leer ja auch nicht gerade.

Wenn wir an der Autobahnabfahrt nach Leer das grüngelbe Schild des örtlichen Teefabrikanten passieren, der übrigens ›Marktführer‹ im Segment unseres heiß geliebten Ostfriesentees ist – das betonen wir natürlich auch –, dann trommelt sich unser innerer ostfriesischer Häuptling aber wirklich richtig mächtig auf die Brust. Das mit dem heißen Getränk ist nämlich so eine Sache, denn dabei wird jeder ostfriesische Lokalpatriot noch lokalpatriotischer. Das stimmt tatsächlich, dass wir Ostfriesen da ein wenig eigen sind. Tee aus der Nachbarstadt kann nicht kommentarlos am Tisch konsumiert werden, wenn Besuch da ist. Meist beginnt es bei uns zu Hause mit einem harmlosen »Wa?«, bevor ein erstaunter Gesichtsausdruck unter den Gästen auftaucht und eine weitere unschuldige Frage wie »Thiele-Tee?« nachgeschoben wird, sobald wer das kleine Emblem des Fabrikanten irgendwo aufblitzen sieht. Entschuldigt man sich nicht spätestens dann mit einem »Die hatten im Supermarkt nichts anderes mehr«, macht sich greifbare Empörung in der Runde breit, dicht gefolgt von einem lang gezogenen und vorwurfsvollem »Thieeeleee!« und »Dabei sind wir doch in Leer und nicht in Emden, hier trinkt man doch Bünting!«. Das wird mit einer solchen Entrüstung erklärt wie ein Atomkrieg, sodass wir schon ein ums andere Mal fürchten mussten, ins benachbarte Emsland abgeschoben zu werden, und das konnte nun wirklich keiner wollen. Ich hörte einmal wen sagen, dass die an Ostfriesland angrenzenden Landkreise im Emsland sich vor allem dadurch von meiner Heimat unterschieden, dass sie »Geröll im Vorgarten liegen haben«, womit die unproportional hohe Dichte an Steingärten im Emsland gemeint war. Letzteres trifft die Ostfriesen mitten ins Herz, lieben sie es doch, ihre Nachbarn auf die längst überfällig hohe Rasenkante seines Vorgartens hinzuweisen. Gerettet hat uns bei der Teesache die Herkunft meiner Mutter. Wir rechtfertigten uns regelmäßig.

Generell ist es schon so, dass wir uns unseres platten Landes und seiner Natur rühmen. Ostfriesland an sich ist ein Flächenstaat, was so viel heißt wie: Es gibt hier wirklich sehr viel Land und im Vergleich dazu wirklich sehr wenig Leute. Wenn es Sommer wird, hört der Rest Deutschlands angeblich das laute Seufzen unserer verzweifelten Lokalredakteure, weil das bedeutet, dass vor der Redaktionstür noch weniger passiert. Es soll schon halbe Seiten gegeben haben, so sagt man, die mit einer Geschichte über einen vom Sturm abgeknickten Ast gefüllt waren, weil der Kaninchenzüchterverein seine Pressemitteilung an dem Tag doch nicht mehr geschickt hatte.

Das alles erzählen sich zumindest die Leute, wenn sie über meine Heimat sprechen. Es verhält sich eben so wie bei mir, wenn ich verreise und hinterher davon berichte, als sei alles unumstößlich. Ich halte die kurze Sequenz für einen Film, eine Postkarte für einen Bildband. Vermutlich unterscheiden sich meine Beschreibungen aber fundamental von denen der Einwohner. Andere hingegen bergen einen wahren Kern. Wie ein Tor kam mir Ostfriesland in meiner Jugend jedenfalls nicht vor. Tatsächlich verbrachte ich meine Kindheit und Jugend wortwörtlich in einer Sackgasse. Viel ausgemacht hat es mir nie, zumindest nicht, als ich noch klein war.

Beide Häuser, in denen ich aufwuchs, hatten trotzdem gemein, dass die Straßen, an denen sie lagen, auch irgendwo in Osteuropa hätten sein können. Das kann man durchaus als landschaftliche Idylle bezeichnen, so wie man das auch in Italien tut, wenn der Putz von den Häusern bröckelt, aber weil es bei uns fast immer regnet, hinkt der Vergleich, und die Straßen sehen dann ein bisschen marode und wenig charmant aus, weil einem für diesen Blickwinkel einfach nicht genügend Sonne das Gehirn verbrennt. Glücklicherweise sind die meisten unserer Häuser wegen der salzhaltigen Luft in den seltensten Fällen verputzt und vorwiegend mit Backstein erbaut. Damit Außenstehende erkennen, dass die Steine verwittern, muss es sich schon um eine Burgruine aus dem Mittelalter handeln, und davon haben wir ja, wie schon gesagt, nicht so viele. Das mit dem Backstein lässt sich außerdem hervorragend als Fischerdörfchenidylle verkaufen und sieht wirklich hübsch aus, wenn man im Hafen einen historischen Kutter davorstellt.

Auch die zwei Häuser meiner Kindheit und Jugend waren ebenfalls aus Backstein erbaut. Bei der Straße vor dem ersten Haus handelte es sich um eine kleine Schotterpiste voller Löcher, die so groß wie Mondkrater waren, sodass es einen beim Autofahren immer kräftig schüttelte. Die zweite Straße hatte immerhin einen Asphaltbelag, der allerdings auch durch einen Vulkanausbruch hätte entstanden sein können. In der Blüte meiner Pubertät sog ich aus Eitelkeit meine Wangen ein, damit sie beim Befahren der Straße nicht wackelten, was natürlich noch viel dämlicher aussah, ich aber erst zehn Jahre später erkennen sollte. Wenn die Männer von der Stadt kamen und einen Eimer Schotter auf die Schlaglöcher kippten, taten sie das meist in Eile, fast so, als wäre es ihnen selbst schon peinlich, weil sie wussten, dass das nichts bringen würde und zwei Wochen später der Rollsplit überall, aber nicht in den entsprechenden Löchern war. Sie hinterließen dabei nie eine gerade Fläche, es war immer so, als wäre Lava aus den Löchern herausgequollen, die für unebene Krusten auf der Asphaltdecke sorgte.

Wenn ich dort Inliner fuhr, war es deshalb auf den ersten Metern eher ein Stopptanz als eine Fahrt. Ich fuhr ein Stück, stolperte, ruderte mit den Armen, bekam nach vorne Übergewicht, fing mich wieder oder stürzte. Meine Einradphase hatte sich glücklicherweise nach einer Schussfahrt in Richtung Rosenhecke erledigt, deshalb traf es mich nicht allzu sehr.

Das alte Haus, das sich näher am Ortskern befand und eigentlich gar nicht so alt war, besaß einen Keller, wie ihn viele ostfriesische Häuser früher noch hatten, um Vorräte kühl zu lagern, einen kleinen Garten und – was noch viel wichtiger war – zwei Häuser weiter die weltbeste Nachbarin, die man sich vorstellen kann: Tante Harms. Ich weiß bis heute nicht so recht, wie sie mit Vornamen hieß. Sie wohnte allein in ihrem Haus, hatte eine große Hornbrille auf der Nase und einen kleinen Hocker im Flur stehen, auf den sie nur für meine Schwester und mich immer einen Teller Waffeln stellte. Dass wir weder verwandt noch verschwägert mit ihr waren, begriff ich erst viele Jahre später.

Das zweite Haus, in dem ich ab der vierten Klasse aufwuchs, ist im Bau einem *Fehnhaus* nachempfunden und liegt am äußeren Rand der Stadt, nahe einem Landschaftsschutzgebiet, das *Hammrich* heißt. Der *Hammrich* mag einen auf den ersten Blick nicht unbedingt aus den Latschen hauen, weil es sich dabei um den eingangs beschriebenen Stadtrand mit dem Kuh-Weide-Schaf-Teil handelt, aber genau das macht ihn für mich so schön: Man trifft hier selten auf andere Menschen. Ein bisschen war der *Hammrich* wie unser erweiterter Garten. Unser kleines Fehnhaus, das man aufgrund seiner Bauweise in Ostfriesland als *Gulfhof* bezeichnet, ist typisch für die Region. Man erkennt Fehnhäuser vor allem daran, dass sie aus Backstein gebaut werden und ihr Dach im hinteren Bereich des Hauses zum Boden herabgezogen wird. Das sieht ein bisschen so aus, als hätte das Haus hinten ein Paar Stützräder. In diesem Teil brachten die Leute früher Stall und Vieh unter, im vorderen Teil lebten sie. Wir hatten weder Stall noch Vieh, abgesehen davon, dass wir einen Hund hatten und meine Mutter meinen Vater hin und wieder einen Esel nannte – oder mich und meine Schwester ein Ferkel. Das Haus umgibt ein großer Garten. Das Grundstück wiederum ist umsäumt von künstlich angelegten Gräben, die den Boden entwässern sollen. Ganz Ostfriesland ist durchzogen von solchen Wasserstraßen, die sich hervorragend zum Spielen eignen. Kurz gesagt: Für unsere Kindheit war es das reinste Paradies. Auch langweilig wurde mir nie. Bis heute nennen wir beide Häuser ›das alte Haus‹ und ›das neue Haus‹.

Ich bin jetzt Mitte zwanzig, und das bedeutet, dass ich im Besitz eines Führerscheins und der Erlaubnis bin, Alkohol zu trinken, und dass Leute von einem behaupten, man sei »aus dem Gröbsten heraus«. Ich gelte nicht mehr als völlig unzurechnungsfähig, besitze aber auch noch keinen dieser Einkaufskörbe aus Aluminium, die mit floralem Muster umspannt sind; ganz vertrauenswürdig bin ich also doch noch nicht. Ich koche keine Nudeln mehr und esse sie mit Ketchup, dafür koche ich Nudeln mit einer Tomatensoße in fünf verschiedenen Variationen. Ich befinde mich in einem Zwischenraum. Das bedeutet, dass ich mich jetzt schon über die Klamotten lustig mache, die ich während meiner Pubertät getragen habe, aber noch nicht weiß, dass mir in zehn Jahren die Kleidungsstücke peinlich sind, die ich in diesem Moment trage. Wir geben alle vor, nicht mehr so unsicher wie mit fünfzehn zu sein, ein selbstbewussteres und schlagfertigeres Ich zu besitzen, dabei befindet sich jeder Mitte zwanzig eigentlich in einer ausgewachsenen Lebenskrise und versucht das wie seine Pickel in der Pubertät zu kaschieren, indem er mit schlaueren Wörtern um sich wirft. Wir alle wissen, dass Krisen gesellschaftlich erst wieder mit Mitte fünfzig erlaubt sind, wenn wir Worte wie ›Midlifecrisis‹ fallen lassen können und alle einvernehmlich nicken. Dabei sollte man meinen, man sei spätestens dann ›aus dem Gröbsten heraus‹.

Das Problem ist: Mitte zwanzig zu sein bedeutet, dass man mit dem Eintritt in diese Phase seines Lebens seinen Welpenschutz verliert. Auf einmal ›probiert man sich nicht mehr aus‹, bricht man einen Studiengang ab oder ›findet sich noch mal neu‹, wenn man die Welt umreist. Plötzlich trifft einen der Ernst des Lebens wie ein Schlag auf den Kopf. Mit Mitte zwanzig bekommt man offiziell bei jeder Feier zwischen Kanapees und Weinschorle völlig übergriffige Fragen zu grundlegenden Lebensentscheidungen gestellt. Meist erschreckt einen das ziemlich, immerhin hat einen 25 Jahre lang nichts auf solche Attacken aus dem Hinterhalt vorbereitet, galt man ja als unzurechnungsfähig.

Es ist fast so, als evaluiere die Gesellschaft die eigene Zurechnungsfähigkeit anhand der Antworten, die wir auf diese völlig indiskreten Fragen geben, und erst, wenn wir sie zufriedenstellend beantworten, bekommen wir den Aluminiumkorb überreicht. Man wähnt sich also gerade in der völligen Sicherheit der Kindheit, in der man nicht mehr steckt, ja, in zufriedener Unwissenheit, bevor plötzlich Fragen wie zwirbelnde Nackenklatschen auf einen einprasseln. Die Erkundigungen folgen dabei immer einem Schema: eine harmlose Erkundigung, beinahe naiv und beiläufig, dicht gefolgt von einem saftigen Magenschwinger: »Noch Schnittchen? Du möchtest doch später sicherlich auch Kinder, oder?«, »Mensch, was bist du aber hübsch geworden. Wie kann es denn sein, dass jemand wie du in dem Alter nicht vergeben ist?« oder »Noch Sekt? Jetzt sag aber mal: Verdient man denn eigentlich gut mit dem, was du machst?«. Letzteres natürlich mit gespielt besorgtem Seitenblick. Dabei wollen die Erwachsenen eigentlich nur wissen, ob man gegen ihre eigenen Kinder anstinkt. Trotzdem verschluckt man sich meist oder täuscht es einfach vor, wie bei einer Technik aus dem Tierreich, bei der man sich scheintot stellt, weil man mit Mitte zwanzig aufgrund von nicht genügender Erfahrung noch keine zweckdienlicheren Abwehrstrategien für solche Situationen erlernt hat.

Im Laufe eines dieser Verhöre traf mich eine Frage aber noch sehr viel härter in meiner fragilen Adoleszenz als die anderen, und die lautete wie folgt: »Wie ist denn so das Leben in der Großstadt? Du möchtest doch später sicherlich wieder zurück nach Ostfriesland, oder?«

Der Lauch blieb mir am Gaumen kleben, ich hustete und spuckte Krümel, eine Hand landete auf meinem Rücken und der Rest des Schnittchens in meinem Schoß. Tränen rannen mir über die Wangen, und als ich wieder Luft bekam, sagte ich: »Ach, was, nee. Jetzt ja noch nicht.« Doch mit jeder Silbe schwand meine Gewissheit, und am Ende hingen die Worte wie ein Fragezeichen in der Luft. Ich lachte ein kleines bisschen verrückt und erntete noch mehr besorgte Blicke, und es war klar, dass ich diesen Einkaufskorb noch lange Zeit nur aus der Ferne sehen würde. Ich verließ die Gartensoiree mit eiligen Schritten. Die Hinterbliebenen verleibten sich beruhigt weiter ihre Schnittchen ein, ich war jetzt offiziell komischer als ihre Kinder.

Doch noch etwas anderes hatte sich nach diesem Verhör verändert. Ich stellte mir plötzlich selbst Fragen, die ich mir die nächsten zehn Jahre über nicht hatte stellen wollen. Es war, als hätten die Bemerkungen der anderen ein Rad in mir angeschmissen, das sich unaufhörlich weiterdrehte: Wo wollte ich hin? Musste ich überhaupt irgendwo hinwollen? Wo kam ich her? Und was hatte das wiederum damit zu tun, wo ich hinwollte?

ERINNERN

Die Frage nach der Herkunft führt unweigerlich zu denen, die vor einem dagewesen sind: Mutter, Vater, Onkel, Tante, Großvater, Großmutter. Sie bilden unseren Prolog, die Vorgeschichte unserer Handlung. Anhand ihrer Seiten versuche ich oft, meine eigenen Kapitel zu erklären. Ich gehe alles durch, was ich weiß, und nur bei einer meiner Verwandten reißt die Suche mehr Papier entzwei, als dass sie Teile zusammensetzt. Trotzdem steuert auch sie wichtige Abschnitte zu meiner Herkunftsgeschichte bei, auch wenn sie fehlerhaft sind.

Ich besitze nicht viele Erinnerungen an meine Großmutter aus Ostfriesland. Sie besaß an ihrem Ende keine einzige mehr an mich. Vielleicht wusste sie nie wirklich, wer ich war, wenn sie mich sah. Ich blieb eine Fremde für meine Großmutter und kenne sie größtenteils aus den Geschichten der anderen. Wenn ich aber eine höre, verstaue ich sie sorgsam auf meinem inneren Dachboden. Sie sind wie die Scherben eines großen Mosaiks, die ich sammle und zusammensetze, von denen ich hoffe, dass sie möglichst umfassend sind. Dabei ist es schwierig, von anderen Leuten etwas über sie zu erfahren. Meist erstehe ich aus solchen Erzählungen nur eine Handvoll Silben. Oft hängen an den Worten Pausen, die das beschreiben, was sie *auch* war, den Teil, den ich schon weiß, der Seiten einreißen lässt und den andere deshalb lieber mit Stille beschreiben.

Das letzte Mal hörte ich vor ein paar Monaten wieder so eine Geschichte. Ich ging in Ostfriesland spazieren und geriet auf meinem Weg in ein Gespräch mit einer älteren Frau. Sie wirkte verloren, obwohl sie vor ihrem Haus stand, und so blieb ich und unterhielt mich mit ihr. Sie erzählte mir, wie lange sie schon dort wohnte, wo sie wohnte, wer ihre Kinder waren und wo diese wohnten. Das taten ältere Menschen, die einsam waren, häufig: Sie sprachen über diejenigen, die nicht bei ihnen waren, weil sich das wie ihre Gesellschaft anfühlte. Am Ende des Gesprächs stellte ich mich ihr vor, und wie immer, wenn man sich in Ostfriesland vorstellt, verbinden die Leute etwas mit dem Nachnamen. Das tun sie nicht, weil meine Familie so besonders war oder ist; die Leute kennen einander einfach. Entweder kannten sie den Onkel, die Tante, den Vater, die Mutter, die Schwester oder aber – und darauf wartete ich immer – die Großeltern.

An diesem Morgen hatte ich Glück, denn die ältere Dame kannte meine Großmutter. Ich fühlte mich, als stünde ich unter einem welkenden Obstbaum, und unter all den verwurmten Früchten fand ich einen glänzenden Apfel. Ich stand am Fuße des Baums und streckte meine Finger danach aus. Die Frau hatte früher mit ihrem Mann, »dem Milchmann«, und ihrer Kutsche Milchflaschen in der Straße meiner Großeltern ausgeliefert. Sie nannte meine Oma eine »sehr liebe Frau«, »sehr höflich« und »hilfsbereit«, also waren es genau genommen eigentlich gleich drei rosige Früchte, die ich an dem Tag bekam, und ich verstaute sie behutsam in den Schachteln auf meinem inneren Speicher.

Es mag nicht nach viel klingen, aber in mir breitete sich ein warmes Gefühl aus. Ich traf immer seltener auf Menschen, die meine Großmutter gekannt hatten, die Mosaikpuzzleteile wurden weniger, und ich nahm, was ich bekommen konnte, jeden noch so kleinen Splitter. Nach meinem Spaziergang fügte ich sie zu den anderen kleinen Scherben hinzu, die ich schon gesammelt hatte. Auf meinem Weg nach Hause hallten die Worte in mir nach. Die meisten Menschen sagten, dass meine Großmutter eine sehr liebe Frau gewesen sei. Manche senkten danach den Blick, andere wechselten das Thema. Die, die direkter und seltener sind und die nicht nur mit Pausen um sich warfen, fügten zögernd hinzu: »Ein wenig fahrig vielleicht, deine Oma.« Sie sagten, sie sei »vergesslich« gewesen, »hektisch« dann und wann. Ich ertappe mich dabei, wie ich in diesen wenigen Silben manchmal nach Zügen suche, in denen ich mich wiederfinde, in denen ich ihr ähnele. Meist komme ich aber nicht weit, mir fehlen einfach zu viele Einzelstücke für ein vollständiges Bild. Denn meine einzig klare Erinnerung an meine Großmutter ist eine, in der sie keine mehr besitzt, und sie bildet das Herzstück meines Mosaiks.

Es war ein Sonntag, und die Luft um meinen Vater herum fühlte sich an wie jene, die sich dicht und drückend vor einem Gewitter anstaut. Hätte ich die Finger nach ihm ausgestreckt, hätte ich mich mehr bemühen müssen, um ihn wirklich zu erreichen. Später verstand ich, dass mein Vater uns Kinder mitnahm, weil er es allein nicht schaffte, sie zu besuchen. Wir waren sein wärmender Mantel im tiefsten Winter, unsere Kindheit war das Gegengift gegen das, was uns erwartete.

Er öffnete an dem Tag die Tür eines Zimmers, in dem meine Großmutter seit Tagen, Wochen und Monaten lag, vielleicht schon seit mehr als einem Jahr, aber das spielte eigentlich keine Rolle mehr. Nicht dort. Die Gesetze der Zeit wurden hier aus ihren Angeln gehoben. Denn obwohl sie lebte und ihr Herz schlug, war sie schon lange gestorben. Wir sahen in dem Raum zu, waren stille Beobachter davon, wie die Zeit rückwärtslief.

Die Nachmittagssonne fiel in dem Raum schwach durch die Lamellen des Einzelzimmers und hinterließ dabei Streifen auf dem PVC-Boden, schmale Gitterstäbe, die das Zimmer durchzogen wie ein Gefängnis, was es auch war. Als mein Vater, meine Schwester und ich uns um Großmutters Bett herum versammelten, bewegten wir uns vorsichtig. Zum einen war da die Gewitterluft, die meinen Vater umgab, zum anderen fühlte es sich ein wenig so an, als würde man auf der Kellertreppe stehen, kurz bevor man ins Dunkel geht.

In der Luft lag der Geruch von Desinfektionsmittel, viel deutlicher aber lag noch etwas anderes darin. Denn ich roch es trotzdem. Durch den beißenden Geruch des Desinfektionsmittels hindurch: Den Geruch alternder Menschen. Selbst wenn ich mich zurückerinnere. Ich konnte riechen, wie meine Großmutter langsam und allmählich wie ein Kartenhaus in sich zusammenfiel, und ich sah es auch. Ich konnte sehen, wir ihre Wangen in den Mundinnenraum fielen, weil sie nicht einmal mehr ein Gebiss trug. Sie hatte vergessen, wie man es benutzte. Sie hatte verlernt, wie man lebt.

Der Pfleger, der uns im Flur zur Tür begleitet hatte, hatte gesagt, dass sie wundgelegen sei und er sie mehrmals am Tag wenden müsse, um ein wenig Luft an ihre Haut zu lassen. Wie ein Schnitzel, dachte ich noch, nicht wie ein Mensch, aber das sagte ich nicht, weil die Frau, die wir besuchten, noch immer die Mutter meines Vaters war. Zumindest für ihn war sie das noch, und ich schwieg, weil mein Vater immer stiller wurde, je näher wir dem Zimmer kamen. Die Luft, die sich um ihn zusammenzog, wurde immer dicker.

Denn die Frau, die in dem Zimmer mit Rückspultaste vor uns lag, war keine Ehefrau und keine Mutter mehr und erst recht keine Großmutter. Sie war 70 Jahre alt und jünger als ich. Sie starb rückwärts und in Zeitlupe, und wir sahen ihr dabei zu. Wir kamen in regelmäßigen Abständen her, nur um zu sehen, wie sie das Leben verlernte. Alzheimer nannten die Ärzte das. Ich hatte mich früher immer gefragt, ob der Begriff sich von Altersheim ableitete, da beides unausweichlich miteinander einherging, dabei ist es reiner Zufall, er geht auf den Psychiater zurück, der die Krankheit als Erstes beschrieb. Die Leute im Altersheim sagten zumindest, es handele sich um eine Form von Demenz, eine unheilbare Störung des Gehirns, bei der Nervenzellen absterben. Die Krankheit sei der Grund, weshalb Oma im Nebel liege. »Tragisch«, nannten es die Menschen im weißen Kittel. Wo Oma doch so vergleichsweise jung gewesen sei. Für mich war es etwas, das nicht nur eine Person ergriff. Zumindest konnte ich das im Gesicht meines Vaters erkennen, das sich auch an diesem Tag, als wir zu Besuch waren, zu einem Gewitter verzogen hatte.

Meine Großmutter gab lang gezogene »Ahhs« und »Oohs« von sich, während ich am Bett stand und in vollständigen Sätzen reden konnte. Sie war aufgebracht über die Fremden im Raum und verlieh den Lauten immer mehr Nachdruck, indem sie lauter wurde und die Buchstaben in die Länge zog, und ich konnte sie verstehen. Ich wäre über die fremden Menschen in meinem Schlafzimmer auch aufgebracht gewesen. Bei Kleinkindern gab es einen bestimmten Ausdruck für diese Art von Reaktion: Sie fremdelte. Ihre Bezugsperson fehlte, und sie kannte die Menschen im Raum nicht.

Meine Füße schoben sich durch die Gitterstäbe am Boden, näher an das Kinderbett heran. Ich berührte zaghaft Großmutters Hand, die von pergamentartiger Haut überzogen war, von bläulichen Adern und braunen Pigmentpunkten, die man Altersflecke nennt, was absurd war, weil die Frau vor mir in dem Körper einer 70-Jährigen so jung war. Die »Ahhs« und »Oohs« nahmen ein bisschen ab, als ich vorsichtig mit meinen Fingern über ihre Hand streifte. Vielleicht war das der Tag, als der letzte Funken Leben in ihr glomm – eine flüchtige Erinnerung an ein Leben, an ein Menschsein –, denn sie wurde mit einem Mal ganz ruhig und genoss die Wärme auf ihrer Haut. Wenn ich die Augen schließe, höre ich noch hinter mir das Rascheln, als mein Vater sich mit der Hand über sein Gesicht fuhr. Meine Schwester stand neben ihm und griff nach seinem anderen Ärmel, durch die dicke Luft hindurch.

Wir blieben nicht lange an diesem Nachmittag, weil Oma müde war, womöglich aber auch aus Angst, dass irgendwer auch bei uns auf die Rückspultaste drückte. Mit leisen Schritten gingen wir an dem Aufenthaltsraum vorbei, wo der Kopf eines älteren Herrn in den Nacken fiel, bevor er mit offen stehendem Mund schnarchte. Die Rückfahrt war leise. Es war fast so, als hätten wir den Raum, in dem die Zeit rückwärtslief, mitgenommen. Und vielleicht hatten wir das auch, zumindest mein Vater. Ich konnte sehen, wie innerlich Bilder über die Augen meines Vaters flackerten. So wie in einem dieser kleinen viereckigen Klickkästen, die Kinder zur Ablenkung in die Hand gedrückt bekommen, gefüllt mit den Bildern seiner Mutter und den Tagen, an denen sie noch dagewesen war.

Meine Großmutter war damals fast fort, sie befand sich in einem Zwischenraum zwischen dem Jetzt und Später, und sie war dort jahrelang.

Ich hatte nicht das Glück, sie kennenzulernen. Ich versuche mir oft vorzustellen, wie sie vor ihrer Alzheimer-Erkrankung gewesen sein könnte. Hörte sie viel Musik? Tanzte sie gern? Hatte sie ein gutes Verhältnis zu ihrer Mutter? Sah ich ihr ähnlich? Ich glaubte einmal, meine Wangenpartie auf Bildern wiederzuerkennen. Und was hätte sie beruflich gemacht, hätte sie gedurft? Manchmal taucht vor meinem inneren Auge eine flüchtige Erinnerung auf, in der ich auf einer orangefarbenen Schaukel sitze und in der sie mich anschubst und lauthals lacht und in der ich auch lache, weil sie so laut lacht und weil mein Magen beim Schaukeln kleine Salti schlägt. Aber vielleicht gibt es sie gar nicht, diese zweite Erinnerung. Vielleicht ist sie falsch. Vielleicht habe ich sie mir ausgedacht. Vielleicht habe ich mir nur gewünscht, dass es sie gibt. Für mich ist das unwichtig, weil sie trotzdem schön ist.

Meine Großmutter war bei meiner vielleicht einzig richtigen und klaren Erinnerung fast fort, an dem Tag, als wir sie im Pflegeheim besuchten und sich die Gitterstäbe am Fußboden enger um sie zuzuziehen schienen. Sie war 70 Jahre alt und lag wie ein Kleinkind in einem Gitterbett. Sie mit grauen Haaren und ich mit Milchzähnen und mehr Wörtern im Kopf als sie. Der Leim, der die Bindung ihres Buchs zusammenhielt, löste sich, noch während sie lebte, von selbst auf. Seiten, volle Kapitel fehlen, und sie reißen ein Loch in meinen Prolog.

Dennoch hat meine Großmutter etwas für mich getan, das alle guten Großmütter tun: Sie brachte mir etwas Wichtiges bei. Sie hinterließ mir kein Rezept für eine Sonntagstorte, gewiss auch nicht das Handwerk fürs Häkeln, Reifenwechseln oder die Fertigkeiten fürs Schachspielen, dafür etwas anderes. Vielleicht ist es sogar die wichtigste Lektion fürs Leben, die es sich zu erlernen lohnt und die andere erst im hohen Alter lernen: Ein Mensch ist die Summe seiner Erinnerungen. Sie stützen uns wie die einzelnen Blätter eines Kartenhauses. Sie bilden das Gerüst unseres Lebens, sie machen uns aus. Wir sind, wer wir sind, weil wir erfahren, was wir erfahren, und uns daran erinnern, um daraus zu lernen.

Ohne sie, ohne unsere Erinnerungen, zerfallen wir alle zu Staub.

SCHMETTER-
LINGSEFFEKT

ch war acht Jahre alt, als ich für einen Vormittag lang Vorfahren aus einem anderen Land besaß. Die Frage nach der
Herkunft war eine, der ich mich zuvor nie hatte stellen müssen. Bis zu jenem Vormittag hatte ich nie wirklich darüber
nachgedacht, wo ich herkam, wo meine Eltern herkamen oder
wo andere herkamen. Es sollte ein einschneidendes Erlebnis
werden. Nur ein paar Silben genügten, um mein Leben, wie
ich es kannte, infrage zu stellen. Es war wie bei dem berühm-
ten Schmetterlingseffekt, wo ein winzig kleiner Flügelschlag
ausreichte, um das blanke Chaos anzustoßen – und in meinem Fall einen Identitätstornado heraufzubeschwören.

Mein Selbst begann an einem stinknormalen Dienstag-
vormittag zu wanken. Wie jeden Morgen war ich spät dran,
und so erreichte ich die Grundschule mit meinem schwarz-
gelben Tigerentenfahrrad zwei Minuten zu spät und völlig
außer Atem. Die Perlen in meinen Speichen hatten während
der Fahrt vom Kraftakt des Tretens wie die Kastagnetten
einer Flamenco-Tänzerin gescheppert, der Fuchsschwanz
aus Kunstfell, mein ganzer Stolz, hatte im Wind gezappelt, als
hinge er an einem realen Tier. Ich sprang aus dem Sattel und
rannte über den bereits verwaisten Schulhof die Treppen hinauf zu unserem Raum.

Mit fünf Minuten Verspätung erreichte ich das Zimmer, in dem ein anderes Kind eine Arschbombe auf meine Biografie vornehmen sollte. In völliger Ahnungslosigkeit riss ich mit einem letzten Keuchen die Tür auf. Synchron wendeten sich mir die 24 Köpfe unserer Klasse zu. Frau Hanken schaute mich auf die schlimmste Art und Weise an: bedauernd. Das würde einen Smiley Abzug geben. Grimmig starrte ich zurück und schnallte meinen mit Sternen bespickten Fahrradhelm ab. Ich rieb mir die gequetschte Haut unter meinem Kinn. Leise nuschelte ich ein »Tschulligung«, senkte reuevoll den Blick und schlich zu meinem Platz.

Wir hatten Sachkundeunterricht, das Sammelbecken zwischen den anderen Fächern, und Frau Hanken zog gerade eine vergilbte Karte aus einer weißen Röhre heraus. In der Woche zuvor hatten wir uns ausgiebig dem Thema Insekten gewidmet, allem »was fliegt und flitzt«, wie Frau Hanken sagte, die außerdem Deutschlehrerin war und es mit den Alliterationen zu übertreiben pflegte. Dafür hatten wir einen Waldspaziergang unternommen, eine Exkursion ins Gehölz, was in Ostfriesland gar nicht mal so einfach war.

Aufgeregt hatten wir uns paarweise vor dem Klassenzimmer eingefunden und waren losmarschiert. Dabei mussten wir kurz Händchen halten, was bei Grundschülern immer eine ekelige und klebrige Angelegenheit war. Irgendwer hatte immer die Reste seines Marmeladenbrotes in den Patschehänden oder irgendetwas anderes, von dem man nicht genau wissen wollte, was es war, an den Fingern kleben. Auch ich hatte so ein Geschenk von meinem Partner überreicht bekommen und wischte es mir routiniert an meiner Hose ab, der Sammelstelle für alles Ekelige im Leben einer Grundschülerin. Nachdem unsere Lehrerin durchgezählt hatte, war es so weit. Wir liefen los.

Die ersten Meter waren wir noch aufgeregt. Wir schnatterten und plapperten, einige pfiffen sogar noch vergnügt. Währenddessen versuchte ich verzweifelt, den Gleichschritt mit dem Partner neben mir zu vermeiden. Während andere Freundschaftsbändchen trugen, sich dieselben Strickjacken kauften oder sich ›Beste Freundinnen fürs Leben‹ mit Sternen und Herzen und Diddl-Briefmarken ins Grundschulheftchen klebten, ließ all das meine Reaktanz schon damals nicht zu. Wer die Briefmarken tatsächlich benutzte, hatte bei mir ohnehin seine Daseinsberechtigung verwirkt. Die waren zum Sammeln da.

Der Enthusiasmus des Ausflugs geriet jedoch mit zunehmender Strecke ins Stocken. Und so liefen und liefen und liefen wir und suchten verzweifelt nach einer Ansammlung von mehr als drei Bäumen, was die inoffizielle Definition eines Waldes in der Gegend war. Darüber pflegte meine Mutter, die wirkliche Wälder gewohnt war, stets verächtlich zu schnaufen. Manchmal sprach sie darüber, was sie an ihrer eigenen Heimat am meisten vermisste. Hin und wieder sprach sie über Täler und Berge, die Felsen und vor allem die Wälder, die mehr Schattierungen kannten als der Farbkreis selbst.

Gerade der Herbst ließ sie oft wehmütig werden. Färbten sich die Blätter draußen in unserem Garten, färbte sich ihre Stimmung gleich mit. Liefen wir in ihrer Heimat Stunden, ohne das Ende eines Waldes zu sichten, war in Ostfriesland der Weg dorthin die längste Etappe. In der Heimat meiner Mutter hatten die Wege im Forst oft etwas Unheimliches. Das Geäst schluckte die Geräusche, alles war still und dunkel, nur der eigene Atem war deutlich zu hören. Kaum ein Lichtstrahl durchbrach die Blätterdecke; die Kronen der Bäume, die einen umgaben, waren oftmals nicht auszumachen. Es fühlte sich für mich so an wie in einer Großstadt, in der ich mir angesichts der Wolkenkratzer, deren Ende nicht auszumachen war, noch kleiner und unwichtiger vorkam, was ich vielleicht ja auch war. Ein Staubkorn in der Geschichte der Welt. Wie manche Leute das Ganze ›Waldbaden‹ nennen konnten, war mir unbegreiflich. ›Waldertrinken‹ hätte ich passender gefunden.

Wir konnten uns vermutlich glücklich schätzen, in Norddeutschland mehr Regen- als Sonnentage zu haben, denn Schatten spendende Nadelhölzer waren selten anzutreffen. Der Spaziergang dauerte auch an diesem Tag deshalb länger, als angedacht war. Einige begannen bereits zu quengeln, und Imke hatte sich zweimal mit Verve in die Knie geworfen, um »Ich muss Pipi!« zu johlen, dass der Satz wie eine Welle durch die Reihen echote, weil plötzlich allen einfiel, dass sie auch mal mussten. Zudem regnete es natürlich sturzbacharrtig, und wir mussten uns zwischendurch immer mal wieder unterstellen, was nicht allzu einfach war, weil es eben nicht allzu viele Bäume gab. Ich blickte an mir herunter und sah, wie sich der Stoff meiner Cordhose im Regen verdunkelte.

Zum anderen aber, und das kostete noch mehr Zeit, war da Jonte, dessen Vater leidenschaftlicher Hobby-Biologe war und der wirklich alles, was sich irgendwie bewegte, beim Namen nennen konnte und leider auch wollte. Zwar waren seine Lieblingstiere Kröten, für deren Sicherheit er mit seinem Vater auch oftmals Schilder am Straßenrand aufstellte, aber auch für andere Tiere konnte er sich begeistern. Das hatte zur

Folge, dass er alle zwei Meter für alle anderen urplötzlich stehen blieb und fasziniert irgendwohin starrte. Wie die Pinguine watschelten wir hintereinander her, und hielt Jonte an, weil er wieder ein Amphib zu identifizieren hatte, lief meist das erste ihm folgende Kind gegen ihn, woraufhin das zweite und alle anderen folgten und teilweise sogar Kinder kaskadenartig umfielen und auf den Taschen an ihren Rücken landeten wie ein strauchelnder Käfer auf seinem Panzer. Das war aber auch die einzige Gemeinsamkeit zwischen uns und den Käfern an diesem Tag, denn durch den Regen hatten sich die meisten Insekten verständlicherweise versteckt. Ich begann mich zu fragen, weshalb wir da waren, wo wir waren, wenn doch sogar die Tiere, die immer draußen waren, sich versteckten, und hoffte, dass wir umkehren würden.

Doch ich hatte die Rechnung ohne Jonte gemacht. Wir standen gerade auf einer Lichtung – oder war es der Wald? Das konnte ich nicht genau sagen, jedenfalls war wenig Geäst da. Aus dem Sichtfeld, das sich aus meiner Kapuze ergab, sah ich, wie er sich abermals bückte.

»Ha! Frau Hanken, guck mal hier!«, sagte er und ging fachmännisch in die Hocke. »Der Käfer hat sich unter dem Blatt da versteckt. Weil ein Regentropfen kann dem schon wehtun nämlich!« Bedeutungsschwanger hob er die Augenbrauen und erzielte gleich Wirkung.

Onno machte große Augen, Action fand er super. »Heftig. Tropfen. Krawumms, tot, Genickbruch. Boah.«

Imke, dem Hasenfuß der Klasse, wich stattdessen jegliches Blut aus dem Gesicht. Die Erschütterung lief für uns alle sichtbar über ihr Gesicht, bevor sie in einem Schluchzen ein Ende fand. »Ich will nach Hause. Ich will noch nicht sterben, Frau

Ha-Ha-Hanken. Was, wenn mich der nächste Tropfen haut?«, johlte sie unter ihrer Bärchenmütze.

Eike begegnete dem Thema weniger theoretisch als Jonte, aber dafür unerschrockener als Imke: Er verleibte sich alles enthusiastisch mit Haut und Haaren ein. Frau Hanken schlug ihm routiniert den zweiten Käfer aus der Hand, bevor es zu spät war. Er hatte sich als Lehrerschreck schon Rang und Namen gemacht.

Erst vor ein paar Wochen hatte er sich einer Ohren-OP unterziehen müssen, weil er sich eine Bohne ins Ohr gesteckt hatte. Als unsere Mathelehrerin ihn dann wie jede Woche im Unterricht gefragt hatte, ob er Bohnen in den Ohren habe, weil er so selten zuhörte, fragte er lautstark »WAS?« und nickte dann, nachdem sie ihre Frage wiederholt hatte, so stolz und heftig, dass es aussah, als würde ihm jeden Moment sein Kopf abfallen. Erst zu Hause hatte sich herauskristallisiert, dass er dieses eine Mal nicht gelogen und Frau Hanken beim Wort genommen hatte. Mittlerweile hatte er den Verband abnehmen dürfen, mit dem er laut Onno »echt cool« und »wie ein Zombie« ausgesehen hatte. Imke hatte natürlich geweint und hielt sich fortan die Ohren zu, packte ein Kind Bohnen aus.

Die Waldexkursion war noch lange Thema in der Klasse. Nachdem Imke geschworen hatte, sie bekäme Kopfschmerzen von den Tropfen, die ihr auf den Kopf fielen, ergab sich Frau Hanken mit einem Seufzen, und wir traten den Rückweg an. Über eintägige Ausflüge wurde damals noch Tage gesprochen.

Eine Woche später saßen wir wieder im trockenen Klassenzimmer und sahen Frau Hanken dabei zu, wie sie ihre Wandkarte und den Schlüssel zu meiner Identitätskrise entrollen sollte. In bunten Farben waren darauf Länder eingezeichnet. Sie nahm ein Stück Kreide in die Hand und ging zur Tafel. »Wir haben ja vergangene Woche einen aufregenden Ausflug unternommen.« Allgemeines Nicken. »Dabei haben wir festgestellt, dass die Bäume, die wir gesehen haben, ganz wundervolle Wurzeln haben.« Dramaturgische Pause, sie wollte die Alliteration sacken lassen. »Damit haben sie etwas mit uns gemeinsam.« Ausladende Handbewegung. Stille. Eike bohrte sich mit seiner Füllfeder in der Nase. Frau Hanken tippte sich übertrieben nachdenklich ans Kinn. »Was könnte das wohl sein?« Fragender Blick in die Runde.

Jonte schaute aus dem Fenster und studierte den Marienkäfer, der dort klebte. Eike zeigte auf den Käfer und auf seinen Bauch, was Jonte dazu veranlasste, ihm die Zunge herauszustrecken.

»Ich weiß es doch auch nicht, Frau Hanken!«, sagte Imke jetzt und seufzte verzweifelt, wurde aber von Eikes »SCHIE-TE« unterbrochen, was sie zusammenzucken ließ. In dunkelblauen Linien lief ihm Tinte aus der Nase. Onno stieß bewundernd einen Pfiff aus.

Da riss Frau Hanken der Geduldsfaden. Sie stampfte und klatschte jetzt gleichzeitig: »Leu-te«, ermahnte sie, »Kon-zen-tra-tion.« Manchmal hegte ich den Verdacht, sie hatte die Silbenübung, bei der sie für alle Erstklässler wild klatschte, schon zu häufig ausgeführt. Ich stellte sie mir vor, wie sie ihren Mann in die Hände klatschend »Hei-ner« anstelle eines einfachen »Heiner« rief, wenn er etwas falsch gemacht hatte. Mensch, was musste das nerven.

Ich dachte nach. Da meldete ich mich, um diese Wartezeit zu verkürzen und auch, um mein Zuspätkommen abzumildern. »Wir haben auch Wurzeln!«, sagte ich vorsichtig, ahnungslos, welche Debatte ich anstoßen würde, und erlöste Frau Hanken von ihrem Mini-Konzert.

»Genau!«, rief sie begeistert. »Wir ALLE haben Wurzeln und kommen irgendwoher. Die meisten von euch stammen aus Ostfriesland und deren Eltern auch. Gibt es hier denn vielleicht jemanden, dessen Eltern woanders herkommen? Dann könnte er oder sie es uns mit dem Finger auf der Karte hier zeigen. Heute verreisen wir nämlich und lernen die wilde weite Welt kennen.«

Kein Witz. Jetzt blickten sich alle aufgeregt um, das war nun doch spannend. Sogar Eikes Kopf ruckte hoch, während ihm noch immer Tinte aus der Nase tropfte. Entschuldigend zuckte er mit den Achseln, als Frau Hanken den Kopf schüttelte.

Da rief Imke plötzlich mitten in den Raum herein: »Na, ich kenne wen!« Onno keuchte. »Mensch, ehrlich?« Auch ich rutschte auf meinem hölzernen Stuhl weiter nach vorne, um besser hören zu können. Sogar Jonte wandte den Blick vom Fenster ab. »Na, Sylvie, Frau Hanken! Sylvies Mama kommt doch aus Schweden!«

Mein Mund ploppte auf. Und da war er, der Satz, der meine Welt für einen Vormittag aus den Fugen geraten lassen sollte. Alle Köpfe wandten sich mir zu, als hätte ein Spieler an den Fäden aller Marionetten zur selben Zeit gezogen.

»Nee, was ein Quark«, gab ich zurück. »Die kommt doch nicht aus Schweden!« Doch noch während ich das sagte, wurde ich unsicher, und die folgenden Sätze trafen wie Schüsse in mein bis dato schutzwestensicheres Selbst.

»Die spricht doch auch ganz anders«, fiel Onno ein. »Habe ich selber schon gehört. «

»Genau«, versetzte Eike. »Ich hab's beim letzten Sommer-
fest auch gehört.« Die Tinte rann ihm mittlerweile übers Kinn.

»Außerdem gibt's da so viele Bäume, hast du gesagt! Die
gibt's in Schweden auch! Wir waren da mal!«, legte Imke nach.

Ich schluckte. Da waren wirklich viel mehr Bäume.

»Und dein Nachname ist sowieso komisch! Die haben
doch so viel Üs und Ös, oder Frau Hanken?«

Frau Hanken nickte und zog mir noch mehr Grund unter
den Füßen weg.

»Stimmt, Glüüüüühmann klingt echt komisch«, fügte Eike
in ausgereifter Grundschulmanier hinzu, bevor er sich Beifall
erheischend nach Onno umsah, der sofort losgrölte. Wie ein
Profibillardspieler versenkte er gekonnt die letzte Kugel im
Loch.

»Glühmann, HA-HA«, wiederholte Onno und sprang auf
meinem letzten Fetzchen Identität umher.

Der Einzige, der von der Debatte völlig unbeeindruckt
blieb, war Jonte. Der hatte sich wieder den für ihn wichtige-
ren Dingen zugewandt, saß unter dem Tisch und inspizierte
mithilfe einer Lupe eine Spinne, die ihr Netz zwischen zwei
Stühlen wob.

Trotzdem hatte mir das Thema auch eine Menge Aufmerksamkeit beschert. In der Pause trieben sich plötzlich
immer mehr Kinder vor meinem Tisch umher. Wie Fische,
die wussten, dass sie gefüttert würden, versammelten sie sich
vor meinem Pult wie in einem Becken vor mir. Ich sah, wie
Imke mich von der Seite musterte, als hätte sie mich noch nie
zuvor gesehen. Sie stützte ihr Kinn auf die Hand.

»Mensch, muss das cool sein. Erzähl doch mal von Schweden.«

Und mit all dem Publikum um mich herum begann sich der letzte Widerstand in mir aufzulösen, wie bei einem Blatt, das man zweiteilte. Ging man am Anfang noch behutsam dabei vor, ging es am Ende ganz schnell und endete in einem wilden Reißen. Ich spürte, wie ich plötzlich in meiner erst vor fünf Minuten entstandenen Biografie wie in einem Pullover, den ich neu gekauft und zunächst noch vorsichtig anprobiert hatte, herumlief, als hätte ich nie etwas anderes getan. Ich schob die Unterlippe vor. »Ja, also die Wälder da, die sind ganz anders als hier.« Ich merkte, wie mir alle auf einmal gebannt an den Lippen hingen. Da holte ich aus, als wäre es mein letzter Ruderzug als Olympionikin zur Goldmedaille. Ich beschrieb das Schweden, das ich wenige Minuten zuvor noch nicht gekannt und noch nie erahnt hatte, in den schillerndsten Farben. Ich erzählte von dem Essen, das man hier nicht einmal bekommen konnte, von der anderen Sprache, wie ich quasi bilingual aufgewachsen sein musste, ohne es zu bemerken, »weil Sprachen mir wohl liegen«, die Anekdoten schwollen immer weiter zu einem riesigen Ballon an, und ich blies alle die Wörter hinein, die ich finden konnte. Am Ende hatte ich sogar mich selbst überzeugt. Ich hing an meinem Ballon voller Worte, weit über einem unendlichen Ozean, die Beine baumelnd in der Brise. Nicht nur meine Mutter war am Ende Schwedin, ich war es auch! »Niemand kann sich an seine Geburt erinnern, vermutlich war es mir deshalb nicht klar«, argumentierte ich messerscharf. Ich sog die leuchtenden Augen der anderen auf wie ein Frosch in einer Sommernacht seine Fliegen fängt.

Von der Mathestunde, die folgen sollte, bekam ich nicht mehr viel mit. Der Rest zog an mir vorbei. Eine Heiterkeit hatte mich erfüllt, eine Aufregung, die ich zuvor nur in völliger Übermüdung empfunden hatte, wenn ich es etwa geschafft hatte, heimlich länger als erlaubt wach zu bleiben. Ich stützte mein Kinn in meine Hand. Konnte es wirklich sein? Für einen Moment geriet mein Flug über den Ozean ins Wanken. War ein Teil von mir Schwedin? Je mehr ich darüber nachdachte, desto mehr steigerte ich mich hinein und desto aufgeregter und überzeugter wurde ich davon, dass es stimmen musste, was die anderen sagten. Meine Mutter kam aus Schweden! Hatten wir nicht immer auf den Rückfahrten von meinen Großeltern gefragt, wann wir wieder in Deutschland waren? Alle dort sprachen völlig anders. Manchmal verstand nicht einmal mein Vater meinen Großvater. Das flog meist dadurch auf, dass mein Vater mit einem Nicken antwortete, wenn mein Großvater eine offene Frage stellte. Auch die Landschaft war völlig anders. Die Wälder, die Berge, die Flüsse, ja, auch der Hinweg dauerte ewig, der Rückweg noch länger, es musste stimmen! Mit einem Mal wuchs auch die Empörung. Und niemand hatte mich über meine Wurzeln aufgeklärt!

Mit dem Gong sprang ich vom Stuhl. Ich rannte zu meinem Fahrrad und schnallte mir noch währenddessen meinen Helm und Ranzen um. Ich war so aufgeregt, dass ich den Fahrradständer erst beim dritten Mal richtig nach hinten trat. Die bunten Perlen an meinen Speichern schepperten richtig, so schnell war ich. Ich fuhr schnurstracks zu unserem alten Haus, ohne am Kiosk zu halten oder auf jemanden zu warten. Ich fuhr, so schnell ich konnte. Nicht einmal die Schlaglöcher unserer Sackgasse bremsten mich. Mit jedem Loch flog ich aus dem Sattel und prallte so hart wieder auf, dass es schmerzte, doch es war mir egal.

Zu Hause angekommen, schmiss ich Ranzen und Rad in den Vorgarten. Dann rannte ich weiter und kam mit einem Schlittern in der Küche zum Stehen, wo meine Mutter am Herd stand. Sie fasste sich an die Brust. Es gab niemanden, der sich so wie meine Mutter erschrecken konnte. Schrie sie aus Schreck, schrien alle anderen mit. »Ahhhh«, machte sie da und ich gleich mit. »Himmel, Arsch und Zwirn!«, brüllte sie, und ich zuckte abermals zusammen. »Was ist denn mit dir los? Hast du mich erschreckt.«

Bestürzt sah ich sie an. Wie sie da stand, völlig ahnungslos tat und mir das halbe Leben vorenthalten hatte! Der Sturm in meinem Inneren schwoll zu einem Zyklon heran. Wer war die Frau, die dort stand? Und: Wenn sie nicht war, wer sie war, wer war dann ich? Aufgelöst heulte ich: »Wie konntest du nur!«

Angelockt vom Drama tauchte auch meine Schwester in der Küche auf. »Was ist denn jetzt los?«

Meine Mutter zuckte mit den Achseln. Das war zu viel.

»Wieso hast du mir nie gesagt, dass du aus Schweden kommst!«

Ungläubig starrte sie hinter ihren Brillengläsern zurück. »Wie bitte?«

Ich runzelte die Stirn. »Na, wir fahren doch immer auf die Schwedische Alb!« Und da erzählte ich ihr von dem Sachkundeunterricht, von den Wäldern, der anderen Sprache und den Bergen, und es sprudelte nur so aus mir heraus, während die Augen meiner Mutter hinter ihren Brillengläsern immer größer wurden.

Als ich fertig war und mein Wortstrom verebbte, fing sie lauthals an zu lachen. Ich konnte richtig sehen, wie die Laute wie kleine Bläschen vom Grunde eines Wasserglases in ihrem

Körper aufstiegen. »Schwedische Alb!«, wiederholte sie mit einem Glucksen. »Mein Schatz, du meinst die Schwäbische Alb.«

Meine Schwester verdrehte bloß die Augen. »Wie kann man so blöd sein!«

Eingeschnappt schob ich das Kinn hervor. »Na, hätte ja sein können.« Ich zog die Augenbrauen zusammen. »Opa spricht auch so komisch.«

Da lachten sie nur noch lauter, bis sich meine Mutter endlich beruhigte und mir über meinen Rücken strich. »Ja, meinst du nicht, das hätte ich dir erzählt?«

Da fiel mir auf, dass ich noch immer meinen Helm trug. In Sekundenschnelle hatte ich eine völlig neue Gebirgskette auf der Weltkarte erschaffen, hatte ein Land gekannt, das außer mir fast keiner in der Schule kannte. Mit dem Helm legte ich diese neue Identität ab, die ich einen Vormittag lang besessen hatte. Ein wenig enttäuscht war ich schon. Ich hatte mich besonders gefühlt.

Zerknirscht berichtete ich am nächsten Tag der Klasse von dem Irrtum. Ich schob mit meinem Fuß etwas Unsichtbares über den Boden.

»Und was ist Schwaben jetzt?«, wollte Eike hoffnungsvoll wissen. »Auch ein eigenes Land?«

Ich schüttelte missmutig den Kopf. »Nee, gehört zu Deutschland.« Ich stemmte meine Wange in die Hand auf dem Tisch. Und da erlosch der letzte Funken Aufregung, ich hatte den letzten glühenden Schnipsel des Lagerfeuers am Boden zertreten. »Aber die sprechen trotzdem anders da!«, schob ich noch hinterher, darauf hoffend, zumindest ein wenig Glut am

Leben erhalten zu können, pustete noch ein paar Buchstaben ins Feuer, aber keiner hörte mehr zu. Ich hatte kein Futter mehr, die Fische verschwanden. Mein Ballon über dem Meer war mit einem lauten Knall zerborsten.

Ich war wieder Ostfriesin, zumindest ein Teil von mir, wenn ich das richtig verstand. Die Schwedische Alb habe ich bis heute auf keiner Karte finden können. Trotzdem vergaß ich nie wieder, wie es war, einen Vormittag lang jemand anderes zu sein als die, die ich war. Wie es war, mit einem Ballon über dem Wasser zu schweben, das Kitzeln des Flugs im Blut zu spüren, wie aufregend das alles gewesen war. Irgendetwas flatterte in meiner Brust, ein winziger Schmetterling hatte mein System verändert. Ich hatte zwar keine schwedischen Wurzeln, ich war also in Ostfriesland auf die Welt gekommen, aber was bedeutete das eigentlich?

DER GERUCH
VON CHLOR

*I*n Wahrheit war mein erster Misserfolg gar nicht mein erster
Misserfolg. Bestimmt waren mir vorher zahlreiche andere
Fehlschläge unterlaufen, aber dieser hier war der erste, der
für mich zählte, und deshalb erinnere ich mich so gut an ihn.
Könnten erste Misserfolge Gerüche annehmen, röche meiner
nach Chlor. Meine Eltern erzählen oft und gerne, dass ich
schon früh eine richtige Nixe gewesen bin und wie ich im
Urlaub immer im Wasser verschwand. Dabei lassen sie ein
entscheidendes Detail weg – dass es nicht immer so gewesen ist.

Wie es der Zufall wollte, besaßen meine beiden Großväter
jeweils ein kleines Schwimmbad im Keller. Während der Opa
auf ostfriesischer Seite es einfach von den Vorbesitzern über-
nommen hatte, hatte sich der andere einfach selbst eines in
seinen Keller gebaut. Er war als Junge in den Krieg gezogen, als
Mann zurückgekehrt, besaß weder Abitur noch Mittlere Reife.
Für die ostfriesische Seite meiner Familie ist die Tatsache, dass
er sich selbst ein Schwimmbad baute, völlig unvorstellbar, sind

*wir alle ausnahmslos handwerklich gefährlich unbegabt. Mein
Opa hingegen nutzte die Abwärme seiner Teigwarenfabrik im
ersten Stock sogar noch für die Beheizung des Schwimmbads.
Damit war er für die damalige Zeit vermutlich sowas wie ein
Nachhaltigkeitspionier. Er verlor darüber allerdings kein Wort,
eine weitere Sache, die ihn von der ostfriesischen Seite meiner
Familie unterschied. Hätte von uns jemand so etwas zustande
bekommen, hätte es höchstwahrscheinlich die ganze Stadt
gewusst.*

*Das alles führte bei mir als Kind jedenfalls zu der
Annahme, dass Großväter im Allgemeinen Schwimmbecken
vorrätig halten und dass es ein fester Bestandteil ihres Jobs als
Opa sei, eines zu besitzen, was zu einem für meine Mutter
unvergesslich peinlichen Anruf von einer Erzieherin führte. Im
Kindergarten hatte ich an dem Morgen einen ausgewachsenen
Streit mit einem anderen Kind gehabt und stoisch an meiner
eigenen Wahrheit festgehalten. Argumente ihrerseits hatte ich
mit einem »GILDET NICHT« abgeschmettert. Schlussend-
lich hatte ich sogar im Brustton der Überzeugung behauptet,
ich könne meine Mutter ohne Weiteres als Zeugin vorladen.
Selbigen Wortlaut hatte ich tatsächlich benutzt, da mir der
Anwaltsberuf meines Vaters und das damit verbundene Vokabular schnell in Fleisch und Blut übergangen waren, was den
Vorfall nicht minder unangenehm für alle Beteiligten machte.
Meine Mutter wäre am Hörer am liebsten vor Scham im
Boden versunken. Das erkannte ich daran, dass sie während
des Telefonats in ihrer für sie typischen Art mehrfach an ihrem
Brillengestell ruckelte. Nach dem Gespräch folgte eine minuten-
lange Aufklärung, der ich stirnrunzelnd entnahm, dass es nicht
einmal üblich sei, auch nur ein Großelternteil zu haben, der*

ein Schwimmbad besaß. Auf mein »Wozu hat man die denn dann?« folgte ein so abgrundtiefer Seufzer, der meine Mutter noch ein wenig kleiner aussehen ließ, als sie es ohnehin schon war.

Was jetzt vielleicht ein wenig trivial und höchstens beschämend überprivilegiert klingt, war für mich eine wichtige, ja vielleicht sogar lebenswichtige Tatsache. Denn mit fünf Jahren hatte ich zur allgemeinen Verwunderung etwas geschafft. Etwas, das nur wenige schafften oder worüber der Rest einfach nicht sprach, was in Anbetracht der Situation absolut nachvollziehbar war. Ich hatte zwei gerade gewachsene Beine, vollfunktionstüchtige Arme, eine rosige Lunge und war schulärztlich, also quasi amtlich für vollfunktionstüchtig erklärt worden, und nichtsdestotrotz hatte ich etwas derart Unrühmliches hinbekommen, dass ich es noch heute eigentlich lieber unerzählt lasse: Ich war mit Pauken und Trompeten durch die Seepferdchen-Prüfung gerasselt.

Allein beim Aufschreiben dieser Geschichte krümmt sich etwas in mir. Denn weder wuchs mir ein drittes Bein aus der Stirn, das meinen Schwimmkurs hätte beeinträchtigen können, noch gab es eine andere Anomalität, die in irgendeiner Art und Weise als Rechtfertigung hätte dienen können. Und doch fiel ich sang- und klanglos durch. Ein Sprung ins Wasser, 25 Meter Schwimmen und ein Tauchgang waren zu viel für mich gewesen. Bis heute bin ich keiner Menschenseele begegnet, der dasselbe passiert ist, woraus ich schließe, dass es prinzipiell ein Ding der Unmöglichkeit sein muss, durch diese Prüfung zu fallen.

Während andere Kinder hinterher also ihr Abzeichen mit einer für mich unausstehlich wirkenden Arroganz an ihrer

Badehose zur Schau stellten, das Zeichen ihrer Mitgliedschaft im coolen Schwimmclub (worauf die Zeit des coolen Zahnspangenclubs folgte, auch etwas, das ich nicht schaffte, was aber vermutlich eher in meinem Kopf existierte), klaffte auch nach Ende der Prüfung auf meinem schwarzen Badeanzug eine peinliche Lücke, und ich stand mit leeren Händen dar. Auch Wochen später lag mir der Misserfolg schwer im Magen. Das Spaghetti-Eis, in das ich mich sonst immer hineingestürzt hatte, schmeckte diesen Sommer nicht.

Für meinen ersten großen Misserfolg hatte ich mir immerhin eine passend triste Kulisse ausgesucht: das Hallenbad der Stadt Leer in den 90ern. Ich hörte einmal, wie ein Besucher sagte, das Hallenbad sehe aus, als stünde die Zeit still. Das empfinde ich als ausgemachten Blödsinn. Denn immer, wenn Leute sagen, dass ein Raum aussehe, als stehe die Zeit still, fällt es ihnen ja eigentlich nur auf, weil der Raum völlig aus der Zeit gefallen ist und erst deshalb deutlich wird, dass sie eben nicht stillsteht. Das Hallenbad reihte sich jedenfalls unbeeindruckt in alle 70er-Jahre-Schandfleck-Bauten Deutschlands ein und bestand aus sage und schreibe einem Becken. Nicht einmal ein Kinderschwimmbecken gab es. Als Attraktion besaß es einen einzigen Betonblock, von dem man sich aus fünf Metern Höhe herunterstürzen konnte. Die vergilbte Rutsche im Nichtschwimmerbereich war schon für die kleinsten Kinder so eng, dass sie beim Rutschen regelmäßig darin steckenblieben. Löste sich der Stoff ihrer Badehose wieder, ergab sich dabei oft ein blamables Quietschen als Startschuss für einen noch unwürdigeren Abgang, bei dem der Rutschende erst für einen kurzen Moment in der Luft schwebte, bevor er ins Wasser plumpste. Das weiß ich aus eigener Erfahrung. Wieso die Rutsche so vergilbt war, wollte niemand so genau wissen.

Die Decke des Hallenbads war mit Eichenholz verkleidet. Eine Seite des Gebäudes war verglast, was es aber auch nicht richtig aufwertete, da sie meist nur Beweis dafür war, wie selten sie geputzt wurde, und trotzdem an der Scheibe mehrere Abziehbilder von Schwalben klebten, um das Vogelsterben an der Stelle zu dezimieren, was offensichtlich schwachsinnig war. Jeder Vogel, der dagegen flog, hatte seine besten Tage schon längst hinter sich gelassen. Einzig der übergewichtige Hausmeister übersah das Glas einmal und prallte ob der klaren Scheibe nach dem Putzen dagegen. Vermutlich war es auch das einzige Mal, dass sie je geputzt worden war, aber es war eindeutig das Spannendste, was sich dort jemals zugetragen hatte. Er hob danach die Hand und gab pflichtschuldig ein kurzes »Nichts passiert« von sich, aber er zog ein Gesicht, so wie auch kleine Kinder das tun, wenn sie sich weh getan haben und für einen kurzen Moment noch aushalten, bevor sie losbrüllen. Ob der Hausmeister damals in seine Kammer ging, um dort zu weinen, konnte ich nicht beobachten. Die Schwalbenabziehbilder hatten ihn zumindest nicht vor seinem Fehltritt bewahrt.

Der vom Bad aus einsehbare, eierschalengelb gekachelte Kiosk des Schwimmbads war nie geöffnet und wenn doch, so traute sich keines von uns Kindern herein, da der Mann darin so finster guckte, dass wir schon auf Zehenspitzen am Schaufenster vorbeischlichen. Vermutlich überlegte er bei der Aussicht während jeder Schicht, ob er sich nicht selbst einmal von besagtem Block stürzen solle, vorzugsweise wenn das Wasser gerade gewechselt wurde und das Becken leer war. An der linken Wand befand sich noch eine gemalte Unterwasserwelt, ein halbherziger Versuch, das Bad aufzuwerten und heiterer zu gestalten, was den Ausblick aber nur noch trister machte.

An dem Tag, als ich durch die Prüfung fiel, brach für mich eine kleine Welt zusammen. Die Wolken hingen tief; im Nachhinein betrachtet, hätte der Himmel mir unheilschwanger vorkommen müssen. Wir standen an dem Tag zu fünft am Beckenrand, darunter zwei Jungs und drei Mädchen, alle im selben Alter wie ich. Ich beobachtete die anderen Kinder, die überwiegend hochkonzentriert ins Wasser starrten. Nur das eine Kind, ein feister Junge in enger Badehose, der mich eine Stunde zuvor schon einmal unter Wasser gedrückt hatte und dessen Bauch wie aus einem Muffin-Förmchen zu quellen schien, blickte zu meiner Freude ein wenig besorgt ins Becken. Dass ich das alles so genau beschreiben kann, war vermutlich der größte Fehler, den ich damals machte: Ich passte nicht auf. Als der Pfiff des Bademeisters ertönte, war ich so in Gedanken versunken, dass ich als Letzte noch am Beckenrand stand und Löcher in die Luft starrte. Ich hörte noch, wie sich der Schwimmlehrer räusperte. Da sprang ich eilig hinterher, gewillt, den Abstand aufzuholen, doch noch im Sprung ging mir die eine Sache auf, die ich die letzten Stunden versäumt hatte: Ich war geplantscht, hatte andere mit Spritzern vollgehoben, war die Rutsche im Nichtschwimmerbecken hinuntergerutscht, hatte dabei mit meinem Badeanzug quietschende Geräusche verursacht und war für einen Moment danach peinlich in der Luft gehangen, bevor ich im Wasser gelandet war. Doch wirklich geschwommen war ich nie. Während die anderen Kinder Bahnen gezogen und fleißig die Übungen gemacht hatten, hatte ich vor mich hingeträumt. In meiner eigenen Welt versunken, hatte ich beobachtet, wie die Wassertropfen auf meiner wachsartigen Haut abperlten, wie sich die Haare der anderen im Wasser zu Fächern ausbreiteten und die Wellen, die durch die Bewegungen der anderen entstanden, sich in unsere Haut zu drücken schienen. All diese Details meiner Tagträumerei wurden mir schmerzlich bewusst, noch während ich die verschwommene Silhouette des Bademeisters über mir am Beckenrand sah. Das war zu viel für mich. Ich kniff meine Augen schnell wieder zu.

Als ich wenig später mit hängenden Schultern am Rand saß und mir einredete, dass meine Augen vom hohen Chlorgehalt brannten, bekam ich noch mit einem Ohr mit, wie meine Mutter versuchte, den Bademeister dazu zu überreden, mir das Abzeichen doch noch auszuhändigen. Worte wie »Trost-Abzeichen« fielen, woraufhin er mit einem schnellen und entschuldigen Seitenblick in meine Richtung entgegnete, dass sie so etwas nicht dahätten. Ich ließ meine Beine im Wasser hin und her baumeln. Sie fühlten sich schwerer an als je zuvor. Doch selbst das Mitleid des Bademeisters schien sich in Grenzen zu halten. Das Bild, wie ich nach knapp zehn Metern wie ein Stein auf den Grund gesunken war, hatte er bestimmt noch nicht vergessen. In meinem Kopf lief es in Endlosschleife. Und auch der dicke Junge, der mit seinem Daumen und Zeigefinger ein L geformt hatte, als er an mir vorbeilief, hatte sich in meinen Kopf eingebrannt. Loser.

Der Dinosaurier-Aufnäher, den ich eigentlich toll fand und den meine Mutter noch am selben Abend auf meinen Badeanzug stickte, machte alles nur noch schlimmer. Was für eine Schmach! Ich warf den Anzug in die hinterste Ecke meines Kleiderschranks. Ich würde nie wieder zur Schule gehen können und den Anzug nie wieder tragen!

Das war er also, mein erster großer Misserfolg und der Grund, weshalb ich einen Sommer lang mit meinem Opa in seinem Schwimmbad abtauchte. Zwar war ich ein Jahr zuvor für die

Schule ›zurückgestellt‹ worden, die Sache mit dem Schwimmen hing mir aber viel schwerer nach. Von der Schulärztin Sätze mit vielen ›zu‹ zu hören wie etwa, ich sei zu verträumt, zu klein, zu zierlich, war die eine Sache. Kurze Zeit später auch noch durchs Seepferdchen zu fallen, die andere.

Es traf mich in einer Weise, die ich noch nicht gekannt hatte. Vielleicht weil es mein erster Misserfolg war, auf dessen Ausgang ich Einfluss gehabt hätte. Vielleicht weil der dicke Junge mit seinen speckigen Fingern ein L vor seiner Stirn geformt hatte. Vielleicht aber auch, weil es aus einer Behauptung eine Tatsache formte: Ich stellte fest, dass es auf dieser Welt ein Raster gab. Linien, die ein Muster bildeten, das darüber entschied, ob ich dazugehörte oder eben nicht. Und dass ich spätestens mit meiner versemmelten Seepferdchen-Prüfung jemand war, der durch das Raster durchfallen konnte. Ich war jemand, der für etwas ›zu‹ war.

OPERN

Einmal stellte ich für mich die These auf, opern sei das Verb, das unumstößlich zu dem Wort Opa gehörte. So wie ein Maler malte und ein Lehrer lehrte, wie ein Schriftsteller seine Schrift stellte, wie ein Müller müllerte und ein Rocker rockte, so operten Opas. Es war zu der Zeit das, was Großväter typischerweise für mich taten. Opern eben. Dass nicht alle Opas operten, sondern nur einer, fand ich heraus, als ich noch in den Kindergarten ging.

Die Besuche bei meinem ostfriesischen Großvater waren von drei Dingen geprägt: Aktien, Opern und Tee. Meist waren wir Kinder allein bei ihm zu Hause, weil meine Mutter etwas zu erledigen hatte und mein Vater bei der Arbeit war. Dann warteten meine Schwester und ich vor der Holztür mit gelbem 60er-Jahre-Glaseinsatz auf Einlass in Opas Backsteinhaus mit dem Wandteppich und der himmelblau verkleideten Einbauküche auf grauem Vinyl. Wir zogen die Schuhe aus und gingen durch den schmalen Flur, vorbei an der Treppe und der Toilette, die sich wie in Ostfriesland üblich in der Nähe der Haustür befand, über den dicken Teppich, von dem meine allergiegeplagte Schwester jedes Mal nach einer gewissen Zeit Atemnot und Ausschlag bekam, ins Wohnzimmer. Dahinter lag der Wintergarten, der seinem Namen alle Ehre machte: Das ganze Jahr lang zog es dort, als stünde man mitten auf dem Deich.

Mein Großvater, meist sonnengebräunt von seiner letzten Kreuzfahrt, war ein exzentrischer Mann. Für ihn waren wir keine Kinder, wir waren kleine Menschen. Die Entscheidung meiner Eltern, mit meiner Einschulung noch ein Jahr zu warten, verstand er nicht. Das teilte er mir deshalb auch enttäuscht mit, als hätte ich darauf irgendeinen Einfluss gehabt. Mit in der Luft baumelnden Beinen versank ich in seinem Ostfriesensofa, während meine Jacke, die sich durchs Sitzen nach oben geschoben hatte, mir die Sicht versperrte. Opa hatte weder bei unserer Ankunft darauf geachtet, dass ich den Anorak noch trug, noch jetzt, und ich wollte nicht diejenige sein, die ihn darauf hinwies, da ich den Anorak noch nicht allein ausziehen konnte. Und da ich für ihn kein Kind, sondern ein kleiner Erwachsener war, hätte ich dazu selbst in der Lage sein müssen. Deshalb saß ich mit meiner fuchsroten Jacke und den glühenden Händen auch noch eine halbe Stunde nach unserer Ankunft auf seinem Zweisitzer. Das war nicht allzu schlimm, denn meist war es bei meinem Großvater ziemlich kalt im Haus, weil er beim Heizen sparte.

Er wandte sich mir zu, um sich wieder abzuwenden, eine für ihn typische Geste, die einem das Gefühl gab, dass man an irgendetwas Schuld hatte. »Schwachsinn. Warum noch ein Jahr warten, du bist pfiffig genug, eure Mutter verhätschelt euch nur«, brauste er auf.

Ich nickte ihm pflichtschuldig über meinen Reißverschluss hinweg zu. Wegen der Sache mit meiner Jacke hätte er eigentlich nur den herausguckenden Zopf sehen können, doch anscheinend genügte ihm das. Ich nickte, obwohl ich insgeheim Zweifel an seinen Worten hatte, aber das behielt ich für mich. Sonst hätte ich noch erzählen müssen, dass ich durchs Seepferdchen gefallen war. Die Wunde war noch zu frisch, und die verspätete Einschulung brachte ihn schon genug auf. Außerdem war ich selbst mit sechs im Kindergarten noch eine der Kleinsten. Hätte man mich damals schon in die Schule geschickt, wäre es mir ergangen wie einem kleinen Hobbit in einer Klasse mit zwanzig Ogern. Doch meine vorgegaukelte Zustimmung hob die Laune meines Großvaters. Er drehte das Radio laut auf.

Mein Großvater hatte schlohweißes Haar, das er sich mit Pomade nach hinten über seinen Scheitel zu kämmen pflegte, und murrte er nicht gerade über irgendwelche Rechnungen, »die völlig überzogen waren«, schwang er seine Hände im Takt zur Musik aus dem alten Radio, das auf dem Sideboard im Wohnzimmer stand. Dabei lief im Hintergrund immerzu sein mit Holz vertäfelter Schwarz-Weiß-Fernseher mit der schwarzen Leiste, auf dem sich dicke Knöpfe befanden. Auch wenn das Radio lief, war der Fernseher an, allerdings stumm, nur die Aktienkurse liefen im Hintergrund. Die Muster waren für mich nicht zu entschlüsselnde Linien, von deren Kurven die Laune meines Großvaters maßgeblich abhing. Einmal sah ich, wie eine Linie parallel mit der Miene meines Großvaters abfiel. Plötzlich hingen seine Mundwinkel herab, und er drehte das Radio aus. Es war, als gäbe es wie bei der Augsburger Puppenkiste einen Spieler, der gleichzeitig die Fäden der Aktienkurve und die zu der Mimik meines Großvaters in den Händen hielt.

Ließ Opa den Ton des Fernsehers an, zeigte das Bild meist Opernsänger, die inbrünstig und mit dramatischem Gesicht ihre Arien zum Besten gaben. Dazu muss man wissen, dass er ziemlich viel Selbstvertrauen besaß, weshalb er sich und die Darsteller als völlig ebenbürtig betrachtete. Wohin er auch ging, gab er irgendwelche Stücke zum Besten, ungeachtet der Tatsache, dass er eben keine Ausbildung zum Opernsänger besaß. Sei es im Restaurant, im Supermarkt, auf Kreuzfahrt oder während irgendeiner Vorstandssitzung, in der zwanzig Männer im Anzug um einen hölzernen Tisch herumsaßen, der Ort war unerheblich. Generell war mein Großvater ein sehr selbstbewusster Mann. Noch heute treffe ich hin und wieder auf Menschen, die ihm begegnet waren und die davon erzählen, wie er mitten im Fitnessstudio auf dem Trimmrad lauthals irgendwelche Stücke mitsang oder andere Mitglieder aus dem Sattel schubste, weil der Aktienkurs im Fernsehen lief. Und wie der Vater so der Sohn: Gelegentlich sah ich meinem Vater dabei zu, wie er in der Küche Liederzeilen herausbrüllte und mit den Händen hektische Bewegungen vollführte, die rhythmisch hätten sein sollen. Vor allem während meiner Pubertät beneidete ich die beiden Männer um die Fähigkeit, andere auszublenden.

Opa unterhielt sich an dem Tag noch eine Weile weiter mit meinem Zopf und stellte ihm Fragen darüber, wie es im Kindergarten war. Meine Schwester, die auskunftsfreudiger war als ich, dolmetschte dankenswerterweise, deutete die Bewegungen meiner Haare über dem Jackenkragen und verbalisierte sie. Das machten wir häufig so.

Nach einer Weile sprang mein Großvater, der während der gesamten Unterhaltung den Bildschirm im Auge behalten hatte, urplötzlich aus seinem Sessel auf, als stünde er in Flammen. Er klatschte in die Hände, sodass es einen lauten Knall gab. »Ha! Habe ich's doch gewusst.« Weil er aufgestanden war und ich besser nach oben durch die Öffnung meiner

Jacke gucken konnte und einen besseren Blickwinkel hatte, konnte ich jetzt auch sein Gesicht sehen. Seine Augen glühten ein bisschen so, wie meine es Wochen zuvor getan hatten, als ich Fieber gehabt hatte. Jetzt stampfte er auch noch mit dem Fuß auf, sang etwas von irgendeinem bezaubernd schönen Bildnis und erinnerte mich dabei an die eine Erzieherin im Kindergarten, die, wenn sie ihre Gitarre im Schoß hielt wie eine Dampfmaschine aussah, obwohl es acht Uhr in der Früh war und sie ein Kirchenlied sang: ein wenig manisch. Mein Großvater setzte seine Brille auf, schlug hektisch die Zeitung auf, um sie gleich darauf wieder zusammenzurollen. Dann zeigte er damit auf mich. »Ich sage dir jetzt etwas, was du dir fürs Leben merken musst.« Bedeutungsschwanger machte er eine Pause.

Ich reckte den Kopf ein wenig, um noch etwas besser sehen zu können. Die Spitze meines Zopfes schaute ein wenig mehr heraus.

»Immer antizyklisch investieren, Kind. Wenn du dir eins merken musst, dann das!«

Wieder wippte ich mit meinem Zopf. Ich hatte keinen blassen Schimmer, wovon er da redete, aber es musste ihn glücklich gemacht haben, und ich freute mich mit.

Da feuerte er die Zeitung beiseite. »Jetzt« – er machte eine Pause, die Spannung bei uns beiden auf dem Sofa erzeugte – »gibt's Tee. Holt das Geschirr heraus!« Mit den Worten verschwand er in der Küche, wobei er lauthals weiterträllerte.

Wir fühlten uns ein wenig wie die Oompa Loompas, die kleinen Helfer aus einem Kinderbuch von Roald Dahl, und jubelten. Zu Hause gab es noch keinen Schwarztee für uns; meiner Mutter war er zu stark für uns Kinder, aber weil wir für meinen Großvater für nichts zu klein waren, machte er keinen Unterschied. Außerdem konnte Tee nur eine Sache bedeuten. Ich hob die Augenbrauen und linste zu meiner Schwester.

»Meinst du, es gibt auch Rosinenbrot dazu?«, wisperte ich aus meiner Jackenhöhle heraus. »Und *Kluntjes?*«

Ich sah, dass meine Schwester nickte. »Bestimmt. Komm runter und hilf mir!« Eifrig stand sie vom Sofa auf.

Ich robbte bis zum Rand vor, bevor ich mich fallen ließ, und seufzte auf. Endlich konnte ich wieder sehen, meine Jacke hatte sich nach dem Aufstehen wieder glatt gezogen. Ich zupfte meiner Schwester am Pulli. »Kannst du mir schnell raushelfen?«

Die blickte kurz an mir herunter und nickte. Ich mochte mich mit meiner Schwester streiten und prügeln, manchmal kämpften wir bis aufs Blut, nur durfte niemand anders gemein zu mir sein. Schnell half sie mir aus der Jacke heraus, deren Verschluss, wie von mir befürchtet, geklemmt hatte, und legte sie beiseite, bevor sie meine Hand nahm und mit mir zur Vitrine ging. »Nichts fallenlassen, ja?«

Ich nickte und nahm die leichten Teller, die sie mir entgegenhielt. Eine violette Rose öffnete auf dem feinen Porzellan ihre Blüte, ummantelt von grünen Blättern. Ich liebte das Geschirr, weil es so schön bunt war. Auf dem Wohnzimmertisch verteilte ich Teller und zierliche Silberlöffel auf der Spitzendecke, während meine Schwester Stövchen und Kanne in die Küche brachte. Kurze Zeit später kam sie mit Opa, einer Platte voller Rosinenbrote und der dampfenden Kanne zurück. Vom Sideboard holte mein Großvater das restliche Service. Ich seufzte auf. Ohne Jacke war es doch ganz schön kalt geworden, und ich freute mich auf den heißen Tee. Dann saßen wir zu dritt am Wohnzimmertisch, während der *Kluntje*, der weiße Kandis, unter dem heißen schwarzen Tee knisterte und ich mich unwillkürlich entspannte.

Ich biss in mein Rosinenbrot, auf dem sich eine zentimeterdicke Butterschicht befand. Beim Abbeißen hinterließ ich einen Zahnabdruck. Mein Großvater träufelte Sahne entlang des Tassenrandes in den Tee. »Au, *Wulkjes!*«, sagte ich und rückte näher an die Tasse heran, um zu beobachten, wie kleine weiße Wolken vom Tassenboden aufwirbelten. Kurz schaute ich, ob irgendein Bild entstand, was manchmal geschah, aber nicht heute, und als mein Großvater zum Bildschirm sah, rührte ich schnell um, obwohl sich das nicht gehörte. Die Haut, die sich sonst gebildet hätte, mochte ich weder im Tee noch im Kakao. Zu Hause gab es nie die dicken *Kluntjes*, die mein Großvater uns auftischte. Heimlich schob ich mir zwei der dicken Zuckerbrocken in meine Wangentasche und fühlte mich wie unser Hamster Benji, wenn er sein Futter transportierte.

Später, als wir mit meinem Vater im Honda saßen, war es bereits dunkel. Ich fühlte mit meiner Zungenspitze über meinen Mundraum, der sich durch die dicken Zuckerstücke wie eine der verschrumpelten Rosinen im Brot anfühlte. Die Strahlen der Autolichter zerschnitten die Nacht. In Ostfriesland war es für mich immer dunkler als andernorts, Vielleicht weil es weniger Laternen gab und die Lichter früher ausgingen. Es war eine tintenhafte Schwärze, die ich nirgendwo sonst so sah. Mein Vater, der von der Arbeit kam, trug unter seinem Mantel einen Anzug und fragte, wie unser Tag gewesen war. Das hatte auf meine Schwester wie immer die Wirkung, als hätte man den Griff eines Wasserhahns aufgedreht. Es sprudelte nur so heraus, was wir erlebt hatten und wann und wo und was Opa dann und später gemacht hatte. Ich hörte zu, während ihre Worte den Wagen füllten, nickte hin und wieder und schaute aus dem Fenster. Da sah ich, wie mein Vater mich im Rückspiegel beobachtete.

»Und dir, Tante Käthe? Wie hat's dir bei Opa gefallen?«, fragte er und benutzte dabei den Spitznamen von Rudi Völler, dessen Locken sich offenbar ähnlich den meinen im Nacken kringelten.

Ich runzelte die Stirn und zuckte mit den Schultern. »Opa hat wie immer geopert!«

Ich hörte, wie mein Vater lachte. »Du meinst, Opa hat wieder mal eine seiner Arien für euch geschmettert?«

»Ja, wie Opas das halt so machen«, sagte ich, schon etwas verschnupft, weil man mich nicht verstand. Mit Nachdruck schob ich hinterher: »Opern eben.«

Da kicherten meine Schwester und mein Vater gleichzeitig. »*Dussel*«, sagte mein Vater und schmunzelte, und wie immer federte Plattdeutsch die Härte des Wortes ab.

»Opern ist doch kein Wort!«, klärte meine Schwester mich auf und verdrehte ihre Augen, weil sie als Grundschülerin gerade in der Hochphase der Klugscheißerei angekommen war.

»Na, ganz so unrecht hat sie da bei meinem Vater nicht«, beschwichtigte mein Vater gleich, der jetzt eine unserer berühmt-berüchtigten Keilereien auf dem Rücksitz befürchtete. Er sagte mal, dass er darüber staunte, wie sehr wir der anderen zusetzen konnten, obwohl uns die Anschnallgurte an die Sitze fesselten. Es war beinahe eine Kunst für sich. Einmal hatten wir es so auf die Spitze getrieben, dass meine Eltern nach sechs Stunden Fahrt ein paar Meter vor dem Freizeitpark kehrtmachten, um wieder nach Hause zu fahren. Daraufhin hatte es epische Ausbrüche mit heißen Tränen, Schwüren und Bettelei auf den Rücksitzen gegeben. Fortan rissen wir uns meist zusammen, das Erlebnis hinterlässt bis heute Gänsehaut auf unseren Armen.

Zu Hause angekommen, erzählte mein Vater meiner Mutter, dass ich gesagt hatte, Opa hätte geopert, und von meinem Platz auf der Treppe aus hörte ich, wie sie schnaufte. Geräuschvoll zog ich die Tür zu meinem Kinderzimmer zu. Kurz, bevor sie zufiel, hörte ich noch: »Da soll sie mal meinen Vater hören.« Als ich beim nächsten Besuch in Süddeutschland meinen Großvater singen hörte, musste ich einräumen, dass sie recht gehabt hatte. Mein Opa stand in Unterhose und Goldkette vor mir in der Küche, die Pfanne in der einen Hand, den Heber in der anderen und malträtierte vergnügt jede einzelne Note auf der Tonleiter. Das Einzige, was meine beiden Großväter außer ihren Swimmingpools und Enkeltöchtern gemein hatten, war die Inbrunst, mit der sie sangen.

Ich hatte an dem Tag gleich mehrere Aspekte gelernt: Nicht alle Opas operten. Es war schön, einmal wie ein Erwachsener behandelt zu werden. Und wenn ich investierte, musste es immer antizyklisch sein. Was auch immer das heißen sollte.

BERGE, DIE IN ANGST VERSETZEN

Schon als ich klein war, haben mir Berge Angst eingejagt. Ob in Schweden oder Deutschland: Wo sie standen, war mir völlig egal. Nicht ganz unschuldig daran ist meine Reisekrankheit. Mein Magen verabscheut Berge von Geburt an so sehr, dass er regelmäßig während kurvenreicher Fahrten vor Ekel überschäumt. Weder Kaugummis noch Dragees noch Tabletten hatten in meiner Kindheit irgendeinen Einfluss. Glücklicherweise bin ich in Ostfriesland aufgewachsen, fernab der Berge. Ich sage damit nicht, dass Berge nicht schön aussehen können. Denn das tun sie. Für mein Nervenkostüm und meinen Magen ist es nur besser, wenn ich ihre Umrisse auf der Milka-Packung sehe.

So erinnere ich mich mehr als genau daran, dass ich auf dem Weg zu meinen 800 Kilometern entfernt lebenden Großeltern spätestens dann eimerweise kübeln musste, wenn wir in unserem alten Honda die letzten Serpentinen zur Schwäbischen Alb hinaufkrochen. Selbst wenn ich die acht Stunden Autofahrt bis dahin gut überstanden hatte, was selten vorkam und nur einmal Brechen beinhaltete, machte mir spätestens die letzte Strecke bergaufwärts den Garaus. Haarnadelkurve reihte sich an Haarnadelkurve um das felsige süffisante Lächeln des letzten zu erklimmenden Berges, was mein Vater nach der stundenlangen Autofahrt übrigens als willkommene Einladung sah, auf den letzten Metern noch einmal so richtig Gas zu geben. Ganz so, als wäre die Fahrt bis dahin nicht schon schlimm genug gewesen.

Meinen Kopf gegen den Autositz gelehnt, sah ich durch meine halb geschlossenen Lider zur Linken die Felswand mit ihrer steinigen Schlangenhaut vorbeiziehen. Die rechte Seite versuchte ich, fest entschlossen, auszublenden. Die Wälder draußen warfen ihr Schattentheater in das Wageninnere. Ich sah das dünne Gitter, das die Felswand umgab und angeblich vor Geröll schützen sollte. Lieber nicht nach draußen gucken. Ich beobachtete die Punkte, die im Wagen durch das Licht auftauchten und verschwanden, und versuchte. mich damit abzulenken, bevor ich wieder die Augen schloss.

Während mein Vater sich an den Serpentinen austobte, schepperte aus dem Discman meiner Schwester in Endlosschleife die nasale Stimme von Nelly Furtado. Viel bekam meine Schwester nicht davon mit. Sie schlief, während ihr Hörer ihr vom Kopf gerutscht war und daraus in Zimmerlautstärke passenderweise *In God's Hands* dröhnte. Meine Mutter biss herzhaft in ihr Wurstbrot, während sie die letzten Seiten eines Buchs las. Ich beneidete sie um ihren Platz auf dem Beifahrersitz, von dem aus die Fahrt auch für mich leichter zu ertragen gewesen wäre, und um ihre Fähigkeit, dabei auch noch lesen und essen zu können.

Als ich doch einen kurzen Blick nach rechts wagte, bereute ich ihn sofort. Der Abgrund riss sein endloses Maul auf. Passend dazu ragte hinter der Leitplanke, die dieses Wort nicht mehr verdiente, eins der verwitterten Unfallkreuze hervor, die wie Infotafeln alle zehn Meter in den Boden gerammt worden waren. Ja, wer ist auch so blöd und fährt hier lang, dachte ich. Meine Finger wurden nass. Ich schluckte den Speichel hinunter, der sich schon seit zehn Kurven in meinem Mund zusammenbraute. Er wusste bereits, was mein Kopf noch nicht zugeben wollte. Ich schluckte. Mühsam quetschte ich durch meine Zähne leise die eine Frage hindurch, die meine Eltern sofort erstarren ließ: »Wannsinnwirda?«

Während der langen Autofahrten entschied die Frage nach der Dauer der Fahrt über meine Verfassung. Für meine Eltern war sie ein sprachlicher Zollstock: Je enger die Buchstaben aneinanderklebten, desto schlimmer stand es um meinen Magen. Wo sie ein »Wann sind wir da?« noch beflissen ignorierten und mit einem nachsichtigen Lächeln beantworten konnten, ließ ein »Wannsindwirda« ihre Augenbrauen bereits in die Höhe schnellen und einen besorgten Blick in den Rückspiegel werfen. Kam dann noch verwaschene Aussprache wie bei meinem genuschelten »Wannsinnwirda« hinzu, galt Alarmstufe Rot.

Routiniert brach das Chaos im Wageninneren aus. Meine Mutter warf ihr Brot weg, ihr Kopf versank straußengleich zwischen ihren Beinen – sie suchte verzweifelt DIE Schüssel. Katastrophenerprobt, wie wir waren, hatten wir sie immer dabei. Es handelte sich um eine aussortierte Backschüssel, die vermutlich einst weiß gewesen war und sich erst durch den andauernden Kontakt mit meiner Magensäure verfärbt hatte. Mein Vater drückte indes das Pedal weiter durch. Dabei war es zu diesem Zeitpunkt fast egal, wie schnell er fuhr: Es stand fest, dass ich spucken würde, die Frage war bloß noch, wohin. Meine Finger krallten sich in den Sitzstoff, ich konzentrierte mich mit all meinen Kräften darauf, mich auf nichts zu konzentrieren. Sobald zur Rechten kein Abgrund mehr in Sicht war und sich ein kleines Dorf vor uns ausbreitete, riss mein Vater das Lenkrad nach links in Richtung eines alten Hofs. Wir schleuderten alle vier synchron die Türen des alten Wagens auf. Es war ein Rennen gegen die Zeit: Ich stürzte und stolperte zu dem Gully in der Mitte des Hofes, stemmte keuchend die Arme links und rechts auf die Knie – und übergab mich in einem Schwall in die Kanalisation zu meinen Füßen. Meine Eltern atmeten erleichtert aus. Meine Schwester schob sich die Hörer ihres Discmans auf den Kopf.

Und wie ich da so stand, mit zittrigen Knien, leichenblass, den Schweiß noch auf der Stirn stehend, kam schließlich ein Mann aus dem Haus, angelockt von dem Schauspiel, das sich vor seiner Haustür zutrug. Mühsam richtete ich mich auf und wischte mir verlegen den Mund ab. Der Mann trug eine Latzhose und hatte ein freundliches Gesicht, in das sich im Laufe der Jahre Lachfalten eingegraben hatten. Nach einem vorsichtigen Nicken in die Richtung des Mannes starrte ich auf meine Schuhe und zählte die Bröckchen, die jetzt an ihnen klebten, während meine Mutter die fragwürdige Situation erklärte. Als der Mann sich als Knöpfle-Heins vorstellte, stürzte meine Mutter auch schon nach vorne: »*Jesses!* Sie kennen doch nicht etwa die Knöpfle-Susi?«

Während ich mich innerlich noch fragte, woher die merkwürdige Angewohnheit der Schwaben stammte, den Nachnamen VOR den Vornamen zu setzen, wo doch mit den Begriffen VORname und NACHname schon alles so schön definiert war, sanken die Schultern meines Vaters und die meiner Schwester bereits um einige Millimeter ab. Wir wussten, was jetzt kam. Meine Mutter hatte einen Schwaben getroffen und kannte auch noch die Tochter des Mannes. Das würde dauern. Ich setzte mich zittrig auf den Bordstein und legte die Stirn auf die Knie.

30 Minuten Smalltalk darüber, was-die-Knöpfle-Susi-jetzt-wohl-macht, und zehnmal Nicken von uns anderen dreien später, saßen wir wieder im Honda. Ich schloss die Augen. Nur noch 15 Kurven. Aus den Hörern meiner Schwester jaulte Nelly Furtado jetzt *All Good Things (Come To An End)*. Na, zum Glück, dachte ich.

Dazu muss man wissen, dass es nicht bei diesem einen Mal blieb, dass wir den Knöpfle-Heins trafen. Jedes Jahr machten wir auf dem Weg nach Italien einen Stopp bei meinen Großeltern auf der Schwäbischen Alb. Es gab also einen Mann, den wir nur deshalb kannten, weil wir zweimal im Jahr bei ihm auf der Auffahrt hielten, die blauen Türen unseres Hondas aufrissen, damit ich meinen Mageninhalt in seinen Hofgully entleeren konnte. Sah der Knöpfle-Heins unseren Wagen vor seinem Haus halten, zog er mit den Jahren routiniert los, um einen Wasserschlauch zum Gully auszurollen. Das alles war, gelinde gesagt, ein Feuerwerk der Schmach für mich.

Denn im Laufe der Jahre ergab sich zwischen meinen Eltern und ihm sogar eine lose Freundschaft. Ein abgeklärtes Ritual, das aus einer Begrüßung bestand (man sprach sich mit Namen an; im Hintergrund hörte man meine rauschenden Würgegeräusche), einem Handschlag (»ja-wie-geht's-denn-so«, »gut-und-selbst«, »ja-man-kann-nicht-klagen«; weitere Würgegeräusche meinerseits), meinem erschöpften Zusammensacken (»ich-dachte-schon-das-nimmt-kein-Ende«, »man-staunt-ja-immer-was-aus-so-einem-zierlichen-Kindalles-herauskommen-kann«; Schultertätscheln, keine Würgegeräusche mehr) und der Übergabe des Wasserschlauches durch Knöpfle-Heins an meine Eltern, die im Anschluss den Gully säubern mussten (alle Gastfreundlichkeit hatte nun doch ihre Grenzen), worauf ein »bis-zum-nächsten-Mal-gelle« folgte, bevor wir im Honda verschwanden und weiterfuhren.

Da keine herkömmlichen Mittel gegen meine Reisekrankheit zu helfen schienen, ging ich irgendwann dazu über, während besonders schlimmer Fahrten (viermal spucken) Medikamente gegen Übelkeit zu nehmen. Da eine gesicherte Nebenwirkung aber ein felsenfester Dornröschenschlaf war, haben mich die Fahrten zu meinen Großeltern am Ende zum vermutlich schlimmsten Beifahrer der Nation programmiert: Nahm ich keine Mittel gegen Übelkeit, verwandelte ich mich in einen lebendigen Wasserspeier. Nahm ich aber doch welche, wurden mir als Beifahrer alle paar Kilometer die Augenlider so schwer, als zögen Bleigewichte sie nach unten. Spätestens nach drei Stunden Fahrt hing ich sabbernd über meinem in weiser Voraussicht eingepackten Kopfkissen und donnerte in regelmäßigen Abständen mit einem munteren Klong-Klong gegen das Autofenster. Die abnorme Müdigkeit als Beifahrer und das gelegentliche Rumpeln habe ich mir bis heute fest bewahrt.

Das ist also die Sache mit der Reisekrankheit und ein Grund, weshalb es mit mir und den Bergen nicht so recht klappen will. Zum anderen aber, und das habe ich erst viel später begriffen, sitzt meine Abneigung gegenüber den Bergen noch viel tiefer (oder anatomisch gesehen: höher) als in meinem Magen. Vermutlich ist alles darauf zurückzuführen, dass ich im Grunde meines Herzens – und das gestehe ich mir wirklich äußerst ungerne ein – ein Angsthase bin. Allerdings ist es ziemlich kompliziert zu bestimmen, wann genau ich Angst bekomme. Es handelt sich um ein verschrobenes System mit leicht irrationalen Zügen, das vermutlich nur in meinem eigenen Kopf aufgeht. Meine Höhenangst etwa lässt sich nicht so einfach generalisieren. Der Sprung vom Fünfmeterturm im Schwimmunterricht beispielsweise hat mir später nie viel ausgemacht, genauso wenig wie der freie Fall auf dem Jahrmarkt oder Fahrstuhlfahrten. Es kommt bei mir auf den gefühlten Grad der Kontrolle und der Sicherheit an. Manchmal machen die Berge mir weniger Angst, wenn ich das Gefühl habe, ausreichend vor ihnen geschützt zu sein. Genauso wie Gurte mich im freien Fall zu sichern scheinen oder die Wände im Aufzug. Schlitten- und Skifahren fällt beispielsweise in eine andere Kategorie, da ich mir bei beidem etwas unterschnalle, das mir zumindest das Gefühl von Kontrolle oder Sicherheit verleiht, obwohl ich, wenn ich genauer darüber nachdenke, nicht sehr kontrolliert Schlitten- und noch unkontrollierter Skifahre und eigentlich immer vor allem viel Glück habe, dass nichts Schlimmes passiert. Doch wenn ich einmal fallen sollte, dann gaukelt mir der Schnee zumindest vor, dass die Landung weich werden *könnte*. Dabei weiß jeder, der einmal mit seinem Hosenboden auf eine vereiste Fläche gefallen ist, dass man hinterher bestenfalls wochenlang nicht mehr sitzen kann. In meinem Kopf hingegen klammere ich mich an ein Bild, das aus einer weihnachtlichen Werbung stammen könnte und in dem pudrige Flocken wie in einer Schneekugel herumwirbeln.

Dass ich trotz meiner kognitiven Knieschoner hin und wieder auf dem Boden der Tatsachen aufkam, merkte ich spätestens, als ich einmal mit meiner Schwester bei meinen Großeltern Inliner fahren sollte. Es war Sommer, und wir machten unseren jährlichen Zwischenstopp in Süddeutschland, bevor wir uns durch die unzähligen Tunnel auf den Weg nach Italien machten. Der Himmel war klar, wir konnten sogar den Alpenkamm erkennen, was alle freudig kommentierten, während ich mich an den Autositz klammerte. Wir befanden uns in Aufbruchstimmung, meine Schwester und ich. Sechs endlose Wochen lagen vor uns, die halbe Welt. Meine Großeltern spannten gerade ihren Sonnenschirm vor dem Haus auf, von wo aus sie das Treiben auf der Straße beobachten konnten. Das sagten sie immer, wobei es eigentlich nicht viel gab, das sich in ihrem Dorf in 800 Metern Höhe herumtrieb.

Nach einem letzten Winken Richtung Haustür rollten meine Schwester und ich los. Meine Cousine wohnte weiter unten im Tal. Zunächst führte der Weg weder auf- noch abwärts, wir fuhren in einem gemächlichen Entenmarsch die Straße entlang, vorbei an verputzten Fassaden. Gerade begann ich mich zu entspannen, ließ mich gar zu einem munteren Pfeifen verleiten, als sich der Weg gabelte. Die Abzweigung, die zu meiner Cousine führte, führte steil bergab. Schon sauste meine Schwester voraus. Ein wenig vorsichtiger rollte ich hinterher. Doch wie ich so rollte, unter dem blauen wolkenlosen Himmel, ging mir plötzlich etwas Aberwitziges auf: Ich konnte fahren, Schlenker machen, manchmal sogar ein Bein anheben, aber bremsen konnte ich nicht. In Ostfriesland war das eine völlig überflüssige Fähigkeit. Bis zu diesem Moment hatte ich noch nie mit Inlinern anhalten müssen. Erst recht nicht an einem Abhang. Fuhr ich zu Hause, blieben die Straßen auf derselben Höhe, das Land war platt und manchmal noch platter, aber abschüssig wurde es nie. Kam ein Traktor, sah ich das von Weitem und bretterte stets in irgendeine Grasfläche, die die Rollen meiner Inliner stoppte. Selbst wenn ich fiel, landete ich noch immer im weichen Gras.

Während ich aber jetzt so rollte, wurde mir angst und bange. Der Weg vor mir sah keineswegs weich aus, alles war asphaltiert. Ich schluckte und spürte, wie sich die ersten Schweißtropfen in meinem Nacken sammelten. Ich rollte. Mit schlotternden Knien, rasendem Herz und einer Schwester, die unerschrocken und weitaus besser zum Bremsen befähigt weit vor mir den Abhang hinunterdonnerte. Ich rief ihr noch weinerlich ein »Warte!« hinterher, doch es war zu spät. Die Worte schafften es nicht schnell genug an die Luft; sie war zu weit weg, um mich zu hören. Da ging mir auf, dass ich ohne sie weder den Weg zurück noch den zu meiner Cousine fand.

Mit zum Bersten angespannten Muskeln, die meinem Urteilsvermögen schon zu jenem Zeitpunkt nicht zu trauen schienen, fuhr ich weiter. Glücklicherweise gab es auf den ersten Metern noch Gartenzäune, an deren Gatter ich mich mit nassen Händen entlanghangeln konnte. Zwar sausten mir alle paar Meter wenig grazil die Beine unter dem Rest meines Körpers weg, weshalb der Ruck, der dabei entstand, meiner Schulter und meinen Händen zusetzte, doch zumindest sah ich mich noch dazu imstande, die Situation zu bewältigen, wenngleich wenig ehrenvoll. Krabbenartig ackerte ich mich seitwärts vor und betete, dass mich niemand sah.

Doch irgendwann kam es, wie es kommen musste: Auf der Hälfte der Strecke endete der Zaun. Meine Schwester, längst ein kleiner Punkt in der Ferne, stemmte die Hände in die Hüften. Ich klammerte mich schlotternd an die letzten Streben, als sie von unten brüllte: »Jetzt mach hinne, oder ich fahre los.«

Ich schloss resigniert die Augen. Sie würde wegfahren und ich zurückbleiben. Es führte kein Weg dran vorbei. Ich lockerte Finger für Finger den verkrampften Griff um das Gatter. Dann ließ ich los. Rückblickend betrachtet war das nicht meine beste Idee. Auf den Gedanken, mir einfach die Inliner auszuziehen, kam ich nicht.

Wenige Wochen zuvor hatte ich unseren Hamster Benji dabei beobachtet, wie er von einem Tisch sprang. Aufgrund seiner offenkundig hohen Suizidalität sollte es sein letzter Tischausflug sein. Als er fiel, passierte so viel, dass mir schon beim Zusehen das Herz bis in die Ohren hämmerte: Er breitete seine kleinen Pfötchen aus und schrie und quiekte und entleerte gleichzeitig Darm und Blase.

Und wie ich da so den Abhang hinuntersauste – die Rollen schneller, als meine Motorik es je sein würde –, sah ich mich für einen kurzen Moment aus der Vogelperspektive und musste an den armen Benji denken und daran, dass eine gewisse Ähnlichkeit zwischen ihm und mir nicht zu leugnen war. Ich schrie, und ich heulte, und ich ruderte mit den Armen –, während meine Schwester sich vor Lachen am Fuße des Hanges krümmte. Meinen Darm- und Blaseninhalt behielt ich gerade noch so bei mir, aber spätestens, als der hoch abgesetzte Bordstein am Ende des Gehwegs wie eine Rampe in meinem Sichtfeld auftauchte und ich für einen kurzen Moment den Grund unter den Füßen verlor und durch die Luft segelte, fühlte ich mich mit meinen ausgebreiteten Armen wie ein Flughörnchen.

Ich heulte noch, als wir vor der Tür meine Cousine standen. Wir mussten ein irres Bild abgegeben haben: ich mit den Inlinern unter den Armen, der das Blut von Knien, Stirn und Ellbogen lief, und meine Schwester, die über beide Backen grinste. Seitdem sind Inliner in Kombination mit Bergen restlos gestrichen. Die Fehleinschätzung habe ich revidiert. Unabhängig vom Grad der Kontrolle verstehe ich einfach nicht, weshalb man es freiwillig riskiert, seine Lebenszeit unnötig zu verkürzen. Wenn ich auf einem Berg stehe, bin ich zwar in meiner Position erhöht – mir versperren trotzdem unzählige Dinge die Sicht. Überall sind Kurven, Felsvorsprünge und Wälder. Mal ganz abgesehen von den vielen Schluchten, die einem sekündlich die eigene Sterblichkeit entgegenbrüllen. Das hat fast schon masochistische Züge. Nur ein Ausrutscher, und – schwupp – das war's. Tot. Leben vorbei. Und das in Sekundenschnelle. Und wofür? Um gegen lauter Dinge anzusehen. Was für eine selten blöde Beschäftigung Freeclimbing doch ist: Man riskiert sein Leben, um auf eine Wand zu starren. Stattdessen könnte man sich auch direkt in die Mitte einer achtspurigen Autobahn stellen und »Ich lebe nicht gerne, kommt und holt mich« brüllen. Wenn man das braucht, um sich lebendig zu fühlen, ist das schon merkwürdig, da man ja kurz davor ist, sich nie wieder lebendig zu fühlen. Lieber sterbe ich auf dem Klo. Da kommt der Tod immerhin unerwartet.

Wo du beim Sprung vom Brett vom Wasser aufgefangen, im Karussell von Gurten getragen und beim Fahrstuhlfahren von Wänden umgeben wirst, schützt dich vor dem Abgrund am Berg rein gar nichts. Da sind nur du, dein mickriges Leben, der Berg und der Abgrund. Du bist schonungslos der

Natur ausgesetzt. Nirgendwo sonst bin ich so ausgeliefert, so klein und dabei so sehr bis ins Mark erschüttert. Soll das bei anderen nur ein Gefühl der Demut auslösen! Mich versetzen die Berge schlichtweg in Angst.

Selbst heute noch, mit 26 Jahren, fahre ich nicht gerne durch die Berge, obwohl meine Reisekrankheit im Laufe der Jahre nachgelassen hat. Nicht einmal dann, wenn ich selbst hinterm Steuer sitze: Als ich einmal als Erwachsene nach einem Besuch bei meinem Großvater nachts hinunter zum Hotel fahren musste, schlich ich mit schweißnassen Händen, 30 Kilometern pro Stunde und links überholenden Einheimischen zurück ins Tal und hupte vor fast jeder Kurve, damit der Gegenverkehr auch auf mich vorbereitet war. Das war natürlich an Redundanz kaum zu überbieten, da hinter mir ebenfalls alle wütend hupten und wir allesamt unbeabsichtigt einem Hochzeitskorso glichen.

Vielleicht ist das einer der Gründe, warum ich Ostfriesland so mag. Wenn ich auf dem Deich stehe, sehe ich, wer übernächste Woche vorbeikommt. Außerdem ist es relativ schwierig, auf dem Weg vom Deich zurück zu verunglücken. Ich fühle mich sicher, habe trotzdem den Überblick und kann mein Selbstwertgefühl völlig gefahrlos aufwerten. Es sei denn, ein wild gewordenes Schaf lauert mir auf oder ich rutsche auf dem Weg nach unten auf dessen Kot aus. Trotzdem habe ich dabei einen kleinen Eroberer-Moment – zugegebenermaßen ein wenig unspektakulär, aber darum geht es doch beim Bergsteigen: dass man sich überlegen fühlt. In Ostfriesland kann ich stundenlang durch die Gegend fahren, ohne eine einzige Kurve zu sehen. Ich fahre geradeaus. Immer geradeaus. Ich fahre auf Straßen, die nie zu enden scheinen, vorbei an Feldern und einem Himmel, der für mich nirgendwo so weit ist.

Vor ein paar Jahren unternahm ich einen allerletzten Versuch, mich bei einer Art Konfrontationstherapie mit den Bergen anzufreunden. Ich befand mich auf einem Roadtrip mit einer guten Freundin, deren Vater Franzose ist und in den Rhône-Alpen lebt. Mit dem Öffnen seiner Haustür schwand sogleich meine Hoffnung, mich mit ihm auf Deutsch verständigen zu können. Er war ein knochiger, aber kraftvoller Mann um die 70 in einem ausgesucht zweckdienlichen Apartment, von dem aus die Alpen zu sehen waren. Der blanke Horror also. Er hatte ein Gesicht, in dem sich feine Altersspuren abzeichneten, die wie eine Miniatur des Gebirges vor seiner Haustür aussahen. Er könne zwar Deutsch, behauptete er damals, aber hier spreche man eben Französisch. Als er das sagte, verzog sich sein Mund kaum, vielleicht hätte er in einem anderen Leben einen guten Bauchredner abgegeben. Ich nickte tapfer, wohl wissend, dass mein Schulfranzösisch eingestaubt in meinem Kopf darauf gewartet hatte, gänzlich von anderen Dingen verdrängt zu werden. Immerhin deutete seine Art zu sprechen darauf hin, dass er es nicht tat, um Lücken auszufüllen und zu schwadronieren. Sprechen war eine Notwendigkeit für ihn und nichts, was man aus Vergnügen oder Langeweile tat. Ich schöpfte Hoffnung, vielleicht würde ich doch mit meinem rudimentären Vokabular durchkommen.

Eines Morgens weckte er uns zum Frühstück. Der Geruch nach Kaffee strömte bereits aus der Küche und verwob sich mit der Stimme von Lisa le Blanc, die auf Englisch fragte: *Could You Wait 'Til I've Had My Coffee*. Ich verstand erleichtert die Botschaft, und wir schwiegen, während wir Baguette aßen. Der dazu gereichte Aufschnitt war so gut, dass die Franzosen ihn grob geschnitten anboten, weil sie es nicht nötig hatten, ihn anzurichten.

Dann durchzog ein Satz die Stille, den ich nie vergessen werde: »*Nous allons nous promener aujourd'hui.*« – Wir werden heute spazieren gehen, übersetzte ich mühsam in meinem Kopf. Spazieren gehen also, dachte ich erleichtert und schlüpfte in meine neuen weißen Plateau-Sneaker, ein wenig Entspannung nach den langen Fahrten.

Wir fuhren vorbei an Plattenbauten und Bienenwaben, die nach und nach verschwanden, um Nadelbäumen Platz zu machen. Am Stadtrand angekommen, stiegen wir vor dem Ausläufer eines Bergs aus dem silberfarbenen Kleinwagen, und ich weiß noch, wie ich den Vater meiner Freundin mitleidig musterte, als er seine zwei Gehstöcke aus seinem Kofferraum zog. Toll, dass er trotz seines Alters noch so agil zu sein schien. Ich nahm mir vor, es langsam angehen zu lassen. Die ersten Meter hielten meine Freundin und ich uns betont höflich hinter dem Schatten ihres Vaters auf, bemüht, nicht zu überheblich und beschwingt unsere Jugend zur Schau zu stellen. Ich wartete verständnisvoll, wenn er seine Gehhilfen aufsetzte, um den Grund zu testen.

Wenig später klammerte ich mich an einen dieser Stöcke und fühlte mich wie Gandalf aus *Der Herr der Ringe*, um Jahre gealtert. Ich schnaufte wie ein überhitzter Staubsauger, während der Vater meiner Freundin sich alle paar Meter umdrehte und irgendwelche Wildpfade anpries, als seien sie etwas Tolles. Wie er da mit seinen 70 Jahren so freudig und vital winkte, kratzte ich mein letztes bisschen Würde zusammen und folgte ihm. Die Wege waren schmal und kaum erkennbar,

Steine verunzierten die Gehwege wie Furunkel, Bäche durchpflügten die Pfade, aber *nous nous promenons,* wir spazieren, wiederholte ich gedanklich die Worte des Mannes. Scham und Zweifel machten sich breit, als ich nur noch aus der Ferne seine Silhouette erkennen konnte, weil er in halsbrecherischem Tempo wie ein Leichtathlet im Hürdenlauf bei Olympia vor mir hersprang. *Nous nous promenons,* murmelte ich den Satz mantraartig vor mich hin und versuchte verzweifelt, den Fehler in meiner Übersetzung zu finden. Dabei knickte ich mehr um, als dass ich ging. Während der Vater meiner Freundin weiter vergnügt und geübt vor uns herumhüpfte, liefen kleine Flüsse von meiner Stirn. Wir spazierten nicht, wir wanderten, und eigentlich taten wir auch das nicht, ich zumindest nicht, ich rang mit Mutter Natur, meinen Plateau-Sneakern, Geröllplatten, auf denen ich den Hang hinabsurfte, und mir selbst.

Ich verstand nicht, wie ein Wort für jemand anders eine so andere Bedeutung haben konnte, und darüber hinaus nicht, wie zur Hölle ein Mensch Spaß am Offroad-Wandern haben konnte. Ich empfand es als blanken Selbsthass, den Ausblick auch noch als Belohnung für die Anstrengung schönzureden. Während der Vater meiner Freundin sein linkes Bein auf einem statisch völlig ungeeigneten Steinexemplar positionierte und wie der Wanderer über dem Nebelmeer völlige Ruhe ausstrahlte, klammerte ich mich mit schweißnassen Händen an eine vom Abhang mehrere Hundert Meter entfernt gelegene Holzbank.

Nicht nur verstand ich seine Worte nicht, ich verstand sein gesamtes Wesen nicht. Nur eines verstand ich: Manche Dinge lassen sich nicht übersetzen, auch wenn man den Ausdruck *se promener* zwanzigfach in die Google-Suche eingab. Sinn und Zweck einer Konfrontationstherapie ist es eigentlich, sich dem angstauslösenden Reiz auszusetzen, um zu registrieren, dass die eigene Angst nicht ewig anhalten kann. Das Gehirn soll den jeweiligen Reiz als weniger beängstigend abspeichern und einen stressfreieren Umgang damit ermöglichen.

Die Berge und ich jedenfalls, das bemerkte ich an diesem Tag in den Rhône-Alpen, würden auch im mittleren Abschnitt meines Lebens keine Freunde mehr. Wenn man bedenkt, dass meine Mutter von der Schwäbischen Alb stammt und für meinen Vater ans andere Ende des Landes gezogen ist und die Berge jeden Tag vermisst, war das ein wenig paradox. Ich schätze, die ostfriesische Seite meiner Abstammung hat sich durchgesetzt: die Schisshasenseite.

OPA UND SEIN
HAUS

An dem Tag, als ich meinen Opa als Schwimmlehrer engagierte, weckte mich sein Haus. Ich hörte die Schritte meiner Großmutter auf dem Flur, klappernde Teller aus der Küche, die gedämpfte Stimme meiner Mutter, die mit meinem Großvater sprach, und sog den Duft ein, den das Haus morgens aus jeder noch so kleinen Ritze verströmte: den Geruch von frisch gebackenen Brötchen.

Opa wohnte in einem für ein so kleines Dorf auf der Schwäbischen Alb absurd großen Bau, der drei ausgebaute Stockwerke, einen Garten, zwei Keller und drei Küchen umfasste. Dabei war es alles andere als eine Villa: Es war eine Teigwarenfabrik, ein Schwimmbad, eine Werkstatt, ein Lager, ein Geschäft und eine Ruine und der aufregendste Ort, den man sich mit sechs Jahren vorstellen konnte. Denn in dem Haus gab es vor allem eine Regel: Nichts durfte neu sein. Es war, als fraß es sich selbst auf. Tapeten rollten willkürlich ihre Enden hoch, manchmal fehlte eine Fußleiste, alles besaß Kratzer und Schrammen.

Hinter jedem Winkel steckte eine Geschichte, sogar hinter jenen, die es gar nicht mehr gab. So erzählte unsere Mutter uns – der wir mit großen Augen zuhörten –, das Wohnzimmer sei einmal zweigeteilt gewesen, und die Wand, die es durchteilt hatte, habe Großvater eines Tages an Heiligabend mit einem Hammer und bloßen Händen eingerissen, weil sie ihn urplötzlich genervt hatte. Der Legende nach stand der Braten noch auf dem Tisch, als die anwesenden Familienmitglieder inmitten einer riesigen Staubwolke erstaunt dabei zusahen, wie Opa eine Wand zum Einsturz brachte.

Es war, als schlug sein Herz im selben Takt wie das seines Hauses. Wildschweinfelle hingen an den Wänden, ein denkwürdiges Andenken an die Zeit, als er versucht hatte, die Tiere im Garten zu halten, daneben ein Sattel aus schwarzem Leder, mit dem er einmal eine Kuh einreiten wollte. Von seiner Armbrust hoffte meine Mutter immer, sie funktioniere nicht mehr. Und direkt neben dem Schwimmbecken stand ein meterweiter Backtisch, der eigentlich mal ein Tapeziertisch gewesen war, da Opa dort jeden Morgen frische Brötchen zu backen pflegte.

Außerdem, und das machte das Haus noch viel aufregender, gab es jede Menge verbotene Orte. Beispielsweise gab es einen Keller, in dem Opa sein eigenes Schießpulver herstellte und den er bis zu seinem Tod inbrünstig verleugnete. Dann gab es noch das Nebelzimmer. Das Nebelzimmer war das Zimmer, das insgeheim das Raucherzimmer meiner Großmutter war, was alle wussten, aber trotzdem so taten, als wäre dem nicht so, weil mein Opa wiederum nichts davon wissen durfte. Meine Oma rauchte so ausgiebig, dass es, wenn das Fenster auf Kipp war, von außen so aussehen musste, als hätten meine Großel-

tern eine Nebelmaschine in dem Raum versteckt. Dicke weiße Schwaden zogen heraus in das Dorf, meine Großmutter war ein Schornstein auf zwei Beinen. Trotzdem tat sie so, als würde sie darin knobeln und nicht rauchen und blickte einen meist ganz erschrocken aus einer gigantischen Nebelwolke an, öffnete man doch einmal Tür. Sie fürchtete immer, Opa würde sie entdecken. Ich fragte mich immer, wie Opa es schaffte, nichts davon mitzukriegen, weil alle zwei Tage Dorfjungen vor der Tür standen, die meine Oma geschmiert hatte, um sich Zigarettenstangen zu besorgen. Manchmal glaubte ich, es waren die Geheimniskrämereien und das Versteckspielen, die ihre Ehe so gut intakt hielten. So trug mein Großvater stets einen Brief meiner Oma in seiner linken Hemdtasche und ging trotzdem manchmal ins Wirtshaus nebenan, weil dort die Susi arbeitete, die meine Oma fürchterlich eifersüchtig machte, auch mit 84 Jahren noch. Das Nebelzimmer war natürlich für uns Kinder absolute Sperrzone, die wir feierlich missachteten, um Oma zu erschrecken und dann so zu tun, als hätten wir uns in der Tür geirrt.

Das alles hatte zur Folge, dass es mir vorkam, als würde das Haus leben. Es schmatzte, rülpste, rumpelte, rauchte, reckte und streckte sich. Hier war nichts verchromt oder verglast, futuristisch oder puristisch. Die Böden knarzten, die Leitungen gluckerten, Maschinen rotierten, und ich wurde wach, bevor der Wecker überhaupt klingeln konnte.

Und genau wie viele andere vor und nach ihm, begann so auch der Sommer, in dem ich endlich schwimmen lernen sollte. Ich hob träge ein Augenlid und bereute es sofort: Das Haus blendete mich. Ich gab ein »Grmpf« von mir und rollte mich aus dem Bett. Das Zimmer, in dem ich und meine Schwester immer schliefen, hieß ›das Museum‹. So nannte ich es jedenfalls, denn es war ein ganz eigenes Kuriosum. Hierhin hatte Oma all die Pokale verbannt, die Opa im Schützenverein gewonnen hatte und bei denen sie es noch nicht geschafft hatte, sie heimlich an irgendwen zu verramschen. ›Staubfänger‹, wie alle außer Opa zu sagen pflegten. Für uns Kinder war jeder Pokal schlicht die Bestätigung, dass unser Opa der Beste war. Er selbst sprach wenig über seine Erfolge, bewahrte aber die Auszeichnungen sorgsam auf. Damals begriff ich noch nicht, was der eigentliche Grund dafür war.

Die Sache mit dem Seepferdchen hing mir an dem Tag jedenfalls noch schwer nach. Mit hängenden Schultern machte ich mich auf den Weg nach unten in die Küche – mir war heute nicht danach, das steile Treppengeländer hinunterzurutschen, das das Erdgeschoss mit der ersten Etage verband. Eigentlich wollte ich nicht einmal in die Küche gehen, obwohl ich roch, dass es frisch gebackene Brezeln gab und ich die am liebsten mochte.

Ich setzte mich auf eine der Stufen und strich mit den Fingern über eines der Wildschweinfelle neben mir, als mir mein Opa entgegenkam. Ich blickte vorsichtig hoch. Vielleicht hatten die anderen ihm schon erzählt, was passiert war? Dabei feierte er meine Erfolge doch immer am meisten. Wenn ich etwas Neues lernte und es ihm erzählte – und sei es noch so klein –, guckte er mich über den Rand seiner meist dreckigen Brille hinweg an, legte alles beiseite und sagte: »Ist das wahr?« Ich fühlte mich jedes Mal so, als hätte ich den Stromkreis höchstpersönlich erfunden.

Er war ein Berg von einem Mann, weshalb ich jedes Mal ein wenig zusammenzuckte, wenn er mir eine seiner riesigen Pranken in den Nacken legte so wie jetzt. Trotzdem kam mir nichts an ihm angsteinflößend vor. Er trug eine Hornbrille,

Hosenträger und eine Schiffermütze, damit er jedem im Dorf von seiner Familie im Norden erzählen konnte. In Leer kannte ich allerdings kaum jemanden, der so gekleidet war, schließlich war Leer eine knappe Stunde vom Meer entfernt, aber das verriet ich ihm nie. Abgesehen davon war Opas Hemd stets mit irgendetwas verschmiert, entweder vom Backen oder vom Reparieren eines der tausend Dinge, die im Haus geflickt werden mussten, oder von beidem. Zur Begrüßung zog ich normalerweise an einem seiner Hosenträger, die dann zurückflippten und ihm ein Lachen entlockten, das seinen runden Bauch beben ließ. Heute zog ich nicht daran. Ich schaute auf meine Füße.

Opa musterte mich hinter seiner Brille. »Deine Mutter hat mir das mit dem Schwimmen erzählt.«

Ich zuckte mit den Schultern und kickte etwas Unsichtbares mit meinen Füßen weg. Verräterin, dachte ich. Natürlich hatte sie das erzählen müssen. Missmutig starrte ich die orangefarbenen Kacheln zu meinen Füßen an.

»Kann der nichts, der Lehrer?«, fragte Opa und sah mich wartend hinter seinen panzerdicken Brillengläsern an.

Ich schaute hoch. Damit hatte ich nicht gerechnet. Ich hatte schon viele Reaktionen erhalten, Mitleid und Schadenfreude vor allem. Das hier hatte mich noch keiner gefragt. »Ich schätze nicht«, gab ich nach einigen Sekunden zurück.

»Sausack«, kommentierte Opa und gab mir mit einem Wink zu verstehen, dass ich für ihn auf der Stufe Platz machen sollte.

Ich starrte die Stufe und dann Opas Bauch an, der mein Zögern bemerkte.

»Ich bin zwar fett, aber so fett auch nicht, jetzt rutsch einmal rüber.« Wenn er sprach, dann tat er das immer in einem urschwäbischen Dialekt, was mir und ihm meist erst dann bewusst wurde. Ich konnte fast hören, wie Opa nachdachte.

»Wir üben diesen Sommer, okay?«

Er warf mir einen Seitenblick zu, und ich wunderte mich kurz, ob Opa überhaupt schwimmen konnte, wo er doch so alt war und meine Mutter mir erzählt hatte, dass viele Menschen früher nicht schwimmen konnten, vor allem nicht die ärmeren unter ihnen.

Mein Großvater musste mein Schweigen für Zweifel aufgefasst haben, die ich zugegebenermaßen auch an mir hatte, und er sagte: »Du kannst ja nichts dafür, wenn der dir da oben nichts beibringt.«

Opas Hand, an der bei einem Finger die Kuppe fehlte, weil er sie sich beim Werkeln aus Versehen selbst abgesägt, aber nichts davon bemerkt hatte, landete jetzt auf meinem Rücken, wobei erst meine Brust und dann mein Kopf einen halben Meter nach vorne flogen. Das hatte noch keiner gesagt, dass es vielleicht gar nicht an mir gelegen hatte.

»Und jetzt ist es gut mit Trübsalblasen, gell? Oder willst du dir den Sommer von dem Kerl vermiesen lassen?«, fragte er.

Ich schüttelte eifrig den Kopf. Nein, das wollte ich ganz bestimmt nicht.

»Gut«, sagte er. »Komm mit, es gibt Leberwurstbrot.« Das war Opas Lösung für alles, was schieflief: Leberwurstbrote. Er ächzte, als er aufstand. »Heilandzack, was war das auch für eine Schuhschachtel.« Damit meinte er den Zwischenraum, in dem er auf der Treppe gesessen hatte.

Ich kicherte und ging hinter ihm in die Küche, wo er mir ein Weckle in Vierecke schnitt, nachdem er es mit Leberwurst beschmiert hatte. Am nächsten Tag gingen Opa und ich in

den Keller, dorthin, wo sich neben Opas nicht ganz so gehei-
men Schießpulverfach, einem Partykeller, einer Werkstatt und
einem Kartoffelkeller eben auch das Schwimmbecken befand.

AUFERSTEHUNG IN
OSTFRIESLAND

Meine Mutter sagt immer, wäre ich ihr erstes Kind gewesen, hätte sie kein zweites bekommen. Dem Familienmythos nach sorgte ich schon vor meiner Geburt für Wirbel. Ich war eine Frühgeburt, und kurz bevor ich auf die Welt kam, setzte mein Herz mehrere Momente lang aus. Meine Mutter wurde vom Vorsorge-Ultraschall aus direkt in den OP-Saal geschoben. »Nicht einmal die vier Wochen hat sie es noch in mir drinnen ausgehalten«, sagt sie über mich, und mein Vater fügt gerne kopfschüttelnd hinzu: »Nichts als Rambazamba. Schon damals eine Unruhestifterin.«

Angeblich sagte mein Opa mütterlicherseits, als er mein Gesicht zum ersten Mal im Kinderwagen erblickte, den Satz: »Da kannst du dir noch ordentlich das Kreuz anziehen.« Meine Mutter und mein Vater sind sich einig, dass er recht hatte. Schon kurz nach dem *Kinnertöön*, dem üblichen Umtrunk, den man in Ostfriesland zu Ehren des neugeborenen Kindes veranstaltete, soll meine Schwester gefragt haben, ob und wann man mich denn wieder zurückbringe.

Folgendes erzählt meine Mutter fast ein wenig beleidigt: Während andere Kinder ein halbes Jahr lang eine Rotzspur an der Eckschaufensterscheibe des Kindergartens hinterlassen, weil sie ihre Nase daran plattdrücken, wenn die Mütter gehen, wies ich meine an meinem ersten Tag mit einem »Du kannst gehen, ich bin jetzt weg!« darauf hin, dass ihr Job von meiner Seite aus erledigt war. Zuvor hatte ich jeden Tag, an dem meine Mutter meine Schwester fortbrachte, mit verschränkten Armen skandiert: »Ich. Will. In. Kindergarten!«

Nach meinem ersten Schultag sollte sich meine Begeisterung für Institutionen etwas legen, Abschiedsschmerz gegenüber meiner Mutter stellte sich aber auch hier nicht recht ein. Zu Hause angekommen, warf ich meinen Scout-Schulranzen mit den weißen Einhörnern in die Ecke und beantwortete die Frage meiner Mutter danach, wie es denn gewesen sei, mit einem monumentalen: »War okay. Aber Hausaufgaben mache ich dir keine!« Die Prophezeiung sollte sich bewahrheiten. Zum Leidwesen meiner Mutter.

In regelmäßigen Abständen »vergaß« ich mein Hausaufgabenheft in der Schule und ließ meine Mutter in die Schule fahren, um es zu suchen, obwohl ich das Heft zu Hause hatte, worüber ich mir dreisterweise im Klaren war. Letzteres ist mir heute ein wenig peinlich, aber damit möchte ich gar nicht groß anfangen. Es sollte nur der Startschuss für eine Wagenladung Ärger sein.

Eines Nachts, als nur noch irgendeine Kuh es wagte, die nächtliche Stille unseres Hauses zu durchbrechen, las ich in einem Astrid-Lindgren-Buch. Ich war gerade dabei, umzublättern, als mein Vater die Tür zu meinem Zimmer aufriss und Aufhebens machte wie ein Gendarm, der den Gauner endlich auf frischer Tat ertappte. »HA!«, rief er mit ausgestrecktem Zeigefinger. »So, gnädiges Fräulein. Jetzt. Ist. Feierabend.«

Ein bisschen macht es ihm auch Spaß, dachte ich, ein wenig Abwechslung zu seinem Schreibtischjob. Ich verdrehte die Augen.

»Das war der letzte Teil einer dreiteiligen Verwarnung. Ich habe dir vor einer halben Stunde gesagt, dass du das Licht ausmachen sollst!« Mein Vater ist Jurist und nimmt Vorschriften bis heute sehr ernst. Den Zeigefinger Unheil drohend in der Luft schwenkend, die buschigen Augenbrauen bis zum Stirnansatz hochgezogen, stand er vor mir. Dazu muss man sagen, dass mein Vater nachts Pyjamas trägt, deren Oberteil er stets sorgsam in die karierte Hose zu stecken pflegt – und dass er von eher schmächtiger Natur ist. Zudem besaß er die Angewohnheit mitzulachen, wenn ich aufgrund einer seiner Tiraden losprustete, was pädagogisch oftmals nach hinten losging, da ich die vorher gehörte Ansage überhörte.

Ich war wenig beeindruckt. Blöd war ich auch nicht, weshalb ich vorsichtshalber umschwenkte und ihm ein treues Lächeln schenkte. »*Schiete.* Hast mich erwischt. Ich mach ja schon das Licht aus.« Um meine Vorstellung zu komplettieren, gähnte ich herzhaft, streckte dabei meine Arme weit aus, legte das Buch auf meinen Nachttisch und ließ mich ins Kissen sinken, weshalb mein Vater mir einen letzten warnenden Blick zuwarf – der war ja auch nicht blöd – und die Tür hinter sich zuzog.

Auf etwaige Rückschläge gefasst, zog ich also die Taschenlampe aus meinem Nachttisch. Wohlwissend, dass er das Deckenlicht durch den Türspalt hätte sehen können. Das ging weitere 15 Minuten gut, bis mein Vater abermals die Tür aufriss und einen Satz sagte, der in der Stille wie ein Basketball in der Turnhalle knallte: »Dich sticht ja wohl der Hafer.« Ausrufe und Redewendungen dieser Art waren ebenfalls sein Kerngebiet. Generell vererbten meine Eltern meiner Schwester und mir ein sehr sonderbares Vokabular, stammte doch der eine aus dem Norden und die andere aus dem Süden. Wenn man uns erschreckte, brüllten wir abwechselnd »*Jasses*« und »*Jesses*«. Mein Vater scherzte immer, wegen unserer Mutter seien wir bilingual aufgewachsen.

Die Taschenlampe unter dem Arm, einen Schwall Flüche im Mund und ein »Dieses-Kind-macht-mich-wahnsinnig« später schloss sich die Tür abermals, und ich holte meine Reservewaffe aus der Schublade: eine Kerze. Da lag ich also, das Buch in der einen, die Kerze in der anderen Hand, mich selbst unter der Bettdecke räuchernd wie einen Fisch, um zu vermeiden, dass Licht durch den Türspalt drang. Alle paar Minuten lupfte ich die Decke, um kurz Luft zu holen oder zu husten.

Der Schrei, den mein Vater bei der nächsten Kontrolle fahren ließ, gellt noch bis heute durch Ostfriesland. Er tobte und wütete, erschrak und wütete noch mehr – und zu dem Zeitpunkt wusste er noch nicht einmal, dass ich manchmal heimlich Haarspray in Kerzen sprühte, weil ich sehen wollte, ob die Warnung auf der Dose berechtigt war, ein »wissenschaftliches Experiment«, wie ich meiner Mutter mit ernstem Gesicht versicherte.

»Abfackeln können hättest du dich da«, beschreibt mein Vater noch heute die Geschichte mit der Decke und der Kerze, die Stimme belegt und gesenkt, als stünde er an meinem Grab und ich wäre tatsächlich bei lebendigem Leibe unter der Bettwäsche verbrannt.

Vermutlich habe ich es solchen Aktionen zu verdanken, dass mein Vater mich noch heute oft ansieht und sagt: »Es ist ein Wunder, dass dieses Kind noch lebt.« Er benutzt häufig die Phrase »dieses Kind« statt meinen Namen zu nennen, wenn er sich über mich aufregt. Ich vermute mal, er macht das, um Distanz zwischen sich und mir zu schaffen, eine Art Dissoziation, eine traumatische Spaltung, bei der sich der Geist vom Körper loslöst. Es ist eben manchmal nicht leicht, sich einzugestehen, dass so etwas seinem eigenen Genmaterial entwächst.

Mir war wahrlich nichts heilig. Einmal ließ ich Jesus in unserem Garten auferstehen – und das im Norden, mitten im Sommer, wo man hier doch nur an Weihnachten an ihn glaubte, wie meine Mutter sagte. Die anderen schliefen alle, als ich nachts im Schlafanzug zum Badezimmer tapste. Es war kurz vor Weihnachten, ein Stern beleuchtete noch unseren Flur, und auf dem Weg sah ich, dass auch die restliche Weihnachtsdekoration schon auf dem Tisch stand. Das Licht des Sterns strahlte genau die eine Figur an: das Christkind. Da hakte etwas in mir aus, ich schnappte mir die Krippenfigur und ging auf Zehenspitzen die Treppe hinunter. Unten schnappte ich mir meine Stiefel. Mitten in der ostfriesischen Nacht vergrub ich die Figur draußen im Garten und streute Äste über die frische Erde.

Am nächsten Morgen summte ich am Frühstückstisch vor mich hin, was sonst nie vorkam. Ich hatte keinen besonderen Grund dafür gehabt, ich mochte einfach, dass ich etwas wusste, was die anderen nicht wussten.

Als dann an Heiligabend der gesamte Haushalt verzweifelt nach dem Christkind suchte, griente ich klammheimlich in mich hinein, setzte mich aufs Sofa, aß Chips und sah den anderen beim Suchen zu. Zwischendurch besaß ich die Frechheit, aufzustehen und scheinheilig mitzusuchen. Dabei sagte ich Dinge wie »Mann, Mann, Mann – wie vom Erdboden verschluckt« oder »Das gibt es ja nicht« oder »Da wird der Hund in der Pfanne verrückt!«. Ein paar Sprüche hatte ich mir schon damals von meinem Vater abgeguckt. Ich stemmte die Hände in die Hüften, runzelte die Stirn, warf die Arme in die Luft. Es war ein schauspielerisches Feuerwerk, das ich zum Besten gab. Ich lief pfeifend durch die Flure und fragte sogar meine Mutter danach, wo sie die Figur denn zum letzten Mal gesehen habe. Wie ich mich freute, dass einmal ich ihr diese Frage stellen konnte!

Meine Mutter wurde zusehends hektischer, die Katholikin in ihr meldete sich wie immer pünktlich an den Feiertagen. Konfessionen spielten bei uns in der Familie generell eine übergeordnete Rolle. Nach langem Disput einigten sich mein evangelischer Vater und meine katholische Mutter darauf, uns Kinder zwar evangelisch zu taufen, dafür aber in einen katholischen Kindergarten zu schicken. Es war ein Ringen um Identität. Meine Mutter, die ihre Heimat hinter sich gelassen hatte, klammerte sich bei uns an der Nordsee an ihren Katholizismus wie an einen Rettungsring. Ein Weihnachtsfest ohne den Star des Abends wollte meine Mutter keinesfalls zubringen. »Eine Krippe ohne Jesuskind, ja, wo sind wir denn?«, fragte sie verzweifelt an jenem Weihnachten.

»In Norddeutschland«, feixte ich. »Alles halb so wild, Mama.«

Selbst beim Festmahl genoss ich meinen Streich noch. Nachdem ich mir genüsslich meinen letzten Bissen Mousse au Chocolat einverleibt hatte, strich ich mir über meinen Bauch, blickte auf die leere Wiege in der Krippe und sagte: »Na, so etwas. Das Christkind ist ja immer noch nicht aufgetaucht.«

Was für ein Fest! Doch meine geheime Wonne darüber sollte ein Ende finden, wenngleich auch kein frühes. Mein Coup flog Jahre später im Hochsommer auf. Ich kam gerade aus der Schule und sah, wie Arbeiter die Tanne in unserem Garten abholzten. Da fiel es mir siedend heiß wieder ein. Sofort trat mir der Schweiß auf die Stirn.

»Mama, ihr könnt doch nicht einfach die Tanne abholzen! Die ist auch nur ein Lebewesen«, sprach ich vorwurfsvoll und mimte den Naturschützer. Ein kluger Schachzug, gerade durchlebte ich wirklich die Phase, in der ich Regenwürmer beim Umgraben der Beete retten wollte.

Meine Mutter hingegen reagierte mit einem Achselzucken und war sichtlich irritiert. »Wir müssen sie fällen. Sonst landet die beim nächsten Sturm noch auf unserem Dach. Die kann man nicht mehr retten.« Sie setzte nach: »Dass es im Norden aber auch immer so stürmen muss!« Mit einem Seitenblick auf mein banges Gesicht fügte sie hinzu: »Ja, was hast du denn bloß schon wieder?«

Ich kauerte mich vor die große Schiebetür im Wohnzimmer und sah den Arbeitern halb gespannt und halb verzweifelt dabei zu, wie sie den Baum fällten. Es war zum Haareraufen! Gerade als ich erleichtert aufseufzen wollte, weil ich dachte, dass die Arbeiter die Tanne bloß absägten, begann einer der Männer, auch noch an dem übrig gebliebenen Stumpf zu zerren. Auch das noch.

»He!«, rief ich aufgebracht. »Reicht es denn nicht, dass Sie den Baum umbringen? Da leben doch bestimmt viele Insekten drunter!« Greenpeace hätte sich die Finger nach mir geleckt.

Doch meine Mutter schüttelte bloß den Kopf. Ich sprang auf, tigerte an der Scheibe auf und ab und hauchte, sodass sich das Fenster vor mir weiß färbte: »Ja, was machen die da denn jetzt noch, der Baum ist doch schon gefällt!« Ich bereute, dass ich es an dem Weihnachtsfest mit der Schauspielerei so auf die Spitze getrieben hatte. Die Sache mit dem Ans-Kinn-Tippen, Ratlos-Aussehen, An-der-Suche-Beteiligen – warum hatte ich nicht einfach schweigend meinen Streich genossen!?

In Anbetracht meiner Nervosität wurde meine Mutter argwöhnisch. Sie ließ die Arbeit in der Küche sein und ging hinaus in den Garten – gerade rechtzeitig, um die kleine Auferstehung mitzubekommen, die sich vor ihrer Terrasse abspielte. An den Wurzeln des Stumpfes baumelte leicht lädiert, aber noch immer zweifelsfrei erkennbar: das Jesuskind. Die Arbeiter blickten verwundert auf die Figur zwischen den Wurzeln. Als meine Mutter sich zu mir umdrehte, war ich froh, dass ich hinter einer Scheibe saß.

Ich war wie ein Kobold. Mir wollten die Ideen nicht ausgehen. Hin und wieder stellte ich mit Wasser gefüllte Eimer auf geöffnete Türen und sah dabei zu, wie sie beim nächsten Öffnen herunterfielen. Ich schmierte Ringelblumensalbe unter Türklinken, verband während irgendwelcher Feierlichkeiten die Schnürsenkel der Gäste unter dem Tisch miteinander und vernähte die Pyjamahosen meines Vaters am unteren Ende und sah dabei zu, wie er beim Versuch hineinzusteigen umfiel und danach durchs Haus brüllte. Zu meinen schönsten Freuden zählte es, meinen Vater kichernd dabei zu beobachten, wie er morgens um sieben Uhr mit schäumendem Mund vor dem Badezimmerspiegel stand, vor Wut schäumend und natürlich, weil ich das Shampoo und die Zahnpasta miteinander vertauscht hatte.

Während er mir in solchen Situationen eher wie der aufbrausende Vater von Astrid Lindgrens Michel aus Lönneberga vorkam, begegnete meine Mutter meinen Eskapaden überraschenderweise mit Gelassenheit. Oft lachte sie heimlich sogar über meine absurden Einfälle. Mein Vater brauchte dafür hingegen ein wenig Zeit. Wenn ich es zu weit getrieben hatte, wurde es mir meist erst hinterher klar. An solchen Tagen schlich ich wie eine Katze ums Haus, darauf bedacht, ihm nicht zu begegnen.

Einmal, als meine Mutter kochte, was für mich stets meine Prime-Time darstellte, weil sie mir den Rücken zudrehte, hörte sie es im Flur rascheln. Noch heute betont sie gerne, dass es »schlimm wurde, wenn man länger nichts hörte«, weil ich dann angeblich »irgendetwas ausbrütete«. Sobald es still war, durchfuhr meine Mutter die blanke Panik, dass ich etwas ausheckte. Lärmte es, war es zu spät. Der Schlaf war mein Feind, von der Sinnhaftigkeit des Mittagsschlafs hatte mich meine Mutter sehr zu ihrem Leid nie ganz überzeugen können. Wenn es doch einmal passierte, dass ich einnickte, schlief ich überall ein, was wieder zur Folge hatte, dass meine Mutter mich suchen musste.

Eines Tages bog sie, noch mit den Topflappen in der einen Hand, um die Ecke in den Flur, als sie sah, weshalb ich die letzte Stunde über so ruhig gewesen war: Ich hatte den gesamten Flur, der einst mit blütenweißer Raufasertapete überzogen war, sorgsam mit ihrem roten Lippenstift bemalt. Männchen reihten sich munter an Kreise und Schmetterlinge und alles, was mir in der kurzen Zeit eingefallen war. Während ich mein Werk musterte wie ein Künstler nach getaner Arbeit, wurde meine Mutter leichenblass.

Doch anstatt die Fassung zu verlieren, beugte sie sich, die Ruhe in Person, zu mir herunter, seufzte und sagte: »Sag mal, hast du sie noch alle beisammen? *Jesses,* wenn das dein Vater sieht!« Wenn meine Mutter fluchte, kam das Schwäbische bei ihr noch stärker durch als sonst. Sie kratzte sich am Kopf, drehte sich zur Wand und resigniert wieder zu mir um und formte mit ihren Lippen ein einziges Wort: »Warum?«

Ich zuckte mit den Achseln und antwortete mit einem abschließenden Blick auf mein Kunstwerk beiläufig: »Das sind Höhlenmalereien, Mama. Das geht auf normalem Papier nicht.« Auf ihren verwirrten Gesichtsausdruck hin fügte ich hinzu: »Ja, hast du das denn noch nirgendwo gelernt? Hat man doch schon früher so gemacht, als die Menschen noch keine Häuser hatten.« Ratlos blickte sie mich an, und ich fügte hinzu: »Damit die Leute auch wissen, dass wir mal hier gewesen sind!«

An manchen Tagen fand aber auch die sonst so unerschütterliche Ruhe meiner Mutter ein Ende. Wenn sie nicht mehr wusste, wie sie mich oder vielleicht auch sich selbst beruhigen konnte, packte sie mich dick ein, setzte mich in ihren alten Opel Astra und fuhr los. Dabei hatten wir immer dasselbe Ziel. Wir fuhren zu einer geheimen Insel mitten im Watt, die nur wir zu kennen schienen. Denn waren wir erst einmal da, erwartete uns fast immer derselbe Anblick: Außer uns beiden war kaum jemand da. Dann nahmen wir auf einer wettergegerbten Bank Platz und schauten einfach nur geradeaus. Manchmal gab mir meine Mutter eine Mark für das Münzfernrohr, mit dem ich immer versuchte, bis zum Ende des Wassers zu blicken.

Bei der Insel handelt es sich um ein Überbleibsel wenig erfolgreicher Erdgasbohrungen in Dyksterhusen, was übersetzt

Deichanwohner heißt. Das Dorf besteht aus nur einem Dutzend Häuser. Überquert man den grünen Bogen, gelangt man nach wenigen Hundert Metern zur Bohrinsel, die von grauem Meer umgeben ist. Der Weg dorthin kam mir jedes Mal wie eine kleine Weltreise vor.

Allein die Fahrt ließ mich ruhiger werden. War ich zunächst noch unruhig und rutschte auf den beigefarbenen Sitzen umher, wurde ich mit der Zeit stiller. Ich sah, wie die weiten grünen Flächen im Rheiderland an mir vorbeizogen, klebte mit meinem kleinen Gesicht an der Fensterscheibe und sah die Male der landwirtschaftlichen Maschinen, die ihre Felder wie liniertes Papier aussehen ließen, und den Himmel – einen Himmel so weit, dass er zwei Drittel meines Sichtfeldes einnahm. Wir fuhren schweigend, meine Mutter und ich, immer weiter geradeaus, vorbei an den wuchtigen Gulfhöfen, die vereinzelt die Landschaft durchzogen, vorbei an kleinen Dörfern mit Backsteinhäusern, jedes so krumm und schief wie eine alte, von den Jahren gebeugte Frau, bis wir dorthin fuhren, wo wir nichts mehr sahen. Doch erst, wenn wir die letzten zweihundert Meter zu der Insel im Watt hinter uns gelassen hatten, wurde auch der letzte Teil von mir ruhig.

Auch an dem Tag, als ich die Wand mit dem Lippenstift meiner Mutter angemalt hatte, fuhr sie mit mir zu der einsamen Insel im Watt. Sie gab mir gefütterte Gummistiefel und eine dicke Daunenjacke. Wir fuhren weiter, vorbei am immergrünen Deich, unter Wolken, die so dicht waren wie Zuckerwatte. Die Wildgänse, die sonst wie Pfeilspitzen durch die Luft segelten, waren noch weit weg, irgendwo im Süden, Schafe und Kühe im Stall und die Felder weitestgehend leer. Als wir aus dem Auto stiegen, drückte der Wind so stark gegen die

Tür, dass ich mich mit all meiner Kraft dagegen lehnen musste. Draußen umklammerte ich den Türgriff, damit die Tür nicht im Wind abknickte. Meine Mutter setzte mir ein Stirnband auf und nahm mich bei der Hand.

Manchmal, wenn das Wasser zu hoch stand, verschwand der schmale Weg hinter dem Deich, der zur Bohrinsel führte, unter Wasser, und es war, als hätte es ihn nie gegeben. Manch einer, der nicht auf die Gezeiten achtete, hatte hier schon aus den Fluten geholt werden müssen. Heute war nicht so ein Tag. Heute hatten wir Glück. Der Weg war an manchen Stellen vereist, aber begehbar. Die Zugvögel, die ihn sonst bewachten, würden erst in ein paar Wochen zum Brüten wiederkommen. Noch waren sie irgendwo im Süden, wo es wärmer war. Wir setzten uns am Rand der Betonplattform auf die Bank, die dort auf uns gewartet zu haben schien. Ich war ein wenig zu klein, weshalb meine Füße den Boden nicht berührten und in der Luft baumelten.

Die Wucht des Nichts traf mich auch dieses Mal. Manchmal glaubte ich, dass es der einzige Ort war, wo sich die Gedanken, die unablässig in mir ratterten, einmal verflüchtigten, weil sie Raum dazu bekamen. Hier verschwanden sie immer, unter Wind und Wasser begraben. An dem Tag, als meine Mutter mit mir zu der Insel im Watt fuhr, gab es weder Ebbe noch Flut. Die Welt stand still. Es war, als gäbe es weder Mensch noch Tier, nur die Welt. Es war tiefster Winter und das Wasser zu unseren Füßen von einer faustdicken Eisschicht überzogen. Das Knacken des Eises betonte die Stille um uns herum nur, aber sie fühlte sich mehr nach Ruhe an.

Der Wind presste sich von allen Seiten gegen mich und rauschte so laut in meinen Ohren, als wäre das Meer, das nicht mehr vor uns lag, in mir, es war so laut, dass ich nicht einmal mehr meine eigenen Gedanken hören konnte. Meine Mutter nahm meine rechte Hand und versteckte sie in ihrer linken Jackentasche. Wir saßen eine ganze Weile so, und meine Mutter strich mir ein paar Strähnen, die mir ums Gesicht peitschten, wieder hinters Ohr. Dann drückte sie meine Hand, die ein wenig kalt geworden war, und dann noch einmal, weil es unser Morsezeichen dafür war, dass alles okay werden würde. Sie schaute mich dabei nie an, blickte immer nach vorn, aber sie tat es mit einer solchen Ruhe, dass sie kurze Zeit später auch zu mir wanderte, als hätte der kurze Druck dafür gesorgt, dass ihre Gewissheit auch auf mich übersprang.

»Besser?«, fragte sie mich.

Ich nickte und drückte zurück. Ja, ich fühlte mich besser. Eindeutig. Und wie jedes Mal, wenn ich dort war auf der Insel, mitten im Nirgendwo, am Ende der Welt, löste sich etwas in meiner Brust, von dem ich vorher gar nicht gewusst hatte, dass es sich verhakt hatte.

ABTAUCHEN

Im Keller roch es nicht nach Chlor. Es roch nach Zwiebeln. Ich hörte, wie das Haus mit seiner Lüftung die Backen aufblies. Es zischte und gurgelte, und ich empfand wieder mal Anerkennung dafür, dass Opa all das selbst gebaut hatte. Trotzdem rümpfte ich die Nase. Der Zwiebelgeruch war doch recht streng.

Als ich mich diesen Morgen zum Becken begab, überraschte ich meinen Opa. Die Plane war nach wie vor über den Pool gestülpt, um ihn vor Dreck zu schützen, und das war auch notwendig, da Opa keine zwei Meter entfernt an einem Tisch einen Zwiebelkuchen buk. Er trug untenrum seine Badehose und obenrum ein heillos verschmiertes T-Shirt und schob den Kuchen gerade in den orangefarben glimmenden Ofen, als er mich aus dem Augenwinkel bemerkte und zusammenzuckte. Das Blech, das er fallen ließ, gab ein schepperndes Geräusch von sich. »Zefix! Schwätz oder scheiß Buchstaben, dass man's lesen kann!«

Ich hatte ihn erschreckt. Er schnaufte. Ich war davon ausgegangen, dass er mein Kommen bemerkt hatte, so laut, wie ich dabei gewesen war. Denn eine Grundvoraussetzung für unsere Familie schien es zu sein, dass man sich trotz seiner geringen Größe so bewegte, als würde man 400 Kilo pro Bein wiegen. Noch dazu schlurfte ich so stark, dass all meine Schuhe vorne abgetragen waren, weil ich zu faul war, die Füße anzuheben, was meine Mutter rasend machte. Energiesparmodus nannte ich das stolz. Deshalb hätte es auch eine Herde Elefanten sein können, die die Treppe herunterkam, und nicht Opas schmächtige Enkelin. Ich vergaß nur immer, wie taub Opa war. Trotz seines Hörgeräts formte er meist mit seiner Hand eine Muschel um sein Ohr, wenn sein Gegenüber sprach, und starrte einem beim Reden unentwegt auf die Lippen. Manchmal überlegte ich, ob es nicht einfacher gewesen wäre, Rauchzeichen vom anderen Ende des Tisches aus zu machen. Auch bei anderen Menschen hatte ich schon bemerkt, dass sie andere schlecht verstanden, aber so schlecht wie mein Großvater hörte niemand. Immerhin bekam er so nicht mit, wie Oma pupste.

Als ich da so stand und mir der Geruch von Zwiebeln in die Nase stieg, begann ich mich zu fragen, wo ich schwimmen sollte, wenn das Becken verdeckt war. Opa warf den Lappen, den er noch in der Hand gehalten hatte, beiseite. Ich schielte zum Becken, doch noch immer machte er keine Anstalten, die Plane abzunehmen. Stattdessen rückte er einen Stuhl und einen Tisch in die Mitte des Raumes. Ich sah dabei zu, wie er in aller Ruhe einen Bottich mit Wasser aus der Leitung füllte. Langsam kam ich mir im Badeanzug, mit Badekappe auf dem Kopf und Schwimmbrille in der Hand, ziemlich bescheuert vor. Hätte das Wasser aufgrund der genutzten Abwärme der Fabrik nicht immer so unglaublich viel Wärme abgestrahlt, hätte ich vermutlich gefroren. Fragend sah ich ihm dabei zu, wie er den Bottich auf den Tisch hob.

»Hinsetzen«, murmelte Opa, ohne mich und mein in Falten geworfenes Gesicht zu beachten, und deutete auf den Stuhl.

Ich wurde ungeduldig. »Ich weiß, was Wasser ist, Opa! Hab's zufällig schon mal gesehen, weißt du, letzte Woche, als ich durchs Seepferdchen gerasselt bin. Und im Urlaub. Und im Bad.« Ich schob den Unterkiefer hervor. »Ich bin nicht blöd«, fügte ich hinzu.

Doch Opa guckte nur zurück und zuckte mit den Schultern. »Hat auch keiner behauptet.« Wenn wir eines gemein hatten, dann, dass wir beide unglaublich stur waren. »Hinsetzen«, wiederholte Opa.

Wir beide wussten, dass das Duell nur ausarten würde, und so fügte ich mich, wenngleich nicht ganz kampflos. Ich seufzte demonstrativ, verdrehte die Augen und setzte mich, wobei die Haut an meinen Oberschenkeln ein schmatzendes und wenig erhabenes Geräusch von sich gab.

Opa nahm mir gegenüber in seiner Speedo-Badehose und dem Unterhemd Platz und schaute mich über den Eimerrand hinweg an. »Eintauchen.«

Ich blickte zurück. Das konnte nicht sein Ernst sein. In mir wuchs der Unmut, wie immer, wenn ich ungeduldig wurde. »Du, Opa, das kommt jetzt vielleicht überraschend für dich, aber ich bin seit dem dritten Monat im Bauch deiner Tochter gewachsen. Da passe ich nicht mehr rein.«

Opa gab ein Schnaufen von sich. »Du sollst da nur mit dem Gesicht rein und nicht gleich ganz in den Eimer springen. Du musst dich ans Wasser gewöhnen, du Lombamensch.«

Ich seufzte. So ganz hatte ich den Sinn der Sache noch immer nicht verstanden, aber ich wusste, wann es an der Zeit war, nachzugeben. Ich wollte mir gerade die Brille über den Kopf ziehen, die ich bis eben noch in der Hand gehalten habe, als Opas Pranke auf meinem Handgelenk landete.

»Die brauchst du nicht.«

Ich kaute auf meiner Unterlippe herum und starrte in den Eimer. Dann hob ich langsam den Kopf an und blickte in Opas Gesicht. »Ich mag es nicht, wenn Wasser in meine Augen kommt, weißt du? Ich habe keine Angst davor oder so, ich mag's einfach nicht, das brennt immer so.« Ich atmete langsam aus und folgte mit meinen Augen der Maserung des Tisches vor mir.

Opa starrte mir eindringlich hinter seinen dicken Brillengläsern entgegen und musterte mich. Dann zog er einen Stuhl heran und ließ sich mir gegenüber schnaufend darauf fallen. Er stützte seinen Ellbogen auf dem Tisch ab, bevor er zu sprechen begann, eine seiner Eigenarten, und wenn ihm etwas besonders wichtig war, dann piekte er mit seinem Finger in die Luft zwischen sich und seinem Gegenüber. »Das, was jetzt kommt, ist wichtig, also hör mir ganz genau zu, ja?«

Ich nickte, hob aber noch immer nicht den Blick. Ein bisschen befürchtete ich schon, er würde mir auch etwas von antizyklischem Investieren erzählen, aber da erinnerte ich mich daran, welcher Opa vor mir saß.

»Dinge, vor denen man die Augen verschließt, bleiben im Dunkeln.« Er setzte mit seinem Zeigefinger an. »Wenn du deine Augen nicht aufmachst, wirst du nie sehen, was es ist, wovor du Angst hast. Du gibst der Angst Raum zum Wachsen.« Noch einmal machte sein Zeigefinger einen Satz nach

vorne. »Wie willst du gegen etwas kämpfen, das du nicht sehen kannst? Das funktioniert nicht. Also: Bevor du anfängst zu schwimmen, sieh dich erst einmal in Ruhe um.« Er schob den Bottich ein Stück näher zu mir herüber und schaute mich seelenruhig an. Er beobachtete, wie ich seine Worte aufnahm, und erst, als er sich sicher zu sein schien, dass sie sich gelegt hatten wie das Meer nach einer hektischen Bewegung, nahm er seinen Ellbogen vom Tisch. Dann stand er geräuschvoll auf und ging zu seinem Backtisch oder Tapeziertisch oder was auch immer der offizielle Begriff dafür war, bevor er sich noch einmal umdrehte, weil meine Gedanken für ihn sichtbar gewesen sein mussten. »Du schaffst das.« Dann hatte sich sein Beitrag für heute offenbar erledigt, denn er drehte sich einfach wieder um.

Ich überlegte und hörte für einen kurzen Moment dem Haus dabei zu, wie es weiter vor sich hinrumpelte. Dann schaute ich wieder zu Opa, der schnaufte und seinen Teig knetete. Ich wusste, dass er meine Blicke zwischen seinen Schulterblättern spürte, spürte, wie ich über das nachdachte, was er gesagt hatte, während mir der Geruch von Zwiebeln und Chlor in die Nase stieg. Ich fragte mich an diesem Tag, woher er all das wusste. Wusste, wie ich am besten schwimmen lernte und wieso es so wichtig war, sich im Dunkeln umsehen zu können, obwohl es einem so viel Angst einjagen konnte. Ich hatte ihn schon einmal danach gefragt, aber er hatte mir keine Antwort auf meine Frage gegeben. Stattdessen war ein unsichtbarer Vorhang über sein Gesicht gefallen. Es war, als wäre er nicht mehr da, und seitdem hatte ich keinen neuen Versuch gewagt. Obwohl ich ihn sehr gern hatte, beschlich mich manchmal das Gefühl, dass ich nicht alles von ihm wusste.

Ich seufzte. Ich würde ihn vielleicht am nächsten Morgen danach fragen. Für heute legte ich erst einmal meine Brille beiseite, die ich noch immer umklammert hielt. Dann hielt ich die Luft an und tauchte ab.

SCHNEECHAOS

E in paar Wochen, nachdem wir meine Großmutter wieder
mal im Heim besucht hatten, fiel Schnee. Später stellte ich
mir die Krankheit meiner Großmutter wie einen Schneesturm
vor. Nur, dass die Flocken in ihrem Kopf umherwirbelten und
ihr die Sicht nahmen und manchmal auch uns. Es war so, als
hätten wir sie inmitten einer gigantischen Schneewehe verloren. Niemand drang mehr zu ihr durch. Sie fand nie mehr den
Weg zurück und ging einsam verloren im Schnee.

Damals hatte der Schnee eine viel simplere Bedeutung für
mich. Die Flocken draußen vor dem Fenster unseres alten
Hauses wirbelten schon früh morgens umher und ließen die
Spuren des Windes sichtbar werden. Wie Flammen loderte er
durch die Luft. Das Feuer im Kamin wärmte meinen Rücken,
als ich hinaussah und die Flocken beim Verwehen beobachtete. Meist steht in Büchern in solchen Momenten so etwas
geschrieben wie, dass der Schnee die Stadt mit einem dich-
ten Daunenmantel umhüllte und so die Geräusche der Welt
abfing. In Ostfriesland käme das einer glatten Lüge gleich. Fiel
Schnee, passierte alles, aber es wurde definitiv nicht leise.

Traf die erste Schneeflocke auf ostfriesischen Grund, versank die Welt hinterm Deich im Chaos. Es kam der Verkün-
dung einer Apokalypse gleich. Und auch dieser Tag begann in
Ostfriesland mit der unheilschwangeren Vorahnung meiner

schwäbischen Mutter über die »Sauseckel, elende. Das gibt wieder Schulausfall«. Damit waren zwar irgendwie pauschal alle Ostfriesen gemeint, aber vorrangig die für das Räumen der Straßen zuständigen Mitarbeiter der Stadt. Denn anders als in der Heimat meiner Mutter, wo das aktuelle Stadium des Wetters vor unserer Tür nicht einmal zu einem müden Achselzucken geführt hätte, sorgte es in meiner Heimat für Anarchie.

Autos schlitterten über die Straßen, als hätten alle Fahrer unisono das Fahren verlernt. Entweder fuhren sie übervorsichtig wie in Zeitlupe und sorgten so dafür, dass ihr Hintermann auffuhr, oder sie überschätzten ihre Fähigkeiten maßlos und bremsten zu spät ab und fuhren selbst auf. Passanten stürzten derweil im Sekundentakt auf den Bürgersteigen, die Tore der Schulen schlossen sich in Windeseile, und die Kinder tanzten zu Hause ihren Eltern auf der Nase herum. Jahr für Jahr schienen die Leute von der Stadt von der bloßen Existenz des Schnees überrumpelt zu werden, weshalb sie stets zu spät mit dem Salzstreuen und Räumen anfingen. Meist sorgten schon fünf Millimeter geschichtete Flocken für ein ›Schneechaos‹. So titelte zumindest tags drauf die Lokalzeitung. Manchmal rief an solchen Tagen die Verwandtschaft aus Süddeutschland an, um sich darüber lustig zu machen und Neuschneemeldungen von mehreren Metern zu vermelden. Fuhren in Süddeutschland schon Leute mit eigenen privaten Räumfahrzeugen umher, wurde bei uns akribisch jede einzelne Schneeflocke mit einer Handvoll Salz erledigt, um auch einmal mitreden und sich darüber beklagen zu können, wie viel Arbeit Schnee doch war.

Zumindest galt das für die Erwachsenen, nicht für uns Kinder. Tage wie diese waren kostbar, rar und voller Abenteuer. Ich sah noch aus dem Augenwinkel, wie meine Mutter hinausblickte und sagte: »Wir hätten auf der Alb nicht einen Tag im Winter Schule gehabt, hätte es bei solchen Verhältnissen immer gleich schulfrei gegeben.« Doch ich hörte ihr nicht mehr zu. Ich rannte schon mit meiner Schwester zu dem Schrank im Flur, in dem sich unsere Schneeanzüge und Moonboots befanden.

Eingemummt verließen wir das Haus und machten uns sogleich mit in der Puderschicht knirschenden Schritten auf den Weg zur Garage. Als wir die Holzschlitten mit ihren geschwungenen Kufen endlich herausgeholt und aus ihrem Winterschlaf befreit hatten, gingen wir unsere Optionen durch. Anders als in Süddeutschland, wo wir manchmal ein paar Wochen im Winter verbrachten, gab es hierzulande weniger Strecken zur Auswahl. Das gesamte Erlebnis unterschied sich im Allgemeinen kolossal darin, ob man in Nord- oder Süddeutschland Schlitten fuhr.

Zogen wir in Ostfriesland schon beim ersten Frost mit der Angst im Nacken los, dass der Schnee noch währenddessen schmolz, packte der Rest der Familie in Süddeutschland in aller Seelenruhe erst bei Tiefschnee den Schlitten aus. Im Norden fuhren wir schon ab Tag eins durch grauen Matsch und spätestens ab Tag drei eher über eine Stoppelpiste und Erdhügel, als dass wir über eine Puderzuckerschicht glitten. Im Nachhinein ist es ein Wunder, dass sich beim Auf- und Abwackeln unserer Köpfe noch nie wer bei der Fahrt eine Gehirnerschütterung zugezogen hatte. Es hätte eine Helmpflicht geben müssen. Ich verstand deshalb auch nie, dass sich Kinder andernorts Schnee in den Mund steckten. Bei uns brauchte es keinen Hund, um auf die Idee zu kommen, dass das keine gute

Idee war. Meist ähnelte der Schnee schon in der Sekunde, in der er auftraf, einer Schlammbrühe. Wir kratzten jämmerliche Häufchen zusammen, um einen Schneemann zu formen, der nach ein paar Stunden aussah, als hätte er mit Skoliose zu kämpfen. Die Nase hielt meist nicht einmal so lang, wie wir ihn bauten. Hin und wieder, wenn es sich nicht lohnte, die Schlitten vom Gerümpel des letzten Jahres zu befreien, nahmen wir Müllbeutel und fuhren damit über die Steinpiste.

Auch der Startpunkt einer Schlittenfahrt hätte unterschiedlicher nicht sein können. Manchmal liefen meine Schwester und ich, den Schlitten hinter uns herziehend, vom alten Haus zu Tante Harms hinüber, um ein Stück Steingeröll hinunterzufahren, das in Süddeutschland vermutlich die Überreste des Schneeschiebens gewesen wären. Ihr Haus lag minimal erhöht, und so fuhren wir ein ums andere Mal jauchzend nur einen halben Meter weit mit dem Schlitten. Unsere Cousins und Cousinen hätten sich vor Lachen gebogen.

Erst im Jahr zuvor waren wir auf der Alb eine Strecke entlanggerodelt, die sich kilometerlang erstreckt hatte. Zusammen mit meinem Vater und meiner Großcousine, die nur ein Jahr älter war als ich , machten wir uns auf den Weg. Wir liefen so lange den Berg hoch, dass ich schon fast keine Lust mehr verspürte, überhaupt noch hinunterzufahren. Bis ich schließlich im Schlitten saß und hinabsausen durfte. Ich jauchzte und quiekte, denn so schnell und lange zugleich war ich zu Hause noch nie gefahren. Die Fahrtzeit dauerte mehrere Minuten! Es machte auch nichts, dass an dem Tag gleich mehrfach wer verloren ging. Entweder war ich es, die auf einmal im Gehölz verschwand, weil sie die Kontrolle über ihr Gefährt verlor. Waren die anderen fahrlässig genug und ließen mich ans Steuer, wenn wir die Schlitten wie eine Karawane aneinander ketteten, konnte auch mal jemand von ihnen von der Piste kullern.

Auf halber Strecke kam deshalb einmal fast meine Groß-cousine abhanden. Sie war aus dem Schlitten gefallen, und ihre Schuhsenkel hatten sich in den Bremsen verhakt. Die zwanzigminütige Abfahrt verbrachte sie überwiegend mit dem Versuch, ihre Schuhe vom Schlitten zu lösen und sich die Seele aus dem Leib zu schreien. Währenddessen verpasste sie der Böschung eine neue Frisur, weil ich nicht bremsen konnte und sie links und rechts wie ein Pendel hinter dem Schlitten ausschlug. Zu meiner Verteidigung muss ich sagen, dass ich es auch diesmal schlichtweg nicht gewohnt war, bremsen zu müssen. In Ostfriesland ließen wir die Schlitten einfach aus-fahren.

Doch nicht nur der Startpunkt, auch die Strecke unter-schied sich fundamental zwischen Süd- und Norddeutsch-land. Fuhren wir in Ostfriesland immerzu geradeaus, flitzten wir in Süddeutschland Kurve um Kurve, vorbei an Wäldern, Felsen und Schluchten. Und als wäre das nicht schon auf-regend genug, zog uns, unten angekommen, auch noch ein Landwirt wieder den Berg hinauf. So sparten wir unsere Kräfte für die Fahrten auf, konnten noch häufiger hinunterbrausen, und auch die Strecke bergaufwärts wurde ein Spaß. Dass uns wer nach der Rodelfahrt wieder hinaufziehen musste, wäre in Ostfriesland niemals vorgekommen. Darum glaubten mir die anderen aus meiner Klasse auch bei Schulanfang nicht, dass die Geschichte mit dem Landwirt, der uns hochzog, wahr war. »LÜGA«, hatte Eike mich genannt und sich einen Bleistift in die Nase gesteckt.

Und wie meine Schwester und ich jetzt so dastanden, mitten in Leer, die Kordeln unserer Schlitten mit den Händen umklammert, entschlossen wir uns dazu, den in Ostfriesland aufregendsten und gefährlichsten Startplatz für unsere Exkursion zu wählen: den Deich. Wir machten uns mit einer Portion Optimismus frühmorgens auf den Weg, und noch während wir stapften, rieselten immer mehr Flocken herab. Wir konnten unser Glück kaum fassen. Bis wir schließlich ankamen, war der Deich fast vollständig mit Schnee bedeckt. Nur vereinzelt blinzelten noch ein paar mutige Grashalme durch die Decke. Wir trafen auf andere Kinder, die bereits im Schnee spielten, und wir rodelten den gesamten Tag lang das hinunter, was auf der Schwäbischen Alb vermutlich der Teil gewesen wäre, ab dem die Kinder von ihren Schlitten sprangen, um wieder hinauf zu laufen. Doch das machte nichts, wir hatten mindestens genauso viel Spaß. Vielleicht stimmte es, was mein Vater sagte: In Ostfriesland gab man sich mit weniger zufrieden. Wir rannten, wälzten uns im Schnee, stapelten uns übereinander auf unseren Holzschlitten, setzten uns rückwärts auf die Holzstreben in dem sicheren Wissen, dass nichts passieren konnte, weil nirgendwo Bäume waren, kreischten dabei, drückten auf dem Rücken liegend Engel in den Schnee und bewarfen uns mit ein paar Krumen Schnee. Und traf uns ein Ball, sackten wir theatralisch zusammen, als wäre es wirklich einer gewesen.

Nach ein paar Stunden, als das Licht langsam trüb wurde und der Schnee nicht mehr im Licht funkelte, traten wir unseren Heimweg an. Mit rotwangigen Gesichtern kamen wir nach Hause, wo unsere Mutter bereits auf uns wartete. Unsere Hände und Füße schmerzten, tausend kleine Nadelstiche prickelten, als unsere Haut sich allmählich an der Hitze des Kamins aufwärmte. Wir aßen Brot und tranken heißen Kakao dazu.

Am nächsten Tag stürzte ich nach dem Aufwachen hastig nach unten, schlitterte mit meinen dicken Socken um die Ecke in die Küche, um in die Zeitung zu blicken. Meine Mutter sollte recht behalten. Die Titelseite zeigte ein Bild, in dessen Vordergrund ein Warnschild mit den Buchstaben ›Vorsicht‹ stand. Darüber hatte die Zeitung das Wort ›Schneechaos‹ geschrieben. Ich warf die Hände in die Luft! Wir Kinder blieben damals die gesamte Woche zu Hause. Der Landkreis hatte vermutlich erst noch Salz in der Mine abbauen müssen, bevor er es ausstreuen konnte. »Konnte ja wirklich niemand ahnen, dass der Winter kalt werden würde«, fasste meine Mutter trocken zusammen.

RUTSCHGEFAHR

E s war wie ein Wunder. Entgegen alle Erwartung blieb die Puderzuckerschicht mehrere Tage lang bestehen. Die Welt war mit feinen Kristallsternen bedeckt. Das Radio in der Küche kündigte Mikrokatastrophen im Sekundentakt an. Die Fährverbindungen zu den Inseln waren unstetig, Eisschollen lappten übereinander und machten ein Durchkommen für die Schiffe unmöglich. Ja, sogar Warnungen wurden ausgesprochen. Flugzeuge mussten die vorgelagerten Ostfriesischen Inseln anfliegen, um Lebensmittel zu liefern. Die Menschen galten laut Radiomoderator als »von der Infrastruktur abgeschnitten«, als wären sie ein amputiertes Körperteil. Das Wattenmeer war von einem Rauschebart aus Eis überzogen, und wir wären nicht in Deutschland gewesen, hätte nicht wer Schilder mit dem Wort ›Rutschgefahr‹ davor aufgestellt.

Einen Tag zuvor erst hatte ich meinen Vater dabei beobachtet, wie er nach zweimaligem Ausgleich am Ende doch noch die Balance verloren und filmreif ausgerutscht war. Dabei war ihm sein Aktenkoffer aus den Händen geglitten. Hunderte Papiere, so war es mir vorgekommen, waren in Zeitlupe durch die Luft gesegelt, bevor sie gemeinsam mit meinem Vater wieder auf den Boden aufgetroffen waren. Mein Vater, der uns stets das Fluchen abgewöhnen wollte, der von uns forderte, Worte wie ›Scheibenkleister‹ und ›Scheibenhonig‹ zu sagen, hatte lautstark über mehrere Minuten hinweg gezetert und seine Tirade mit einem eleganten und denkwürdigen »Scheiße!« beendet. Kurz gesagt: Die Welt hinter dem Deich war außer Kontrolle geraten.

Ich war außer mir vor Freude. Das Leben war das reinste Abenteuer. Wir hatten frei! Jeden Morgen sprangen wir euphorisiert aus unseren Betten, rannten in die Küche, wo wir Brötchen verschlangen, und zogen los. Es fühlte sich an, als wäre dauerhaft Weihnachten und Ostern zusammen. Wir fuhren so lange mit unseren Schlitten, bis unser gesamter Körper bei der Fahrt ruckelte und wir uns eines Tages eingestehen mussten, dass es einfach nicht mehr ging, weil es mehr Löcher und Steine als Schnee gab. Es war uns piepegal. Wir nahmen, was wir kriegen konnten. Endlich würde ich an Weihnachten einmal meiner Großcousine schulterzuckend antworten: »Schnee? Joah, hat's bei uns längst gegeben. Kalter Kaffee.« Beiläufig würde ich sagen: »Wir waren von der Infrastruktur abgeschnitten und haben um Leben und Tod gekämpft!«

War der Schnee einmal verschwunden, bedeutete das noch lange nicht, dass das Ende des Chaos in Sicht war. Ganz Ostfriesland hüllte sich weiterhin in eine Schicht aus Glas. Die Straßen blieben laut Radiomoderator weiter »höllisch glatt«, die Räumfahrzeuge der Stadt mussten aufgestockt werden, und die Schule blieb unerreichbar. Ich sah noch mindestens fünf weitere Personen stürzen. Darunter auch den Postboten, der wie auf Eiern zu unserer Tür lief, nur um dann doch noch auf den letzten Metern zu stürzen, und ich sah den gesamten langen Weg vom Flurfenster aus kichernd dabei zu.

Aber das Beste am Glatteis waren nicht die vielen Stürze. Der geschmolzene Schnee legte ostfriesisches Silber frei – die gefrorenen Wasserwege, und davon hatten wir viele. Ostfriesland war von unzähligen Kanälen und Entwässerungssystemen durchzogen. Froren diese nicht zu, fuhren wir über extra geflutete Wiesen. Doch in diesem Winter benötigten wir keine künstlichen Eisflächen. Sogar Kanäle und Seen waren gefroren. Der nordwestliche Zipfel Deutschlands glich einer Eisarena.

Wir konnten endlich *schöfeln* gehen! Wir Kinder holten schnell unsere Schlittschuhe, packten uns dick ein und warteten im Flur auf unseren Vater. Meine Mutter, die als Einzige von uns Ski fahren konnte und die im Süden nie Schlittschuhlaufen gelernt hatte, blieb zu Hause. Meinen großmütigen Vorschlag, dass ich es ihr beibringen könne, wenn sie wolle, lehnte sie lachend ab. »Damit fang ich jetzt nicht mehr an«, sagte sie. Ich zuckte mit den Achseln.

Wir drei anderen setzten uns in den alten Honda und fuhren los. Wie immer, wenn die Straße überwiegend geradeaus führte, konnte ich aus dem Fenster schauen, ohne dass mir schlecht wurde. Gerade kamen wir an dem Viertel vorbei, in dem mein Vater aufgewachsen war. Es lag mitten im Stadtkern, wenige Gehminuten entfernt von Schulen und Altstadt. Dreigeschossige Stadtvillen aus den 30ern mit azurblauen Fensterläden und kahlen Trauerweiden vor den Haustüren zogen in absurder Imposanz an uns vorbei. Hier hatten Kinder noch ein eigenes Musikzimmer, weil sich die Eltern weigerten, ihr elitäres Dasein loszulassen. Direkt dahinter folgte die ehemalige Arbeitersiedlung: anderthalbgeschossige 60er-Jahre-Backsteinhäuschen mit kleinen Spitzdächern, dicht an dicht. Kaum eines der Gebäude war hier verputzt – in der Nachkriegszeit waren sie in der Not hochgezogen worden, schnell hatte die Luftfeuchtigkeit der Küste an ihren Fassaden genagt.

»Als Kinder waren euer Onkel und ich hier noch Schlittschuhlaufen«, meldete sich mein Vater mit einem Blick in den Rückspiegel zu Wort. »Damals war das alles unbebaute Fläche, nichts als Weideland. Könnt ihr euch das noch vorstellen?«

Wir blickten zu den Häusern hinüber und schüttelten, so gut es, eingepackt in die dicken Wintersachen, auf der engen Rückbank eben ging, den Kopf.

»Damals war es fast jeden Winter so kalt wie jetzt. Wenn es gar nicht mehr anders ging, trugen die Boten sogar die Post über die Kanäle aus und transportierten Güter. Dabei legten sie kilometerlange Strecken zurück. Manchmal war das Schlittschuhlaufen die einzige Möglichkeit, sich überhaupt noch fortzubewegen, das letzte Kommunikationsmittel. Im Winter ruhte ohnehin die Arbeit auf den Feldern, und die Leute hatten erst aus dem Grund Zeit zum *Schöfeln*. Das könnt ihr euch gar nicht mehr vorstellen. Es gibt sogar seit den 1860ern eine ganz eigene Art von Schlittschuhen hier im Landkreis, *Breinermoorer*. Die Kufen können unter jeden Schuh geschnürt werden.«

Nach ein paar weiteren Kilometern ließen wir die Häuser hinter uns. Außerhalb der Stadt säumten gefrorene Gräben die Straße, ummantelt von abgeknickten Grashalmen, die der Schnee zuvor plattgedrückt hatte. Der Frost hing den Bäumen in den Haaren, und Krähen saßen wie Noten in der Ferne zwischen den Seilen der Strommasten. Im Winter sah die Landschaft so karg aus. Erst in den wärmeren Monaten fiel einem auf, dass es die schwarzweißen Kühe waren, die einem die vergangenen Monate über gefehlt hatten und die erst dann wieder auf dem Feld standen, und erst dann war ostfriesischer Frühling.

Doch jetzt, im milchigen Winter, waren wir davon noch weit entfernt. Ich hauchte gegen meine Fensterscheibe und wartete, bis sie beschlug, bevor ich sie bemalte. Wenig später hatte mein Vater den Motor unseres Hondas noch nicht einmal ganz abgestellt, da sprangen wir Kinder schon aus dem Wagen und rannten hinüber zur Fläche. Blätterlose Bäume stachen in den Himmel und grenzten Horizont und Eis mit der braunen Linie, die sie zusammen bildeten, voneinander ab. Über der Fläche hingen Wolken wie Wattebäusche, und fast sah es schön aus trotz des vielen Schneematschs drum herum. Erst in der Nacht hatte es wieder stark gefroren, und das Beste war: Wir waren die Ersten, die hier waren. Das Eis lag noch jungfräulich vor uns. Keine einzige Spur verunzierte die große Fläche. Nicht eine Linie überzog die Oberfläche. Wir jubelten! Schnell zogen wir unsere Schlittschuhe an und flitzten los. Mit einem »Huiiiii« sauste meine Schwester an mir vorbei und vollzog sogar kleine Sprünge in der Luft.

Über Tag kamen immer mehr Kinder und Erwachsene hinzu und malten ihre Muster aufs Eis. Doch das machte nichts, weil wir die Ersten gewesen waren, die ihre Spur hatten schnitzen können. Ein paar Kinder spielten Hockey und markierten ihr Tor mit mitgebrachten orangefarbenen Hütchen. Ein Mann mit weißer Mütze und hinter dem Rücken verschränkten Armen zog seine Runden. Ein Hund hetzte übers Eis, schlitterte mehr, als dass er lief, bellte, schlug Haken, verlor dabei seine Spur und fand sie wieder. Später wurde sogar noch eine ältere Dame im Rollstuhl über die Fläche geschoben. Und selbst sie war mit einem Mal kaum älter als wir. Nach der fünften Kurve riss sie ihren Gehstock in die Luft! Erwachsene, die vorher noch in Mänteln mit verknitterten

Mienen gesichtet worden waren, blickten nach der dritten Runde nahezu erfreut drein. Es war, als wäre das Eis eine Verjüngungskur. Wir fuhren, bis der Himmel von rosafarbenen Schlieren durchzogen war, die Schuhe drückten und unsere Füße nicht mehr zum Rest des Körpers zu gehören schienen, und erst dann gingen wir zurück zum Wagen. Wir verausgabten uns an dem Tag so sehr, dass uns Kindern in dem Moment, in dem wir im Auto saßen, noch die Augen zufielen.

Zu Hause gingen wir baden, und erst dann begannen unsere Füße im warmen Wasser zu schmerzen. Wir schliefen so tief und fest, wie es nur ein Kind kann, und wir wachten orientierungslos am nächsten Tag wieder auf. Träge rieben wir uns den Schlaf aus den Augen. Der Fußboden drückte sich kalt und flach an meine Sohlen, als ich zum Fenster lief. Enttäuscht stellte ich fest, dass das Schneechaos ein Ende gefunden hatte. Einzig und allein die Karotte, die im Garten lag, wies noch darauf hin, dass es einmal eines gegeben hatte.

EINE UNSICHT-
BARE HAND

Die Sache mit dem Bottich und dem Abtauchen ging ein paar Tage lang so. Ich war frustriert und wollte fast aufgeben. Der Erfolg stellte sich nur mühsam ein, und auf die Frage meines Großvaters hin, was ich am Grund des Eimers gesehen hatte, schüttelte ich zunächst immer wieder meinen Kopf. Die Angst, noch einmal zu versagen, saß mir im Nacken und hielt mich fest umklammert. Am liebsten hätte ich so getan, als gäbe es gar kein Wasser! Mein Opa hingegen blieb von all dem äußerlich unberührt. Er tat, als säße ich nicht völlig verschreckt vor dem Eimer, als sähe er nicht, wie meine Knöchel weiß an der Tischkante hervorstachen, wenn ich abtauchte.

Zunächst kniff ich auch meine Augen unter Wasser krampfhaft zusammen. Mein gesamtes Gesicht verzog sich dann so, als hätte ich in eine Zitrone gebissen. Mein Atem verpuffte schon in den ersten Sekunden an der Wasseroberfläche wie die Blasen eines Whirlpools. Nach dem Auftauchen rang ich dann nach

Luft, als hätten meine Lungen noch nie welche in sich getragen. Schaute ich nach solchen Momenten zu meinem Großvater hinüber, tat er so, als hätte er nichts mitbekommen. Er werkelte weiter stumm vor sich hin, pfriemelte sich nicht vorhandenen Dreck unter den Fingernägeln hervor, sagte etwas wie »Heiland zack nomol« oder rührte irgendeinen Teig an. Aber er blieb immer in meiner Nähe. Er bemerkte, wie schwer es mir fiel, meine Augen unter Wasser zu öffnen, aber er sprach es nicht an. Spätestens am Ende der Stunden landete dafür jedes Mal eine seiner Pranken auf meiner kleinen Schulter, was mich trotz ihrer Größe mehr beruhigte als alle Worte der Welt zusammen.

Das ging ein ums andere Mal so, bis sich etwas veränderte. Ich weiß nicht, was es war, aber nach einer Weile begann ich, mich zu entspannen. Es war fast so, als wäre die stoische Gelassenheit meines Großvaters, die Natürlichkeit, mit der er Bewegungen ausführte, irgendwann einfach auf mich übergegangen. Erst lösten sich meine Schultern, die ich zuvor noch bis an die Ohrläppchen hochgezogen hatte. Mit der Zeit, zwischen all den Zwiebel- und Pflaumenkuchen, die mein Großvater wenige Meter neben mir buk, fielen meine Schultern unmerklich wieder an ihren eigentlichen Platz zurück, bis mein Hals zwischen meinen Schulterblättern wieder auftauchte. Als nächstes entspannte sich meine Stirn, tauchte ich ab. Die Linien, die meine Angst zuvor in meine Haut gegraben hatte, verschwanden, meine Hände lagen flach und entspannt auf dem Tisch. Einmal sah ich im Augenwinkel, wie mein Großvater zufrieden nickte, und Stolz erfüllte mich. Nun ging ich wieder aufrechter, ich schlich nicht mehr, ich fand meinen Gang wieder.

Es war, als striche eine unsichtbare Hand unter Wasser wieder und wieder über mein Gesicht, bis all die vielen

Linien darin nach und nach verschwanden, der Knoten, den der Misserfolg in meinem Magen gebunden hatte, verschwand. Trotzdem dauerte es noch ein paar Tage, bis ich erkennen konnte, was mein Großvater mir auf den Grund des Eimers gelegt hatte: eine Mark, die im Licht der Kunststoffröhren über mir funkelte und fortan mein größter Schatz sein sollte.

Aufgeregt sprang ich von meinem Stuhl und lief über die Kacheln zu meinem Großvater, der auf dem Backtisch etwas mit Schmirgelpapier bearbeitet hatte. An dem Tag sah er wie ein zerzauster Uhu aus. Hier unten trug er nie seine Mütze, und so kam die glatte Haut an seinem Kopf zum Vorschein, der schon vor Jahren kahl geworden war. Der Kranz aus Haaren, der seine Platte umgab, und sein Backenbart standen in alle Richtungen ab. Zum ersten Mal in diesem Sommer zupfte ich wieder an einem seiner Hosenträger und ließ ihn zurückschnallen.

Da lachte mein Großvater laut auf und hob mich hoch. »Na, so was, mein Knallfrosch ist wieder da! Sag mir, was du gesehen hast!«

Ich kicherte, als er mich auf den Arm nahm, hielt die Münze hoch und drehte und wendete sie im Licht. »Eine Münze«, sagte ich stolz.

»Siehst du«, sagte er da. »Manchmal lohnt es sich, genau hinzusehen.« Er gab mir einen feuchten Kuss auf die Wange.

»Ihh«, sagte ich da, fand es insgeheim aber schön. »Opa, woher weißt du eigentlich so viel übers Tauchen? Und über Angst?«, fragte ich. Ich malte mit meiner Zehenspitze kleine Kreise auf die Kacheln. »Hattest du auch schon mal so doll Angst?«

Da fuhr wieder dieser eine Schatten über sein Gesicht, den ich schon vorher einmal gesehen hatte, und er setzte mich auf dem Boden ab. »Das erzähle ich ein anderes Mal, ja?«

Ich nickte vorsichtig. Dann ließ ich einen seiner Träger noch einmal zurückschnellen, woraufhin er zwar lachte, aber nicht mehr so unbeschwert wie noch wenige Minuten zuvor. Der Raum vor dem Becken fühlte sich mit einem Mal kühler an.

Als ich zum Flur ging, um den anderen meine Münze zu zeigen, drehte ich mich am Geländer noch einmal um und sah gerade noch, was es war, das mein Großvater gedankenverloren auf dem Backtisch schmirgelte: Er hatte tatsächlich sein Gebiss herausgenommen und fuhr in Gedanken versunken mit dem Papier darüber. Ich kicherte. Wenn das Oma wüsste!

An dem Tag stellte ich fest, dass mein Großvater mit einer Sache recht gehabt hatte. Es war schwierig, sich Dingen zu stellen, die man nicht sehen konnte. Sie zu ignorieren, sorgte nicht dafür, dass es sie nicht gab – und wenn man stattdessen genau hinsah, wurden sie überschaubarer, die Angst kleiner, und sie verloren ihre Macht.

Und unter Umständen erwiesen sie sich sogar als etwas erstaunlich Schönes.

DER GROSSE
COUP

Nach dem Schneechaos folgte zum Glück aller Familienmitglieder ein weiterer Höhepunkt. Ein ganzes Jahr hatte ich auf diesen Tag hingefiebert. Während der Rest des Landes auf den In-Amerika-ist-alles-cooler-Zug aufsprang und Halloween feierte, obwohl nicht einmal die Hälfte verstand, worin der Unterschied zum Karneval bestand, hatte ich, bis ich 17 Jahre alt war, nicht ein einziges Mal davon gehört, dass wer diesen Feiertag in Ostfriesland beging. Wir brauchten ihn ganz einfach nicht. Wir hatten etwas viel Besseres: Wir hatten Martini. Der Anlass unterschied sich zwar nach katholischer oder evangelischer Ausrichtung, was für uns Kinder aber zweitrangig war. Aus irgendeinem Anlass zogen in Ostfriesland am 10. November Kinder bei Anbruch der Dunkelheit los, um von Haus zu Haus zu ziehen und Lieder zu singen. Nur in Aurich verkleideten sich die Kinder noch zusätzlich, aber Aurich war sowieso schon immer ein bisschen anders gewesen.

Das war aber nicht der eigentliche Grund, warum ich dieser Tage immer aufgeregter wurde. Schon eine Woche vor Martini verschwand ich immer häufiger, heimlich holte ich meine selbst gebastelte Laterne vom Dachboden herunter und staubte sie genüsslich ab, obwohl ich dafür mit meinen zehn

Jahren »schon viel zu alt« war, wie meine Schwester nicht müde wurde zu betonen. Doch ich pfiff in diesem Fall gepflogen auf ihre Meinung.

»Man ist nie zu alt, um jung zu sein«, zitierte ich eines Tages beim Abendbrot frei einen Disneyfilm und sah gerade noch, wie meiner Mutter fischgleich der Mund aufpoppte.

»Das Kind ist unmöglich«, kommentierte mein Vater prompt, doch für mich hörte es sich fast nach Anerkennung für meine Verschrobenheit an. »Genauso wie damals mit dem Uhrenlesen. *Wiesnöös*«, stöhnte er.

Er spielte darauf an, dass ich eine unvergleichliche Sturheit entwickelt hatte. An dem Tag, als meine Klassenlehrerin in der Schule verkündet hatte, dass wir fortan lernen würden, die Uhrzeit zu lesen, war ich nach Hause gekommen und hatte verkündet: »So ein Quatsch. Mach ich nicht. Ich gehe spielen.« Solche Sätze ließ ich mit derselben Selbstsicherheit fallen wie ein Richter seinen Hammer am Bundesgerichtshof. Das Schlimme war meist auch, dass selbst meine Eltern ab einem gewissen Zeitpunkt nicht mehr wussten, was sie mir entgegnen sollten, weil ich so denkwürdige Argumente erfand. Deshalb kam ich auch ziemlich lange damit durch, keine Uhren lesen zu können. Ich rechtfertigte es damit, dass es längst digitale Uhren gab, was das Lesen eines Ziffernblatts überflüssig machte. War ich doch einmal dazu gezwungen, die Uhr zu lesen, bediente ich mich einer denkwürdigen Grammatik. Ich rief Sätze wie: »Es ist dreizehn vor halb fünf« oder »Es ist fünf vor Viertel nach zwei!«. Erst in der vierten Klasse gab ich allmählich meine Gegenwehr auf, als eine Mitschülerin mich vor anderen ein »Baby« nannte, was ich dann nun wirklich nicht auf mir sitzen lassen konnte. Außerdem hatte es vermehrt

Probleme bei der Terminabsprache mit Freunden gegeben, und ich musste einsehen, dass sich meine Theorie auf wackeligen Füßen befand.

Martinilaufen hingegen blieb mir bis zum Schluss heilig. Wann ich zu alt dafür war, wollte ich selbst entscheiden. Ich liebte es einfach viel zu sehr. Ich liebte das Basteln davor, die leuchtenden Laternen in der schwarzen Nacht und – das gab ich nie zu – heimlich auch das Singen. Unter der Dusche übte ich schon wochenlang Texte für meine Auftritte. Doch ich machte mir und den anderen nichts vor. Alles andere war schön und gut, Ziel war aber vor allem eins: So viele Süßigkeiten wie möglich einzusacken, sodass sogar jemand wie Willy Wonka große Augen machen würde. Das war kein Brauchtum, das erforderte eiserne Disziplin, das war Sport.

Und so schmiedete ich mit meinem besten Freund Ubbo tagelang einen Masterplan, wie wir den alten Damen die meisten Süßigkeiten aus dem Ärmel leiern konnten. Denn auch, wenn ich scheinbar unberührt das Peter-Pan-Zitat losgelassen hatte, wusste ich, es würde das letzte Mal sein, dass ich loszog, und mir wurde schon jetzt ganz schwer zumute. Ich war zwar noch immer knabenhaft und klein für mein Alter. Doch natürlich kannten die anderen im Viertel mein Alter, und der Zauber der Kindheit und der damit verbundene Süßigkeitenregen verblasste bereits. Ich musste die Zeit nutzen, die mir blieb, gestand ich Ubbo verdrossen ein.

Das bedeutete aber auch, dass wir uns etwas einfallen lassen mussten, um den Faktor Alter auszugleichen. So diskutierten Ubbo und ich den besten Start für unseren Marathon. Wir tauschten Erfahrungen aus den Vorjahren aus und kamen zu dem Schluss, dass wir eine Route wählen mussten, die möglichst wenig andere Kinder liefen. Es war eine einfache Rechnung, die wir aufstellten. Weniger Kinder gleich mehr Süßigkeiten für uns. Gleichzeitig sollten viele ältere Damen angesiedelt sein, was sich von selbst erklärte. Wir entschieden uns für das Viertel rund um unser neues Haus, unweit von Ubbos eigenem Zuhause. Auf Spaziergängen sah man überwiegend weiße Häupter. Unsere Augen nahmen einen irren Glanz an.

Es sollte nicht die einzige Vorkehrung sein, die wir trafen. Unser letztes Jahr mit Laterne sollte mit einem Knall enden, damit die Trauer im nächsten Jahr nicht allzu stark werden würde. Wir gingen, im Schneidersitz sitzend, mehrere Strategien durch, als Ubbo eine Idee kam, die uns eigentlich für mehrere Jahrzehnte lang Karies hätte bescheren müssen: Er würde sein Saxophon mitnehmen. Und ich wartete mit anderen schweren Geschützen auf. Die Idee, mein Klavier auf Rollen zu befestigen, verwarfen wir schnell. Auch mein Vorschlag, aus nostalgischen Gründen echte Kerzen statt elektrischem Licht für die Laternen zu verwenden, wurde von meinen Eltern vehement verboten. Die Sache mit der Kerze unter der Bettdecke hing ihnen noch schwer nach. Also entschloss ich, ein plattdeutsches Lied zu singen. Hatte ich eins in den Jahren zuvor gelernt, dann dass es Schokoladenadventskalender hagelte, sobald ich auf Plattdeutsch zu singen begann, der Fünfer im Lotto des Martinilaufens. Gerade bei den Älteren eröffnete einem diese Sprache Türen. Natürlich musste ich dafür üben, immerhin war mir das Plattdeutsche mit einer schwäbischen Mutter nicht in die Wiege gelegt worden, doch ein Lied sollte ich schaffen. Die wenigen anderen Kinder würden vor Neid erblassen. Im Kopf sah ich mich schon wie das Sterntaler-

Mädchen seine Schürze anheben, damit ihm die Sterne oder in meinem Fall eben die Süßigkeiten in den Schoß prasselten. »Ein Meisterplan!«, sprach Ubbo meine Gedanken aus.

Wir übten, bis ihm die Lippen in Fäden herunterhingen und ich kurz vor einer nie mehr zu heilenden Heiserkeit stand. Er polierte sein Saxofon, bis es glänzte. Ich übte vor dem Spiegel meinen unschuldigsten Wimpernaufschlag. Dann endlich war es so weit! Der große Tag brach an. Die Alten würden wir einwickeln wie eine Spinne ihre fette Beute! Den gesamten Vormittag hörte ich den Lehrern kaum zu. Bilder aus der Werbung, die Süßigkeiten anpriesen, zogen durch meinen Kopf. Als es endlich klingelte, sprang ich auf und riss dabei versehentlich meinen Stuhl um, bevor ich losschoss. Bis zum Einbruch der Dämmerung war ich wie die Zündschnur einer Dynamitstange. Alles an mir prickelte, ich war Feuer und Flamme, ich *wusste,* das würde ein Kassenschlager werden.

Natürlich zogen wir alle anderen ab. Wir waren der Hit! Ja, wir waren einen Tick zu alt, und ja, die kleineren Kinder waren süßer, aber keines der anderen war so ausgebufft wie wir. Wenn andere Kinder vor uns Texthänger hatten, konnten wir nur müde darüber lachen. Laien! Ich, die noch nie zuvor ein Kleid getragen hatte, tauchte in weißem Rüschenkleid vor der Tür auf. »Sag ja nichts«, hatte ich Ubbo zuvor mit finsterer Miene gedroht, der bis über beide Ohren gegrinst hatte. Fehlerfrei und mit engelsgleichem Wimpernaufschlag sang ich dutzendfach *Mien lüttje Lateern,* untermalt von Ubbos Saxophon.

Unsere akribische Planung war aufgegangen wie ein praller Hefeteig. Die älteren Herrschaften waren begeistert! Mit dem letzten Ton, der in der Nacht verklang, brachen sie in tosendem Applaus aus. Einige waren so begeistert, dass ihnen glatt Tränen der Rührung in die Augen schossen, andere verlangten gar nach Zugabe, holten Ehemann oder -frau hinzu und entlohnten uns fürstlich. Unsere Abschiedstournee hatte uns in den Martini-Olymp katapultiert. Es hagelte nur so Kalender und die heiß begehrten Tütchen, die manche Nachbarn zuvor sorgsam gepackt hatten. Darin befanden sich gleich mehrere Teilchen, und ich ließ sie jedes einzelne Mal mit einem Lächeln auf den Lippen in meinen Tornister wandern, den ich in weiser Voraussicht mitgenommen hatte. Nicht ein einziges Mal bekamen wir Mandarinen zugesteckt, das schwarze Los unter den Leckereien. Am Ende jeder Ausfahrt klatschten wir uns komplizenhaft ab, den Applaus der älteren Herrschaften klingelnd in den Ohren. Näher hatte ich mich dem Popstar-Traum nie gefühlt.

Es fehlte nur noch, dass Ubbo und ich mit einer Sackkarre vor der Tür gestanden hätten. Wurde der Ranzen zu schwer, mussten wir an dem Abend gleich mehrfach umkehren und die Süßigkeiten abladen, bevor wir abermals loszogen. Die Abdrücke der Nähte hatten sich schon in unsere Haut gepresst, aber wir machten weiter. Die Töne von Ubbos Saxophon hallten durch das Viertel, sie begleiteten uns auf unserem Triumphmarsch. Wir hatten eine letzte große Schlacht gekämpft, und wir hatten sie glorreich und konkurrenzlos gewonnen. Ich stellte mir schon vor, wie ich am Abend mein gesamtes Zimmer mit den Leckereien füllen würde, ja, ein Teil von mir sah sich wie Dagobert Duck mit einem Köpper in ein Becken voller Goldtaler springen. Der Kapitalismus hatte mich ohnehin seit den Finanzvorträgen meines ostfriesischen Großvaters fest im Griff. Die fünfzig Cent, die ich wöchentlich erhielt, legte ich fein säuberlich in ein Kästchen, das ich unter meinem Bett verstaute. Zwischen Ubbos und meinen Auftritten überlegte ich, wo ich meine Errungenschaften verstecken würde. Da würde meine Schwester schön blöd aus der Wäsche gucken! Die konnte sich ihre Sprüche sonst wohin schmieren.

Von Ubbo verabschiedete ich mich mit einem letzten High Five. Am Ende blinzelte er nur noch müde vor sich hin, den Kopf am Mundstück seines Instruments angelehnt, und trottete schlurfenden Schrittes davon. Nicht so ich! Beschwingt trat ich den Weg nach Hause an. Ich war wie elektrisiert. Ich spürte nicht einmal die Kälte der Nacht, obwohl ich ein Kleid trug. Welch ein würdiges Ende unserer Martini-Zeit! Nun würde mich kein scharfer Schmerz mehr bei dem Gedanken durchzucken, das Zepter aus der Hand geben zu müssen. Das hier würde niemand mehr toppen. Und all die Schlickersachen! Ich rannte nahezu nach Hause, jeder Schritt begleitet durch das Rascheln meines Rucksacks.

Im Halbdunkel der Wäschekammer füllte ich die Körbe mit den Naschereien auf und rieb mir die Hände, als ich Schritte hinter mir hörte. Wie ich da so gebeugt über die Naschsachen stand, hätte ich gut als Vorbild für Tolkiens Gollum aus *Der Herr der Ringe* dienen können. Ich drehte mich um und sah, wie meine Schwester den Kopf zur Tür hineinstreckte. Ihre Augen weiteten sich, als ihr Blick über das Ausmaß der Ausbeute wanderte.

»Sag mal, habt ihr einen Supermarkt überfallen?« Sie sah mich mit feixendem Gesicht an. Ich konnte beinahe spüren, wie ihr eine Idee kam, die mir nicht gefallen würde. Das war gar nicht gut. Da holte sie auch schon zum Schlag aus. »Die kannst du nicht alle behalten. Du hast doch sicher von der

Schulaktion gehört?« Scheinbar beiläufig fuhr sie mit ihren Fingern über den Türrahmen.

Ängstlich schüttelte ich den Kopf.

»Dass für ärmere Kinder aus anderen Ländern gespendet wird?«

Der Schreck durchfuhr meine Glieder. Das würde sie nicht tun, damit würde sie den Rubikon überschreiten.

Doch sie wartete gar nicht erst meine Antwort ab, sie brüllte: »MAMA!« und ich dachte im selben Moment: Nein Nein Nein Nein Nein, bitte nicht. Hol meinetwegen unseren Vater, aber nicht unsere Mutter. Nicht unsere Mutter, die sogar jedem noch so schlechten Panflötenmusiker in der Fußgängerzone eine CD abkaufte, sogar wenn derjenige einen Musikrekorder danebenstehen hatte und nicht einmal selbst auf dem Instrument spielte. Nicht unsere Mutter, die Kinder aus der halben Stadt quasi adoptiert hatte und sie regelmäßig bekochte. Die den Raum verließ, wenn jemand über einen Krieg sprach. Der unser Vater verboten hatte, Tierheime zu besuchen, weil wir alle wussten, dass sie die Hälfte der Bewohner mit nach Hause nehmen würde, weil es »draußen doch viel zu kalt für die armen Tiere war«. Die ihr letztes Hemd weggeben würde, wenn sie jemand danach fragte. In diesem Moment spulte sich alles vor meinem inneren Auge ab. Ich ließ mich zu Boden sacken. Man würde mich um meine Gewinne bringen.

Meine Mutter fand mich in der Kammer, die Arme um die Körbe geschlungen, als hinge mein Leben davon ab. Natürlich durfte ich nur ein Zehntel meiner Süßigkeiten behalten. Sie erinnerte mich an »die Kinder, denen es wesentlich schlechter« ging als uns und dass nicht »jeder so ein Glück hatte« wie wir und was für eine »tolle Idee« das doch von meiner großen Schwester sei, die wiederum ein Grinsen im Gesicht trug, so breit, dass es fast nicht mehr draufgepasst hätte. Dann legte mir meine Mutter dabei ihre Hand auf die Schulter, als wolle sie mich dazu ermuntern, tapfer und generös zu sein, und ein Teil von mir wusste, dass sie recht hatte, und doch konnte ich einfach nicht. All die Planung, die Arbeit, unser Marsch – es war zu viel! Es folgte ein Zusammenbruch galaktischen Ausmaßes.

Theatralisch warf ich mich zur Freude meiner Schwester, die das Spektakel vom Türrahmen aus beobachtete, auf den Boden. Ich trommelte mit Händen und Füßen auf die Fliesen. Ich war betrogen worden und verspürte eine Wut, die so heiß war und wie nur Geschwister sie verstehen konnten. Es fühlte sich wie der Moment an, wenn der letzte Rest der Müslipackung in der Schale der anderen verschwand, wie der neue Pulli, den nur die eine von beiden erhielt, wie der kräftige Tritt vors Schienbein, wenn die Eltern gerade nicht hinsahen. »Das ist so unfair!«, fasste ich zusammen. »Immer ICH!« Und nach einer stilistischen Pause fügte ich hinzu: »Immer. Immer. Immer.«

Zu sagen, ich hätte mich an dem Abend ein bisschen in die Situation hineingesteigert, wäre untertrieben. Als ich zu Bett ging, hatte sich mein Kopf hochrot gefärbt, jeder Schritt wurde mit Stampfen und theatralischem Schluchzen untermalt, ich gab eine cholerische Sinfonie von mir. Mein damaliges Ich fühlte sich, als hätte man mir mein Herz aus dem Leibe gerissen. Heiße Flüsse rannen mir die Wangen herunter. Ich schmiss mich auf mein Bett. Ich hatte sogar ein Kleid angezogen!

Nach einem zaghaften Klopfen kam meine Mutter herein und setzte sich zu mir. Ich zog die Nase geräuschvoll hoch und guckte zur Wand, wohlwissend, dass sich meine Mutter neben mir schon vor schlechtem Gewissen wand. Da stieß sie mich an. »Die hättest du gar nicht alle essen können, mein Schatz«, fing sie vorsichtig an, doch ich unterbrach sie sogleich mit einem »Kannstugarnichtwissen!«.

Da wartete sie noch einmal. Sie sammelte sich. Hart zu bleiben fiel ihr sichtlich schwer. Wenn sie eines noch weniger ertragen konnte als das Leid anderer, dann war das Leid ihrer Kinder.

»Du weißt, dass es so ist. Außerdem muss man manchmal teilen, ja? Weißt du noch, wie du dein Tigerentenfahrrad von Hilke bekommen hast?«

Ich nickte misstrauisch. Mist, dachte ich und gab ein »Mhmm« von mir.

»Hätte sie es dir nicht geschenkt, hättest du nie so ein tolles schwarz-gelb-gestreiftes Fahrrad haben können. Erinnerst du dich daran, wie du dich damals darüber gefreut hast?«

Ich nickte, diesmal überzeugter. »Wegen der Janosch-Klingel. Und dem tollen Fuchsschwanz hinten dran«, sagte ich und schniefte. Nachdem ich es bekommen hatte, war ich wochenlang zu all meinen Freunden gefahren, um es ihnen zu zeigen.

Da nahm meine Mutter meine Hand und drückte kurz, aber fest zu.

Es gefiel mir nicht, aber das musste ich einsehen. Ich verstand, wieso man manchmal teilen musste. Noch einmal zog ich meine Nase hoch. Tapfer schaute ich meine Mutter an. »Wie viel muss ich jetzt abgeben?«

Mit verquollenem Gesicht gab ich vom Schicksal gebeutelt am folgenden Tag den Großteil meiner Körbe ab. In den folgenden Wochen saß ich mit verschränkten Armen am Küchentisch, blickte wütend zwischen meiner Schwester und Mutter hin und her, sprach nur das Nötigste und biss verdrossen in meine übrig gebliebenen Riegel. Ich sah es vielleicht ein, aber die Schuld an alldem musste ich trotzdem irgendwem geben.

Bestimmt hatte ich mich richtig verhalten. Insgeheim stellte ich mir sogar vor, wie andere Kinder die Päckchen auswickelten und sich freuten, und ich freute mich heimlich mit. Inoffiziell. Offiziell verhielt es sich so: Ich war sauer!

SCHÖNE
BESCHERUNG

G lücklicherweise ließ in Ostfriesland der nächste Brauch nicht lange auf sich warten. Denn schmissen diejenigen, die Berge in ihrer Nähe hatten, ganzjährlich großtuerisch mit Feiertagen um sich, protzte die Verwandtschaft im südlichen Zipfel Deutschlands mit für uns Kinder völlig willkürlichen Ferien um sich, steckten wir sie zumindest mit ein paar Traditionen in die Tasche, die sie nicht kannten. Das machte für mich die Zeit erträglicher, die ich als Kind »Zwischenzeit« nannte, und mit der ich die Monate zwischen Ostern, meinem Geburtstag und Weihnachten meinte.

Der Dezember war angebrochen, und heute war noch dazu ein ganz besonderer Dezembertag: der fünfte Tag im Monat – ein Tag vor Nikolaus. Nikolaus kannten zwar alle Kinder in Deutschland, nirgendwo aber wurde Nikolaus, oder *Sünnerklaas*, wie er heute manchmal noch genannt wird, so gefeiert wie bei uns in Ostfriesland. Die Feierlichkeiten begannen schon vor dem Abreißen des sechsten Kalenderblattes, und lange Zeit galt Nikolaus als der Tag, an dem es die großen Geschenke gab – und nicht erst Weihnachten. Der Legende nach ritt der *Sünnerklaas* nachts auf seinem Pferd von Haus zu Haus, um seine Gaben auszuhändigen. Früher legten die Kinder Grünkohlblätter oder *Kluntjes* auf die Fußmatte, damit er sie nicht übersah – wir legten Würfelzucker hinaus in die Nacht.

Ich war noch jung genug, um im Winter Abenteuer statt Kälte, Uhrumstellung und eine längere Nacht zu finden. Jeden Morgen sprang ich, die Aufstehen verabscheute, aus dem Bett und rannte die Treppe hinunter. Die wenigen Schokoladenkalender, die ich vom Martinilaufen hatte behalten dürfen, hatte ich sorgsam an der Küchenwand aufgehängt wie Trophäen. Ich hatte bis zum Schluss nicht zugeben wollen, nicht alle von ihnen essen zu können, weshalb ich jeden Morgen vier Türchen zu öffnen hatte und bald wie eine Schwangere gegen morgendliche Übelkeit ankämpfte. Wie eine Schwangere sah ich am Ende auch aus, mein Bauch wurde kugelrund. Ich gönnte meiner Schwester den Triumph nicht, recht gehabt zu haben, und wenn ich ehrlich war, war sie der Hauptgrund dafür, dass ich die Bauchschmerzen in Kauf nahm. An diesem fünften Dezembermorgen schob ich mir also das Türchen meines vierten Kalenders in den Mund.

Mein Vater sah mich über seine Zeitung halb kopfschüttelnd und halb lachend an. »Möchtest du nachher zur Verknobelung gehen?« Das war so ein einer der Bräuche, den wir dem Rest der Welt voraushatten.

Meine Augen begannen zu leuchten. Eifrig nickte ich. Das würde ein Spaß werden! Ich liebte die Aussicht auf Gewinn, und das aus gutem Grund, der nicht nur mit dem Kapitalismus zusammenhing: Ich hatte verdammt viel Glück. Was sich zunächst gut anhört, war nicht ausschließlich Anlass zur Freude, denn es hatte nicht nur gute Seiten. Die Sache mit dem Glück verhielt sich vielmehr so: Es forderte einen Ausgleich des Universums. Manchmal schien mich eine einsame Wolke tagelang auf Schritt und Tritt zu begleiten, die tropfenweise Pech auf mich herunterregnen und mir merkwürdige Dinge zustießen ließ. Ich rutschte aus, stolperte und fiel hin, und kurze Zeit später gewann ich im Handumdrehen beim Glücksspiel.

Nachdem ich schon genickt hatte, wiederholte mein Vater, der sich noch zu gut an ein Ereignis aus den Vorjahren erinnern konnte, feixend seine Frage und fügte hinzu: »Bist du dir wirklich sicher?«

Finster guckte ich aus dem Fenster. Jetzt, wo er das erwähnte ... Ein paar Jahre zuvor hatte ich beim Knobeln das Universum herausgefordert. Und ich hatte kläglich versagt. Das Glücksspiel und ich, wir führten zu diesem Zeitpunkt bereits eine ambivalente Beziehung. Höhepunkte waren dicht gefolgt von Niederlagen, die niedriger lagen als der Marianengraben im Pazifischen Ozean. Andersherum verhielt es sich genauso. Es war, als säße ich auf einer Seite der Wippe mit einem unsichtbaren Spieler, der mich willkürlich nach oben und wieder nach unten befeuern konnte.

Einmal geriet im Urlaub während einer steilen Abfahrt ein zierlicher Stock in die Fugen meines Cityrollers, weshalb ich stürzte und zehn Meter lang den Asphalt entlangkugelte, wobei ich mir fast am gesamten Körper Haut abschmiergelte. Ich heulte stundenlang, den Körper bandagiert und einbalsamiert wie eine ans Bett gefesselte Mumie. Ins salzige Meer zu gehen konnte ich mir abschminken, weshalb ich die Tage lesend im stickigen Zelt zubringen musste. Ein paar Tage später fand eine Tombola auf dem Campingplatz statt. Vor lauter Langeweile überredete ich meine Eltern, mir und meiner Schwester jeweils ein Dutzend Lose zu kaufen. Ich gewann an dem Abend, als der Duft von Pinien und Sommerregen in der Luft lag, nicht nur einen Hüpfball und ein paar bunte Armbänder. Ich wurde gleich zehnmal hintereinander auf die Bühne gerufen, um meine Preise abzuholen. Ich sollte mich an diesem Abend wie eines der Kinder im Fernseher fühlen, die in der Sendung *Super Toy Club* durch den Supermarkt laufen und in einem vorgegebenen Zeitlimit so viel wie möglich in ihren Einkaufswagen stopfen durften.

Mein Vater, der Anwalt und Notar war, versank an dem Abend vor Scham im Boden. Unsere Familie sah sich mit jedem Gewinn weiteren skeptischen Blicken aus der Menge ausgesetzt. Mit jedem Gang nach vorn wandten sich mehr Köpfe zu uns, und mein Vater schien sich immer mehr Gedanken um sein Berufsethos zu machen. Zwischenzeitlich hielt er sich schon die Stirn und linste nur noch gelegentlich durch die Finger nach vorn. Irgendwo zwischen dem sechsten und dem siebten Preis glaubte ich sogar einen feinen Schweißtropfen an seiner Schläfe ausmachen zu können, der wie ein Segway über seinen Bartschatten rollte, erst langsam und, als er an Fahrt aufnahm, immer schneller. Wir mussten für alle anderen im Publikum den Eindruck erweckt haben, das gesamte Spiel manipuliert zu haben. Es war aber auch kaum zu fassen: Ich hatte keine Glückssträhne, ich hatte einen Glücksschweif! Irgendwann ging ich dazu über, nach der Entgegennahme eines Gewinns gar nicht mehr auf meinen Platz zurückzugehen; ich blieb kackendreist gleich vorne an der Bühne sitzen.

Immer unverhohlener trafen uns nun scharfe Blicke anderer Zuschauer, es wurde immer offensichtlicher, wie sich der Gedanke an einen Betrug in ihnen formte. Die Tombola für Kinder, die eigentlich der nächste Höhepunkt nach der Kinderdisko am Vorabend hätte sein sollen, stand kurz vor einem waschechten Gemetzel. Beim letzten Gewinn, einem Pizzeria-Gutschein für zehn Personen, wollten mich meine Eltern gar davon abbringen, auf die Bühne zu laufen. Doch ich riss mich los und strahlte auf der Bühne das schönste Lächeln, das man als Fünfjährige strahlen kann, wenn einem fünf Zähne gleichzeitig im Mund fehlen, während mir inzwischen offenherzig erboste Gesichter entgegenblickten, von denen ich nichts mitbekam.

Der Rest der Familie fühlte sich wie Gauner. Hinterher schnappte meine Familie sich schnell alles, was sie tragen konnte, Luftmatratzen, Gymnastikbälle, ein kleines Fahrrad und Gutscheine, Armbänder, und wir huschten so schnell wie nur möglich vom Platz. Die bösen Blicke der anderen Eltern und Kinder folgten uns noch, als wir wieder in unserem Zelt saßen, und versenkten kleine Löcher in unseren Rücken. Tags drauf schüttelte sogar eine Frau im Vorbeigehen ihren Kopf, als ich aus dem Waschhaus kam. Ich schenkte all dem wenig Beachtung, sondern warf mich auf meine neuen Luftmatratzen, surfte auf ihnen im Pool, hüpfte auf meinem neuen Ball, holte mir kostenlos Pizza ab und fuhr mit meinem neuen Rad über den Platz, als wäre ich der neue Kaiser. Ich war im Schlaraffenland!

Das mag sich einerseits toll anhören, und das war es auch, für mich zumindest, doch andererseits sorgten solche Situationen dafür, dass nicht nur Fremde ein wenig missgünstig wurden, auch bei uns Zuhause hing später der Haussegen meist gehörig schief. Denn staubte ich alles ab, ging meine Schwester wirklich jedes Mal leer aus. Das traf sie oft vor allem deshalb, weil sie den Gewinn so knapp verfehlte. Bei der Tombola hatte sie den Preis oft um genau eine Nummer verfehlt – und die besaß auch noch ich.

Beim jährlichen Rummel in der Altstadt in Leer, dem Galli-markt, gewann ich, ebenfalls mit fünf Jahren, einen Plüschdel-fin, größer und breiter, als ich es je werden sollte. Ich trug ihn quer über den Markt, um ihn jedem zu zeigen, den ich auch nur im Entferntesten kannte, rutschte wochenlang auf ihm die Treppe hinunter, nahm ihn mit zu Bett, um zu schmusen, und an einem Tag sogar mit in die Schule. Meine Schwester bekam unterdessen ein neongrünes Plastiklineal in die Hand gedrückt, das der Losbudenbesitzer ihr zum Trost mitgab, weil sogar er Mitleid mit ihr hatte. Wir hatten exakt dieselbe Losanzahl er-halten, etwas, auf das meine Eltern peinlich genau achteten, und trotzdem hatte sie nicht einmal ein Vampirgebiss oder ein Radiergummi gewonnen. Mein Vater kommentierte solche Vorfälle einmal recht treffend mit einer seiner vorsintflutlichen Redewendungen: »Es ist zum Mäusemelken!«

Im Großen und Ganzen fand ich das alles aber recht und billig, wenn man bedachte, dass ich dafür eine Rechts-Links-Schwäche, das Kauz-Gen der Familie und eine Unfähigkeit in Mathe geerbt hatte, die an Dyskalkulie grenzte. Aber das sagte ich nicht, denn in solchen Situationen musste man »Fin-gerspitzengefühl« beweisen, wie mein Vater betonte, und so schwieg ich und senkte zumindest für ein paar Sekunden ge-wissenhaft den Blick, wenn ich das große Los in Anwesenheit meiner Schwester zog.

Jedenfalls begaben wir uns auch an dem Nikolaustag, an dem ich das Universum herausforderte, auf den Weg zu einer Verknobelung. Niemand weiß so ganz genau, warum wir die-sen Tag in der Region so sehr zelebrieren. Manche vermuten, es liege daran, dass der Nikolaus Schutzpatron der Seefahrt ist und holländische Seefahrer die Tradition einfach mitbracht haben. Der Legende zufolge haben die Fahrer einen Tag vor Nikolaus ihre Heuer bekommen und sie am selben Abend auch schon wieder verzockt.

Mit der Seefahrt hatte ich nichts am Hut, mit Süßigkeiten und Gewinnen schon. Wir legten also nicht nur ein bisschen Zucker vor die Tür und bekamen im Gegenzug am Morgen darauf einen mit Leckereien gefüllten Stiefel zurück, bei uns ging es am Abend davor schon buchstäblich um die Wurst. Anstatt wie sonst jährlich in den örtlichen Supermarkt zu gehen, liefen wir in diesem Jahr dick eingepackt hinaus in die Dunkelheit zur nächst gelegenen Mühle, in der ebenfalls eine Verknobelung stattfinden sollte. Schon von draußen war das Klappern der Würfel auf den Tischen zu hören, das dumpfe Scheppern der Lederbecher, die auf die Oberfläche schlugen, Flüche und Jubelschreie. Die Wärme im Inneren ließ unsere Haut prickeln, und wir rieben unsere Hände aneinander, warfen Mantel und Mütze über den nächsten freien Stuhl. Alle Spieler scharten sich um insgesamt drei Tische; sie klebten an ihnen wie Magneten an einer Tafel und setzen ihr Geld, um es gleich wieder zu verknobeln.

»*Moin mitnanner!* Drei Einsen ist der höchste Wurf und zählt 1.000 Punkte, gibt's keinen Pasch, werden Augen gezählt, die höchste Zahl gewinnt. Alles klar?« Ein Mann mit Mütze stellte uns Becher vor die Nase, aus denen die Würfel kullerten, und wir warfen ihm im Gegenzug unsere Münzen hin. Er moderierte die Runde nicht zum ersten Mal und besaß die raue Stimme eines Jahrmarktschreiers, die Worte abgeschliffen vom häufigen Gebrauch wie die abgefahrenen Reifen eines Lastkraftwagens. Gespielt wurde um Mettwürste, dicke Sahnetorten und Putenbrüste.

Ich setzte mich auf einen hölzernen Stuhl mit geflochtener Sitzfläche, ich war ein Spieler mit in der Luft baumelnden Beinen. Ein klarer Vorteil: Niemand achtete auf das kleine Mädchen mit den Pausbäckchen, dessen Beine nicht einmal den Boden berührten und deren Locken sich im Nacken kringelten, und ich war mir dieser Details haargenau bewusst, wie es sich für einen abgebrühten Pokerspieler gehörte.

Eine halbe Stunde später hatte es um mich herum eine vorzeitige Bescherung gegeben. Ich war umringt von Geschenken. Die meisten Spieler waren verschwunden, meist mit einem Fluchen oder ungläubigen Seitenblick zu mir. Mein Vater hatte derweil ungläubige Lacher von sich gegeben, geschnauft und gen Ende unruhig seine Hände geknetet. Es war wieder so weit, ich hatte die Grenze zur Peinlichkeit im Schweinsgalopp passiert, bescheiden ging anders. Ich war wie die Raupe Nimmersatt. Meine Schwester hatte nach der fünften schmachvollen Runde wutentbrannt den Stuhl in den Boden gerammt und fortan den anderen Spielern beim Spielen zugesehen.

Mit vom Sieg glasigen Augen rutschte ich nun von meinem Stuhl herunter. Wie Rumpelstilzchen rieb ich mir die Hände und klemmte mir links und rechts zwei tiefgefrorene Putenbrüste unter den Arm. Zwei Mettwürste baumelten mir bereits auf beiden Seiten von den Schultern. Jetzt war ich selbst der Tannenbaum, behangen mit meiner Ausbeute, nur der Stern fehlte noch auf dem Kopf. Eine dicke Torte trug ich zwischen meinen Händen, wobei ich meine Oberlippe hochkonzentriert einsaugen musste. Ich schielte rechts und links auf den Boden, wo sich der Rest stapelte: eine Pute, noch eine Torte, ein Stollen und Stutenkerle, die sonst am Nikolausmorgen im Strumpf auf die Kinder warteten. Mist. Gerade, als ich kalkulierte, ob ich mir vielleicht noch etwas in die Jacke stopfen konnte, kam meine Schwester. Hoffnungsvoll blickte ich sie an.

»Das kannst du schön selbst tragen. Schlimm genug, dass du jedes Mal abstauben musst, da helfe ich nicht auch noch. Dass du den Hals aber auch nie voll bekommst«, schimpfte sie. Dann schob sie hinterher: »Vielleicht weißt du danach, wie es ist, allein was zu tragen!« Sie stapfte nach draußen, und ich zog hinter ihrem Rücken eine Grimasse.

Sie trug mir noch immer voriges Weihnachten nach, als ich sie mehr oder weniger allein den Tannenbaum hatte tragen lassen. Ich hatte sie mit dem Stamm in den Schneematsch vorausgeschickt, während ich hinten mit der einen Hand die bleistiftdünne Spitze gehalten und die andere in die Hosentasche geschoben hatte. Zu Hause angekommen, hatte meine Schwester erst auf ihre wunden Finger und dann auf meine rosigen Hände geblickt, bevor sie mich durchs gesamte Haus gejagt hatte. Tragen hatte man meine Aktion wohl nicht nennen können, ein wenig nachtragend fand ich ihre Reaktion ein Jahr später aber schon.

Zu meiner Erleichterung kam immerhin mein Vater und klaubte die restlichen Sachen vom Boden. »Unglaublich!« Er wischte sich imaginären Schweiß von der Stirn. »Deine Mutter fällt vom Glauben ab, wenn wir damit nach Hause kommen. Ich weiß gar nicht, wo wir das alles lassen sollen. Jetzt aber erst mal schnell weg hier.«

Ich grinste über beide Ohren und folgte ihm zur Tür. Das war ihm alles mal wieder todpeinlich.

Der Mann mit der Mütze, unser Spieleansager, blickte mir kopfschüttelnd nach. »Ja, wo gibt es denn so was.« Ich sah aus dem Augenwinkel noch, wie er die Mütze abnahm und sich am Kopf kratzte.

Draußen war die Luft so schneidend kalt, dass sie mir wie Feuer in Kehle und Nase brannte. Die tiefgefrorenen Putenbrüste links und rechts unter meinen Achseln taten ihr Übriges. Ich fror hundserbärmlich. Gleichzeitig schwitzte ich auch unter meiner Last. Die Torte in meiner Hand erschwerte meine Sicht auf den Boden. Alles, was ich sah, war der Pappkarton der gigantischen Ostfriesentorte, mit der man Dörfer hätte füttern können. Ich wurde vom Hinsehen adipös. Von meiner Schwester war keine Spur mehr zu sehen, die war bereits vor Minuten in die Kälte hinausgelaufen, auch mein Vater konnte nicht schnell genug vorankommen und hastete ein paar Dutzend Meter vor mir durchs Dunkel.

Immerhin leuchteten mir der Mond und die Sterne zusammen mit den Laternen den Weg. Gerade wollte ich trotz Kälte pfeifen, um mir den Marsch zu verschönern, als das Universum, das ich an diesem Abend herausgefordert hatte, seinen Tribut forderte. Der Unsichtbare auf der anderen Seite der Wippe sprang von seinem Sitz. War ich eben noch hoch oben in der Luft, sauste ich jetzt in Schallgeschwindigkeit auf den Boden der Tatsachen zurück: Ich übersah eine gefrorene Stelle. Der Fuß, der eigentlich hätte aufsetzen sollen, glitt in einem Bogen weiter in die Nachtluft, und so fiel ich filmreif auf den Hosenboden, wobei es Gewinne wie Körner hagelte. Es musste sich angehört haben, als hätte wer mitten in der Nacht kräftig an einem Obstbaum geschüttelt. Versetzt prallte alles nach und nach mit lauten Geräuschen am Boden auf. Am Ende schlug ich sogar mit dem Hinterkopf auf und erzeugte dabei ein sonores ›Klong‹. In der Dunkelheit hörte sich ohnehin alles doppelt so laut an. Zumindest eilte mein Vater, der schon fast mit der Schwärze der Nacht verschmolzen war, mit schnellen Schritten zu mir zurück.

»Sylvie?«, brüllte er ins Schwarze. Er rannte, wobei auch er immer wieder ins Schlingern geriet und immer wieder »*Jasses*« und »*Sapi*« und »Das muss gerade eben richtig gefroren haben« rief. Bei mir angekommen, blieb er mit einem letzten Balanceakt stehen. Dann schob sich sein Gesicht vor die Sterne. Erschüttert schaute er mich an und machte den Fehler, genau die Frage zu stellen, die wie eine Zündschnur zur Weinerlichkeit von Kindern funktionierte: »Kind. Hast du dir wehgetan?«

Ich schüttelte tapfer den Kopf, fing gleichzeitig aber herzzerreißend zu schluchzen an. Wie eine Sirene steigerte sich die Intensität im Dunkel der Nacht, und mein Vater sah erschrocken dabei zu.

»Du *Döspaddel!* Dich kann man wirklich nur mit Helm nach draußen lassen«, sagte er.

Und ich stellte mir vor, wie ich von nun an nur mit Kopfschutz auf die Straße durfte, und weinte noch lauter. Dabei rieb ich mir über die Haare und stellte fest, dass sich dort schon jetzt eine eiergroße Beule formte. Rotze, oder *Schnötte,* wie wir dazu sagten, rann mir aus der Nase. »All die tollen Sachen«, jammerte ich weiter.

Da erst sah sich mein Vater um, der bis dahin ganz auf mich fixiert gewesen war. Sein Blick glitt über meine mit Sahnecreme verschmierten Klamotten, eine Rosine, die noch in meinem Haar baumelte, die Mettwürstchen, die wie eine Girlande meinen Oberkörper zierten, und die Puten, die ein paar Meter weiter gekullert waren, und da fing er an zu lachen. Und wie immer, wenn mein Vater lachte, stimmte ich, selbst wenn ich noch so traurig war, kurze Zeit später mit ein. Er setzte sich zu mir auf den Boden, und wir lachten, bis uns die Bäuche wehtaten. »Schöne Bescherung!«, keuchte er, als wir uns beruhigt hatten. Und dann mehr zu sich selbst: »Dieses Kind.«

Ich kicherte noch mal los, bis ich merkte, wie der Schock nachließ und die Kälte in meine Glieder kroch.

Da nahm mein Vater mich bei der Hand und half mir beim Aufstehen. »So. Jetzt müssen wir uns aber beeilen, sonst schickt deine Mutter noch einen Suchtrupp los, wir sind schon spät dran.« Mit einem Ächzen und letzten Kichern nahm er mich Huckepack und sammelte die restlichen Errungenschaften ein.

Zurück zu Hause warf ich mich meiner Mutter in die Arme, als hätte ich sie seit mehr als einem Jahrhundert nicht mehr gesehen. »Ich hab Kopf UND Po!«, rief ich. Ich befand mich zu der Zeit in der Phase, in der ich Krankheiten mit dem umschrieb, was ich hatte, und nicht damit, was mir fehlte. Anstelle der Schmerzen benannte ich schlicht die Körperteile, die wehtaten.

Meine Mutter, die wusste, was ich meinte, fiel routiniert in ihre Krankenschwesterrolle. Nachdem sie meinen Kopf abgetastet und meine Sehreflexe kontrolliert hatte, steckte sie mich in ein heißes Bad, um die Schmierereien abzuwaschen und die Kälte aus den Knochen zu vertreiben.

Ein paar Wochen später verbrachten wir ein denkwürdiges Fest. Wir aßen an Heiligabend ein ganz besonderes Menü. Wir nannten es »Lädierte Pute mit Dellen und Beulen«, »Abstraktes Mett, das einmal eine Wurst war« und zum Nachtisch »So was wie Tiefkühl-Tortenbrei, der, wenn man die Augen zumachte, trotzdem schmeckt«. »Besser als nichts«, schloss meine Mutter gefasst.

Die Jahre darauf gab ich mich beim Knobeln bescheidener. Ich war also nicht völlig lernresistent – völlig rehabilitiert war ich trotzdem nicht. Ich blickte zu meinem Vater zurück, der noch immer seine Zeitung las und beim Sportteil angekommen war. Letzteres konnte man daran festmachen, dass er sich noch häufiger über seinen Schnauzer strich und seine Expertenmiene zog, bei der die Augenbrauen zusammenschnellten.

Ich sah aus dem Fenster, wo unser Garten noch im Dunkeln lag. »Wir gehen knobeln«, traf ich meine Entscheidung, und mein Vater blickte verwundert hoch. »Vielleicht nur nicht ganz so lange«, schob ich zögerlich nach. »Und vielleicht lieber im Supermarkt.« Letzteres klang mehr nach einer Frage als nach einer Aussage. Im Nachhinein war mir der Auftritt, bei dem ich das Universum herausgefordert hatte, dann doch peinlich.

Mein Vater blätterte um und schmunzelte. »Na gut«, sagte er. »Dann gehen wir auch in diesem Jahr knobeln. Meinst du, deine Schwester kommt mit?«

Zweifelnd blickte ich zu ihm zurück. Das war in etwa so wahrscheinlich wie die Option, dass sie noch einmal mit mir einen Tannenbaum nach Hause tragen würde.

Am nächsten Tag, dem 6. Dezember, rutschte ich auf dem Treppengeländer hinunter und schnappte nach der Haustür. Wie jedes Jahr wartete ein Stutenkeerl in meinem Stiefel vor der Haustür, ein Nikolaus aus Hefeteig und Rosinen, der eine Pfeife aus gebranntem Ton im Mund trug. Ich pulte die Pfeife aus dem Teig und steckte sie mir in den Mundwinkel. Ich tat, als rauchte ich durch die Tonflöte – so wie es jedes andere Kind am Nikolausmorgen in Ostfriesland tat.

PFLAUMEN
SCHWIMMEN
AUCH

Nachdem ich ein paar Tage lang den Eimer akribisch von innen studiert hatte, jede Wölbung, Delle und die porösen Stellen um mich herum ausfindig gemacht hatte, war es eines Tages so weit. Großvater tauschte das Leitungswasser gegen Chlorwasser, und nicht einmal das machte mir noch etwas aus! Wacker hielt ich meine Augen weit geöffnet und beschrieb ihm jedes Mal, was ich gesehen hatte. Immer wieder legte er mir kleine Gegenstände in das schwarze Gefäß hinein, wie einmal einen Stein oder einen Löffel oder einen Würfel, und ich konnte sie ihm jedes Mal unentwegt und haargenau schildern. So nickte ich kräftig mit dem Kopf, wenn er danach fragte, ob ich ihm auch heute wieder beschreiben konnte, was am Grund gewartet hatte. Einmal probierten wir das Gleiche in der Badewanne aus, und auch diesmal konnte ich ihm sagen, wie der Grund der Wanne beschaffen war.

Mit der Zeit machte mir nicht einmal mehr das Wasser in den Ohren etwas aus. Die Badekappe, die ich zuerst noch getragen hatte, lag mit der Zeit verwaist in dem Zimmer herum, das ich ein Museum nannte, und reihte sich stumm ein unter den Pokalen und Medaillen meines Großvaters. Ich tauchte so oft ab und erfolgreich wieder auf, bis er mir eines Abends auf den Rücken klopfte, anstatt mir nur die Schulter zu drücken. Hätte ich an dem Tag ein Gebiss getragen, wäre es meilenweit geflogen. Mit den Worten »Morgen probieren wir was anderes« ließ er mich rätselnd mit einem großen Stück Zwiebelkuchen im Keller zurück.

Als ich am nächsten Tag vom Haus geweckt wurde, waren meine morgens so langsamen Schritte nahezu beschwingt. Breitbeinig wie ein Cowboy stiefelte ich im Badeanzug die Treppe hinab, die erste Lektion lag hinter mir. Im Flur duftete es nach frischen Brötchen und Kaffee, ein Geruch, den ich aus unserem Haus in Ostfriesland nicht gewohnt war. Am Frühstückstisch angekommen, schlang ich eine Laugenstange hinunter, so schnell es ging. Dann schob ich den Holzstuhl unter mir so schnell zurück, dass er ein knarzendes Geräusch von sich gab, und machte mich barfuß über die orangemelierten Flurkacheln auf den Weg nach unten.

Ich griff nach dem Treppengeländer, kam im Keller vorbei am Nudelladen, wo gerade wieder eine neue Spätzleladung angekommen war, und den Wildschweinfellen an der Wand, durch die ich automatisch mit meinen Fingern fuhr. Und als ich ankam, sah ich es: Die Plane, die das Becken bislang bedeckt hatte, fehlte – endlich! Ich sah mich um, konnte Großvater aber nicht entdecken. Der Tisch, an dem er sonst während meiner Eimerexkursionen Kuchen buk, stand einsam in der Ecke. Nur der glühende Ofen, der frisch ausgerollte Hefeteig und der Eimer, in dem sich jetzt Pflaumen befanden, wiesen darauf hin, dass er gerade erst hier gewesen sein musste.

Ich kniete mich an den Beckenrand, bevor ich meinen Bauch auf die kühlen Fliesen presste, und starrte hinab in die Tiefe. Anders als das Becken, in dem ich meine Seepferdchen-Prüfung gehabt hatte, besaß dieses hier keinen Nichtschwimmerbereich. Das Becken war ebenmäßig ausgehoben worden, alle Stellen waren gleich tief. Ich schluckte, wobei mein Kehlkopf wie ein Fahrstuhl einmal meinen Hals geräuschvoll hinab- und wieder hochsauste. Das Problem war, dass manche Dinge weniger schlimm sind, als man vorher denkt. Bei Abgründen war es anders. Da verhielt es sich meist genau andersherum. Meist war der Abgrund viel tiefer, als es den Anschein machte. Nicht alle Abgründe sind leicht zu erkennen. Bei manchen musste man ganz genau hinsehen, und auch dann erkannte man sie häufig nicht als solche. Manch ein Abgrund traf einen völlig unerwartet wie ein Fußball, der scheinbar erst im letzten Moment seine Flugkurve verändert hatte, den Pfosten.

Das hatte ich bereits während meiner ersten Schwimmstunde in Leer schmerzhaft erfahren müssen. Als ich damals das Wasser erblickt hatte, war ich schnurstracks zum Rand marschiert und hineingesprungen. Die Stelle war mir so flach vorgekommen. Mit Schrecken hatte ich mit jedem Zentimeter, den ich weiter in die Tiefe sank, meinen Irrtum bemerkt. Der Lehrer hatte mich am Badeanzug prustend und nach Luft ringend wieder hinausziehen müssen. Das war mein Einstand in die Seepferdchen-Gruppe gewesen und hatte mir das erste ›L‹ des beleibten Jungen aus der Gruppe beschert.

*Ich wischte mit der Hand über die Oberfläche des Wassers
vor mir und sah, wie die schwarzen Linien unter mir wellen-
förmig verschwammen. Ich blickte mich um, doch noch immer
war von Opa keine Spur. Und wie ich da so auf dem Bauch
lag, das Becken und den Abgrund unter mir, kam mir auf
einmal eine Idee: Wieso gleich selbst den Sprung in die Tiefe
wagen, wenn ich es erst mit etwas anderem versuchen konnte?
Fest davon überzeugt, eine logische Entscheidung getroffen zu
haben, kraxelte ich auf einen Stuhl, schnappte mir den Eimer
Pflaumen vom Tisch und trug ihn, die Arme fest um den
Bottich geschlungen, zum Wasser. Dann legte ich mich wieder
hin, nahm eine der lilafarbenen Pflaumen heraus und drehte
und wendete sie in meiner Handfläche hin und her. Gewaschen
werden mussten die Früchte ohnehin noch, bevor Opa sie über
den Teig streuen konnte. Genau genommen würde ich ihm
einen Gefallen tun.*

*Ich ließ die Pflaume los. Bestürzt sah ich dabei zu, wie
sie mit einem Platschen die Oberfläche sprengte und in die
Tiefe sank. Ich befürchtete schon, später nach ihr tauchen zu
müssen, als sie auch schon wieder zurück an die Oberfläche
ploppte. Ich jauchzte. Wenn selbst Pflaumen schwimmen
konnten, würde ich es auch schaffen. Zumal ich glaubte, eine
gute Schwimmübung erschaffen zu haben. Genau wie Opa mit
seiner Münze. Würde ich mich erst einmal ins Wasser wagen,
um die Früchte wieder an Land zu bringen, hätte ich Stück
für Stück mehr Anreiz, da die Früchte sich verteilen würden.
Ja, ich war da etwas ganz Großem auf der Spur. Opa würde
Augen machen.*

*Und so ließ ich eine Frucht nach der anderen ins Becken
gleiten, bis meine Hände sich ganz schrumpelig anfühlten und*

am Grund des Eimers schabten. Überall im Becken schimmerten Pflaumen an der Oberfläche wie die Blüten auf einer Sommerwiese. Die Zeit verging wie im Flug. Die Hände stolz wie Oskar in beide Seiten gestemmt und den Trageriemen des Eimers im Ellenbogen, begutachtete ich mein Werk. Was die Pflaumen konnten, konnte ich auch.

So stand ich da, mit meinen dürren O-Beinen, und fragte mich, ob Opa so gut schwimmen konnte, weil er ebenso rund wie die Pflaumen war, als ich hörte, wie hinter mir etwas herunterfiel. Opa hatte die Backbleche fallengelassen. Und noch während sie fielen, entfuhr ihm ein Schrei, der noch heute in meinem Trommelfell nachhallt. Ich drehte mich um, im festen Glauben, dass ich Opa wieder erschreckt hatte, weil er mich nicht hatte kommen sehen, als mich ein Detail wie ein Stromschlag durchzuckte: In Opas Augen lag kein Schreck. Es war Zorn. Denn Opa war diesmal nicht ob seiner Taubheit über meine plötzliche Anwesenheit erschrocken. Er starrte jetzt abwechselnd zwischen leerem Eimer, dem Becken und meinem Gesicht hin und her, wobei sein Kopf straußenartig ruckte und er Geräusche wie eine Dampflock machte. So klar, wie die schwarzen Linien im Becken jetzt wieder waren, wusste ich mit einem Mal, dass hier etwas ganz eindeutig falsch gelaufen war.

Ich bekam große Augen. »Opa?«, fragte ich zaghaft.

Doch Opa wollte nicht antworten, diesmal nicht. Und so sah ich ängstlich dabei zu, wie dieser Berg von einem Mann mich noch einmal stumm musterte, bevor er mich am Becken stehen ließ und – das muss man ihm im Nachhinein vermutlich anrechnen – die Treppe hochstampfte. Er brüllte so laut den Namen meiner Mutter, dass selbst das Haus mitsamt seiner Bewohner für einen Moment vorsichtig innezuhalten schien, bevor im nächsten Moment die Hölle losbrach. »WAS IST DAS NUR FÜR EIN KIND?«, hörte ich ihn brüllen, wobei ich jede Silbe klar und deutlich vernahm und sie sich wie ein Stromschlag anfühlten, obgleich ich mich noch im Keller befand. Ich hörte gerade noch das Knistern der Zeitung, als mein Vater sie beiseitelegte und wieder einmal den richtigen Zeitpunkt für einen Scherz verpasste, indem er den Satz »Mein Wort in Gottes Ohr« brummte.

Was hatte Opa so wütend gemacht? Meine Idee mit den Pflaumen, die mir gerade noch so unglaublich bahnbrechend vorgekommen war, schien mir nicht mehr ganz so bahnbrechend zu sein. Ich blickte zu den Früchten zurück, die weiter wie ein kleines Wunder auf dem Wasser schwammen, während mich diesmal meine eigene Traurigkeit in die Tiefe zog. Wieder schluckte ich. Doch vergebens, der Kloß in meinem Hals wollte nicht kleiner werden, und ich schmeckte, wie sich mein eigenes Meer seinen Weg über meine Wangen bahnte. Ich verstand nicht einmal, was genau meinen Großvater so wütend machte. Wieso konnte ich nicht einfach wie andere Kinder sein? Meine Schwester geriet nie in solche Situationen.

Ich setzte mich und hielt meine Knie fest umschlungen. Obwohl ich dem Wasser so nah war, loderte in meinem Rachen Glut. Das Schwimmbecken streckte immer wieder seine Finger über den Rand des Beckens hinaus, bevor sein Inhalt hämisch glucksend im Abfluss verschwand. Bibbernd starrte ich auf die Pflaumen, die besser schwimmen konnten, als ich dazu je imstande sein würde. Ich wartete, bis ich keine Stimmen mehr über mir wüten hörte. So hatte ich ihn noch nie erlebt. Er bebte, und sein Haus tat es ihm gleich. Dann schlich ich leise hoch, zurück ins Museum. Noch immer im Badeanzug schlotterte ich vor Angst und Kälte und tapste zum Bad, als dichter Nebel aus dem Zimmer meiner Großmutter drang und ich ihre heisere Stimme hörte.

Eigentlich verspürte ich keine große Lust, mit jemandem zu sprechen. Doch Oma hatte mich gesehen, und ich hatte heute schon genügend andere enttäuscht. Ich schlich auf ihr Zimmer zu, wie eine Katze es tun würde, wenn sie eine andere sah. Doch sobald ich Oma zwischen den milchigen Schwaden im Zimmer ausmachen konnte, ihre großen Augen, die wegen ihrer Brille unnatürlich riesig aus dem kleinen Gesicht herausschauten, stellte ich zu meinem Erstaunen fest, dass sie mich nicht vorwurfsvoll musterte, sondern ihr Atem sich stattdessen rasselnd überschlug. Sie lachte!

Fest überzeugt, dass sie nur über mich, ihre sonderbare Enkelin, lachen konnte, zog ich verletzt den Kopf ein und wollte mich auf den Rückweg machen, als sie mit einem Mal verstummte. Da sah sie mich mit ihren großen braunen Augen hinter dieser noch heute unangefochten dicksten Brille, die ich jemals sehen sollte, an und sagte etwas, das alles Kalte in mir mit einem Schlag wieder warm werden ließ: »Du bist schon etwas Besonderes, du Knallfrosch, das wusste ich gleich.« Dann lachte sie wieder ihr rasselndes Lachen, zog mich auf ihren knochigen Schoß, in diesem Zimmer, das vermutlich jeden Kettenraucher verzweifelt sein Atmungsgerät hätte suchen lassen, und strich mir über den Rücken und meine Haare und die Wangen, bis alles in mir wieder weich wurde und ich mich an Omas Schulter sinken lassen konnte. Sie versicherte mir, dass Opa nach dem ersten Schreck bereits so gelacht habe, dass ihm die Tränen gekommen seien und sein Bauch gebebt habe. »Saumenschle« habe er gesagt, mit der Endung -le, wie eine

Liebkosung. Ich vermutete trotzdem stark, dass ihm die Tränen nicht nur aus purer Freude gekommen waren, war aber dankbar für Omas Versuch, mich aufzuheitern. Sie sagte, Opa hätte einfach ein Problem damit, wenn jemand Essen verschwendete, das könne er gar nicht leiden. Es sei ihm nicht so groß ums Wasser gegangen. Ich beteuerte, dass ich das alles nicht gewollt hatte, dass ich ihm bloß hatte helfen wollen, doch Oma winkte nur ab.

Am folgenden Tag hatte mein Großvater das gesamte Becken bis auf den letzten Tropfen Wasser ausgepumpt. Dabei tauschte er mehrere Hundert Liter Wasser aus und fluchte bei jedem einzelnen. Das Wasser war aufgrund der vielen sauren Früchte umgekippt. Wir mussten ein paar Tage lang zwangspausieren, vermutlich nicht nur wegen des Wassertauschs. So hatte Opa genügend Zeit, wild vor sich hin zu fluchen, Holz im Garten zu hacken, zu zersägen oder eines seiner alten Autos in seiner Werkstatt mit seinem Werkzeug zu vermöbeln. Es war, als wütete sein Haus mit ihm, alles war lauter als sonst.

In der Zeit erkundete ich den Dachboden, das Nudellager und tauchte zum Frühstück erst am Esstisch auf, wenn der Duft nach frisch gebackenen Brötchen nachgelassen hatte. Dann spähte ich in die Küche und stibitzte mir eine Laugenstange, die ich irgendwo draußen alleine aß. Meine Schwester nannte mich neuerdings »Backpflaume«. Meinen Großvater sah ich nur von Weitem. Doch obwohl er so aufgebracht war, schimpfte er nicht ein einziges Mal mit mir. Mit gesenktem Kopf schlich ich durch das Haus. Hin und wieder bog ich in das Nebelzimmer ab, um mit meiner Großmutter, die zu meinem Erstaunen tatsächlich Würfel und Becher besaß und nicht nur rauchte, heimlich zu kniffeln.

»Manche Dinge brauchen Zeit«, sagte mein Vater und strich sich über seinen Schnauzer. Ich schätzte, er war einfach ganz froh, dass nicht er derjenige mit einem Schwimmbad war.

Trotzdem hatte ich auch an diesem einen Tag, an dem ich noch immer nicht schwimmen konnte, wieder ein paar wichtige Lektionen dazugelernt. Erstens: Pflaumen konnten schwimmen, ohne es vorher lernen zu müssen. Zweitens: Ich war keine Pflaume, egal was meine Schwester sagte. Und drittens: Meine Großmutter hatte zwar mindestens drei Viertel ihrer Lunge aufgeraucht, aber ihr Herz schlug einwandfrei.

WAS SOLLEN
DENN DIE LEUTE
DENKEN

M ein Vater ist vieles, aber kein Handwerker. Er ist Jurist, Gelegenheitshistoriker und Freizeitgeologe, aber ein Handwerker ist er nicht. Von ihm habe ich vermutlich die Eigenschaft geerbt, mir die trivialsten Informationen zu merken, aber keinen Nagel in die Wand hämmern zu können. Wenngleich sich unsere Interessen fundamental unterscheiden, wendet er sich mit einer Willkür und Versessenheit neuen Themengebieten zu, die ihresgleichen suchen. Er kennt sich haargenau mit der Geschichte der Beatles aus und liest lieber klassische Biografien als Romane. Er ist noch einer von denjenigen, die alle Daten aus dem Kopf wissen und der dafür nicht googeln muss. Er pflegt Geschichten mit einem »Am 10. Juno 86 ereignete sich ...« zu beginnen, um ein klitzekleines Detail heraufzubeschwören und greifbar zu machen. Er ist ein Kompass auf zwei Beinen und beschreibt Orte nicht nur mit einem »südlich gelegen von«, sondern benutzt auch noch Phrasen wie »südsüdwestlich«, woraufhin ich jedes einzelne Mal wie automatisch in die falsche Richtung gucke und er mir dafür einen Klaps auf den Hinterkopf gibt, als läge es auf der Hand, wo genau südsüdwestlich war.

Mein Vater unterrichtete mich jeden Morgen vor der Schule darüber, ob es windig werden würde, woher der Wind kam, was die schnell fließende Meeresströmung des Atlantiks damit zu tun hatte, und ich verstand kein einziges Wort davon. Doch ich zog mich erst an, nachdem er mir Auskunft über das Wetter gegeben hatte. Ich war seinen morgendlichen Wetterbericht so sehr gewohnt, dass ich die ersten zwei Jahre nach meinem Auszug mit einer chronischen Nasennebenhöhlenentzündung herumlief, weil ich mich ohne ihn jeden Morgen für die falsche Kleidung entschied.

Verreisten wir als Familie, pflegte er seinen Fuß wahllos auf irgendwelche Gegenstände zu stellen, das Knie angewinkelt, die eine Hand auf der Hüfte, die andere über seinen Schnauzer streichend, und über den vulkanischen Ursprung der Insel zu referieren. Er sprach über Gestein aus dem Erdinneren, über Erosionen und Plattentektonik, und unterbrach ich ihn spaßeshalber mit einem »Interessant, Herr Dr. Dr. – wie war noch gleich Ihr Name?«, bekam ich Lacher von meiner Mutter und Schwester und den nächsten Klaps auf den Hinterkopf.

Verreiste ich später allein, wusste er mir selbst nach meiner Reise noch Dinge über den Ort zu erzählen, die mir unbekannt waren, obwohl er noch nie da gewesen war. Er begann, die aktuelle Politik des Ziellands auf die Antike herunterzubrechen und fragte mich, ob ich auch den höchsten aktiven Vulkan Europas, der 2013 zum Weltnaturerbe ernannt worden war, und seine vier Gipfelkrater gesehen habe, anstatt einfach nach meinem Ausflug zum Ätna zu fragen. Er warf mit so vielen Details um sich, bis ich mich schließlich fragte, ob ich überhaupt da gewesen war. Erzählte ich ihm, dass ich mit Latschen in der Nähe des Vulkans gestanden und mir einen Ast abgefroren hatte, weil man das nicht hatte wissen können – immerhin hatte ich mich in meinem Sommerurlaub befunden und Vulkane waren eben heiß –, hagelte es den nächsten Klaps.

»Bei 3.000 Metern Höhe, das hält man ja im Kopf nicht aus«, kommentierte er kopfschüttelnd.

Er besitzt Wissen über die aberwitzigsten Themen, kennt die kauzigsten Lieder der britischen Charts, spielte mir morgens *In the Summertime* von Mungo Jerry vor, um mich kurz von meiner Morgenmuffeligkeit zu befreien, und erzählte mir im selben Atemzug von Beethoven und seinem Geburtshaus, sodass ich direkt wieder einschlief. Er doziert aus dem Stehgreif rhetorisch einwandfrei über ein Thema und spricht über Dinge, von denen er keinen blassen Schimmer hat, trotzdem so, als hätte er es.

Fängt mein Vater aber an, mit seinen Händen zu werkeln, bricht dem Rest der Familie der kalte Schweiß aus. Einmal beobachtete ich, wie er jedes Mal, wenn einer von uns in das Schlafzimmer meiner Eltern kam, hastig die Gardine beiseite zog, und er tat es in derselben aggressiven Verlegenheit, die ein kleiner Junge aufbrachte, wenn man ihn fragte, ob er ein Mädchen aus seiner Klasse mochte. Ich wartete damals so lange, bis er zur Arbeit aufbrach und das Zimmer leer war, bis ich den Vorhang lupfte. Ein faustgroßes Loch klaffte an der Stelle der Wand, wo sich normalerweise die Verankerung der Jalousie befand. Augenscheinlich war sie zuvor kaputtgegangen, und er hatte heimlich versucht, sie selbst wieder zu reparieren. Es sah aus, als hätten Einbrecher versucht, an der Stelle die Wand zu sprengen. Ein bisschen erinnerte es mich an einen fehlgeschlagenen Plan der Panzerknackerbande. Es fehlte nur noch, dass man durchs Gemäuer in den Garten blicken und den Nachbarn zuwinken konnte.

Einmal bekamen wir Besuch aus Süddeutschland, also von dem Teil der Familie, der etwas mit seinen Händen anzufangen wusste. Immer wenn wir Zeit mit diesem Teil der Familie verbrachten, passierte es unweigerlich, dass die Männer begannen, sich über handwerkliche Arbeiten auszutauschen. Einer von ihnen warf etwas in den Raum, wonach alle anderen wortlos nickten, das ging reihum, bis das Befürchtete eintrat: Mein Vater fühlte sich, als stünde er unter Zugzwang. Denn wenn mein Vater eines noch weniger konnte als Handwerken, dann war es, zuzugeben, dass er es nicht konnte.

Wir hatten gerade mehrere Tage ereignislos hinter uns bringen können, hatten dem Besuch gezeigt, wie man Granat pulte, was zu einigen Wutausbrüchen der Verwandtschaft, aber keinen unvorhersehbaren Vorfällen geführt hatte, waren durch die Gegend gefahren, hatten Tee ›richtig‹ getrunken, als wir an einem Sonntag kein Holz mehr für den Kamin dahatten. Das Thema war auch so schon brenzlig genug, berichtete die Verwandtschaft stets von ihren kernigen Ausflügen in den dunklen Wald und beschwor das Bild eines echten Mannes herauf, der immerzu eine Axt mit sich trug und eine Menge Holz auf seinen Schultern balancierte. Das hatte in der Vergangenheit schon dazu geführt, dass mein Vater Netz und Etikett vom Holz riss, um den Anschein zu erwecken, das Holz selbst geschlagen zu haben. Ich ging gerade zur Heizung, um am Knauf zu drehen, als meine Schwester mich panisch am Arm packte. Es war genau der Griff am Oberarm, bei dem jedes Kind instinktiv wusste, dass alles, was darauf folgte, schlimm werden würde. Entweder hatten die Eltern einen dabei erwischt, wie man dem Geschwisterteil eins mit der Schaufel überzog, man hatte etwas kaputt gemacht oder stand mit einem Bein auf der Autobahn, jedenfalls war Gefahr in Verzug.

Mit einem »Komm schnell!« eilte sie in die Küche voraus, wo sich bereits meine Mutter, an ihrer Kette fingernd, vor dem Fenster eingefunden hatte. Ich rieb mir den Arm, jammerte und folgte ihrem Blick und sah, warum meine Schwester mich geholt hatte. Diesmal ging es gar nicht um mich. Der Notfall war eingetreten: Mein Vater stand im Garten und hielt eine Axt in der Hand. Wie vom Donner gerührt, fuhr ich mir mit meiner Hand übers Schlüsselbein.

Meine Mutter schlug die Hand vor den Mund. »*Jesses,* Maria und Josef!« Wir befürchteten alle das Schlimmste.

Mein Vater trottete unterdessen quietschvergnügt, die Axt in der einen Hand, das Holzscheit in der anderen Hand, zu einem alten Baumstumpf im Garten. Wir drei hatten schon Szenen im Kopf, in denen er stolperte, auf die Axt fiel und seinen Schädel spaltete.

»Du lieber Himmel«, stammelte meine Mutter, der wohl ähnliche Bilder durch den Kopf gegangen waren.

»Mama, das kannst du ihn doch nicht machen lassen. In zehn Minuten haben wir keinen Papa mehr, wir haben Bifi!«, flüsterte meine Schwester hinter vorgehaltener Hand. Sie blickte über ihre Schulter zum Flur. Würden die anderen mitbekommen, dass wir darüber sprachen, und würde mein Vater wiederum davon Wind bekommen, gäbe es erst recht kein Zurück mehr.

Aufgebracht zupfte sich meine Mutter wieder an der Kette, die um ihren Hals hing. »Aber ihr wisst doch, wie er ist.«

Wir nickten finster. Ja, wir wussten, wie er ist. Das Thema war hoch brisant. Näherte man sich ihm mit einer Prise zu wenig Einfühlungsvermögen, würde er sein Glück den gesamten Tag über herausfordern, indem er ein Scheit nach dem nächsten zerschlug.

Nach kurzer Absprache schmiedeten wir einen Plan. Ich bekam darin als Jüngste die Rolle der Vollstreckerin zugeteilt. Wir hofften, seinem Ego auf diese Weise am wenigsten zuzusetzen. Während die anderen beiden mit bangen Gesichtern drinnen blieben, ging ich nach draußen. Wie zufällig schlenderte ich durch den Garten, die Hände in den Hosentaschen vergraben. Ich versuchte, einen sorglosen Eindruck zu erwecken. Dabei fühlte ich mich wie jemand vom Bundeskriminalamt, der hauptberuflich Bomben entschärfte. Ich sah mich nach einem Ball um und kickte ihn für unseren Hund weg, der bereitwillig mitspielte. Auch er fürchtete um sein Herrchen. Brav wetzte er durch unseren Garten. Mein Herz raste.

»Du, Papa, die anderen warten drinnen. Die wollen was spielen, glaube ich.« Ich zeigte über die Schulter, linste zu ihm herüber und warf noch einen Ball.

Mein Vater strich sich über seinen Schnauzer. Er dachte nach. Gerade als ich dachte, er würde der Finte folgen, sagte er: »Da werden sie sich eben gedulden müssen. Ich möchte jetzt eben Holz hacken.« Dann fügte er auf meinen verzweifelten Blick hinzu: »Und das werde ich ja wohl noch dürfen, immerhin ist das hier auch mein Haus.«

Mit drei Frauen fühlte sich mein armer Vater oft unterdrückt. Er gab alles. Er fuhr uns Mädchen in aller Herrgottsfrühe zu jedem Voltigierturnier und informierte sich sogar über diesen Nischensport, bis er mehr wusste als ich. Er fuhr quer durchs Land, und dort angekommen, feuerte er uns am lautesten von allen an, er brüllte und stampfte in der Reithalle, sodass sich ihm alle anderen Köpfe zuwandten, und sagte danach Sätze wie »Mensch, Kind, du musst dich mal vernünftig wegdrücken beim Absprung«. Aber manchmal half es nichts, in manchen Momenten, da fehlte meinem lieben Vater etwas. Er fühlte sich von uns entmannt und in seiner Ehre gekränkt. »Ja, selbst der Hund ist weiblich«, pflegte er an solchen Tagen zu schimpfen. »Hier wird einem alles vorgeschrieben«, setzte er manchmal nach, gefolgt von einem trotzigen »Man darf hier aber auch nichts mehr! Meine Güte!«, wenn wir unsere Sorgen um etwas äußerten. Er erlebte mit seinen beiden älter werdenden Töchtern die Blüte einer zweiten Pubertät. Und er rebellierte wie einer der ganz Großen.

»Wie betreutes Wohnen ist das hier«, zeterte er auch jetzt los, die fast feminine Schreibtischhand in der Hosentasche vergraben. »Sagt Bescheid, wenn ich euch eine Vorsorgevollmacht ausstellen soll. Ein Irrenhaus ist das hier. Jetzt darf man hier nicht einmal mehr Holz hacken. Euch sticht ja wohl der Hafer.«

Ich setzte gerade an zu einem »Nee, Papa. Darum geht's doch gar nicht«, da sah ich auf einmal das irre Glitzern in seinen Augen, und mein Herz rutschte mir in die Hose. Er blickte zum Fenster und kniff die Augen zusammen. Die Chancen standen 50/50, dass er mit seiner Kurzsichtigkeit die anderen am Fenster stehen sah.

Doch er witterte sie wie ein Tier, witterte, dass wir an seinen Holzfällerkünsten gezweifelt hatten. Ich konnte fast dabei zuschen, wie er einen Entschluss fasste. »Ich lasse mir doch nicht verbieten, in meinem eigenen Garten ein bisschen Holz zu hacken«, sagte, nein, brüllte er in Richtung Haus.

Wir hatten ihn gekränkt. Es war zu spät. Er würde sich beweisen müssen. Jetzt konnte ihn niemand mehr abhalten.

Ich blickte ihn an und dachte noch, wie man so schlau und gleichzeitig so blöd sein konnte, und fand mich in derselben Sekunde in seiner Sturheit wieder. Ich drehte mich mit grimmigem Gesicht zum Fenster und schüttelte den Kopf. Der Plan war fehlgeschlagen. Ich hatte versagt. Rückzug. Ich sackte den Hund ein und sprintete zurück zum Haus. Es mussten nicht gleich wir alle drei beim Holzhacken draufgehen.

Drinnen nahm ich wieder den Platz neben meiner Mutter und meiner Schwester ein. Hinter ihnen hatte sich mittlerweile der Rest der Familie versammelt. »Oje«, sagte einer. Oje, dachten auch wir drei und behielten es loyal für uns. Meine Mutter hielt sich bereits an der Küchentheke fest, meine Schwester zerquetschte meine Hand. Es war wie ein Autounfall. Niemand von uns wollte hinsehen, weggucken konnte aber auch keiner. Draußen hob mein armer Vater die Axt mit seinen zierlichen Armen an. Er blickte zum Haus, wie um zu zeigen, dass er die Hosen anhatte. Dann schnäuzte er sich und probte mehrmals den Weg des Beils durch die Luft und wieder zum Scheit zurück. Ich erwartete fast, dass er noch einen Stift zücken und den Teil, wo die Axt auftreffen sollte, mit einem Punkt markieren würde. Im Haus hätte man derweil eine Stecknadel fallen hören können. »Gleich schläft er stehend freihändig auf einem Fuß ein. Dem könnte man beim Laufen die Schuhe von unten besohlen«, schimpfte meine Mutter auf Schwäbisch. Die Nerven lagen blank.

Da erlöste uns mein Vater endlich und holte zum finalen Schlag aus. Die Axt sauste in die Luft, ein Vogelschrei gellte durch den Winter, meine Mutter, die wimmerte, mein Kopf, der alles in Slow Motion sah und Enyas *Only Time* abspielte, die zusammengezogene Stirn meiner Schwester – da krachte die Axt meines Vaters auf den Baumstumpf und zerschlug das

Scheit. Ungläubig blickten wir uns an. Er hatte es geschafft! Die Ersten von uns jubelten schon, die Schultern meiner Mutter sackten um eine Etage ab, meine Schwester riss die Hände in die Höhe, doch wir hatten uns zu früh gefreut. Das gespaltene Holz prallte von der Wucht des Schlags wieder zurück und traf meinen Vater mitten ins Gesicht. Sein Kopf ruckte nach hinten. »UHHH«, machte jetzt einer von uns. Uhhh, dachten wir anderen drei. »Zefix«, brüllte meine Mutter, und wir zuckten ein zweites Mal zusammen. Mein Vater sackte theatralisch auf seinen Hosenboden.

Jemand räusperte sich. Pietätvoll zogen sich die anderen zurück. Meine Mutter ließ ihre Kette los. Wir stürmten alle drei, den Hund im Schlepptau, in den Garten. Mein Vater rappelte sich auf, den Hund winselnd und sein Gesicht ableckend zwischen den Beinen. Mit einem schwachen »Hach, alles halb so wild, was soll denn der ganze Firlefanz hier« klaubte er sich den Dreck von seiner Jeans, versuchte den Fehlschlag abzutun und zu retten, was zu retten war, scheiterte aber in beeindruckendem Maße. Die Brille hing ihm schief über der Nase, das eine Glas zertrümmert, feine Spinnweben durchzogen die Scheibe, und Holzsplitter überzogen seine mit einem Schweißfilm bedeckte Haut wie Streusel eine Kuchenglasur. Der Bereich um sein linkes Auge verfärbte sich bereits, und der Fleck breitete sich wie ein Feuer aus.

»Das gibt ein rechtes Veilchen«, stellte meine Mutter trocken fest. Sie sollte recht behalten.

Tags drauf saß mein Vater mit finsterem Gesicht am Frühstückstisch. Das Veilchen, das meine Mutter prophezeit hatte, hatte sich über Nacht zu einem Blumenstrauß entfaltet. In der Runde zogen alle eine Grabesmiene, eine bleierne Stille lag über dem Raum. Wollte jemand Aufstrich aus der Nähe meines Vaters, stand er auf und holte ihn sich. Ich nahm gerade meine Tasse Tee in die Hand und einen Schluck daraus, da prustete ich los und spuckte dabei den Inhalt quer über den Tisch. Ich konnte nicht mehr. Das war zu komisch! Wie mein Vater guckte! Und wie alle anderen taten! Als hätte man den Papst in flagranti beim Geschlechtsakt erwischt.

Ich krümmte und bog mich, bis mir die Tränen übers Gesicht liefen. Und wie immer, wenn ich dieses Stadium erreichte, platzte meine Schwester gleich mit. Das letzte Mal, dass wir so gelacht hatten, war am Tisch meiner Großeltern gewesen, als meine Großmutter gefurzt hatte, weil sie es so gewohnt war, dass Opa sie nicht hören konnte, und sich überrascht die Hand vor den Mund geschlagen hatte. Am Mittagstisch hatte ich so geheult vor Lachen, dass ich keinen Bissen mehr herunterbekam. Opas »Was ist denn?« hatte mir an dem Tag den Rest gegeben. Auch jetzt heulten meine Schwester und ich, bis uns die Bäuche wehtaten, wir schrien, bis wir heiser waren, und wir keuchten, als hätten wir eine Atemwegserkrankung.

Die Miene meines Vaters wurde unterdessen immer erboster. Beleidigt zog er eine Schnute und wischte einen unsichtbaren Krümel vom Tisch. »Ihr spinnt ja wohl«, sagte er. »Alle bekloppt.« Doch je länger wir so lachten, desto mehr verzog sich auch sein Gesicht zu einem Grinsen, und da platzten nach und nach alle am Tisch wie die Reifen eines Autos, das über Nägel fuhr. Reihum wurden sich Tränen aus den Augenwinkeln gewischt.

Da sagte meine Mutter urplötzlich inmitten der Hysterie, in die wir uns hineingesteigert hatten, einen Satz, der inmitten der Munterkeit eine Wirkung entfaltete, als hätte sich soeben ein entfernter Verwandtschaftsgrad mit Hitler aufgetan. »Herrje, Detlef. Du musst doch morgen wieder in die Kanzlei!« Sie schlug sich die Hand vor den Mund. Und da wurde es mit einem Mal wieder still.

»Was sollen denn die Leute sagen?«, sprach mein Vater fast mehr zu sich selbst. Er fasste sich bestürzt ans Kinn. Ein Anwalt mit einem solchen Veilchen, das bekam er nicht zusammen. Nicht in einer Kleinstadt wie der unseren. Da würden in Sekundenschnelle die wildesten Gerüchte entstehen. So wie mein Vater aussah, hätten sie ihm eine ausgemachte Schlägerei in der Dorfkneipe angedichtet. Oder eine Affäre, deren Mann sich gerächt hatte. Schulden. Alle am Tisch konnten dabei zusehen, wie diese Optionen durch den Kopf meines Vaters ratterten. Seine Gesichtszüge entgleisten noch mehr als ohnehin schon, sie kollidierten geradezu. Die gesunde Haut verlor jegliche Farbe, was ihn noch grotesker aussehen ließ.

Am folgenden Morgen kleisterten meine Schwester und ich ihm die Stelle um sein Auge herum im Vollbesitz unserer vorpubertären Künste mit einer halben Tube Make-up zu. Dann ging mein Vater wie jeden Tag pünktlich um halb sieben mit hoch erhobenem Haupt, Schnauzer und Aktenkoffer zur Arbeit. Er hätte genauso gut in der Fußgängerzone vor seinem Büro die Tasche aufklappen können, so ohne Weiteres wäre er als Pantomime-Künstler durchgegangen. Wir sahen ihn nie wieder Holz hacken.

DRAMA

Ich starb an einem Mittwoch.

So sehr mein Vater gelegentlich auch murrte: Er liebte es, zwei Töchter zu haben. Jeden Abend las er uns vor, ganz gleich, wie spät er nach Hause kam. Er dachte sich sogar Geschichten für uns aus, bis ihm die Augen zufielen. Seinen ersten Hexenschuss sollte er davontragen, weil er mir und meinem bittenden kleinen Gesicht beim Laufenlernen die Daumen als Gehstützen nicht verwehren konnte. Nichts liebte er so sehr in der Welt wie die eine Sache: uns Kinder aufzuziehen.

Er liebte es, wie sich das Gesicht meiner Schwester spinnwebenartig zusammenzog, wenn ihr dämmerte, dass sie wer veräppelte, oder sie eine Pointe nicht verstand, liebte es, dass sie ein empörtes »Papa!« von sich gab, wenn er es war, der sie hochnahm, er liebte das ernste Professorengesicht, das sie zog, wenn sie verkehrt herum Zeitung las, und ihren Drang, alles ordnen zu wollen, selbst als sie noch viel zu klein dafür war.

Bei mir hingegen tat sich gleich eine ganze Wagenladung an Möglichkeiten auf, um mich zu foppen. Ähnelten meine Schwester und mein Vater sich in vielerlei Hinsicht, gab ich ihm täglich neue Rätsel auf. Wollte meine Schwester schon im Kindergarten eine Uhr, um »nicht zu spät zu kommen«, was er wohlwollend mit einem Nicken quittierte, schlenderte ich fünf Minuten vor Schulbeginn Müsli mampfend im Pyjama in der Küche umher. Schichtete sie sorgsam jeden Abend ihre Kleidung für den nächsten Morgen auf dem Fensterbrett, zog ich alles an, was meine Mutter mir herauslegte, und hinterließ dabei auf dem Badezimmerfußboden eine Kette, bestehend aus Hausschuhen, Schlafanzug und Unterwäsche. Brachte meine Schwester kurz nach unserem Einzug im alten Haus Tante Harms schniefend ein Päckchen Taschentücher zurück, weil es »nicht mehr in unser Haus passt«, hortete ich die willkürlichsten Dinge wie Steine, Elfen aus Ton und Delfine aus Glas. Ich brachte es nicht übers Herz, etwas wegzuschmeißen, das mir jemand gegeben hatte, und war es noch so unnütz. Wäre aus mir ein Messie geworden, jemand, bei dem sich Müll im Zimmer bis zur Decke stapelt, niemanden in der Familie hätte es ernsthaft schockiert. Mutmaßlich hätten alle nur genickt.

Und mein Vater liebte auch das, die Gegensätze zwischen uns Geschwistern, beide ähnlich verschroben, nur eben entgegengesetzt, wie die Pole ein und derselben Batterie. Trotzdem waren unsere Spleens, die wir uns zu eigen machten, nicht der Hauptgrund, weshalb es für ihn ein Fest war, Vater zweier Töchter zu sein. Es kam eine Zeit, in der er herausfinden sollte, womit er mich am schnellsten auf den Gipfel meines zwergenhaften Zorns katapultieren konnte: Jungs.

Für mich brach ein düsteres Kapitel an, mein innerer Winter. Mein Vater hingegen blühte auf wie eine Krokusknospe unter dem ersten Sonnenstrahl. Er, der behauptete, ihm ginge jegliche Art der Kreativität ab, wurde ein Chagall unter den Vätern von Töchtern, so expressiv und blumig triezte er mich. Er dachte sich sogar Verse und Reime aus! Während der Kindergartenzeit sang er am Mittagstisch: »Die Sylvie ging nach

Schweden, da wollt sie was erleben. Da traf sie diesen Sören und wollt ihn gleich betören!« Während meine Augen vor Wut und Scham Tränen wie Wasserspeier spuckten, kicherte er vergnügt und schob sich die nächste Gabel in den Mund.

Und putzte ich mich – zumindest nach meinen Maßstäben – heraus, kam er nicht umhin, meine Zusammenstellung an Klamotten und mein Bestreben zu kommentieren, nach meinem Empfinden gut auszusehen. Ich sah entweder »interessant« oder »abstrakt« und »erfinderisch« aus oder einfach nur »Nun gut«, gefolgt von einem süffisanten Lächeln und dem Streichen seines Daumens und Zeigefingers über seinen Schanuzer – um nur ein paar der unzähligen Aufhänger zu nennen. Auch der Mittwoch, an dem ich sterben sollte, begann auf diese Art und Weise. Es war ein Drama in fünf Akten.

Ich wachte auf und probierte wie jeden Morgen, mich in meinem Körper zurechtzufinden. Gehörten die Arme zu meinem Körper? Konnte ich meine Füße bewegen? Wer war ich noch gleich? Und wo? Vorsichtig wackelte ich mit den Zehenspitzen. Mein müder Blick glitt übers Zimmer, noch durchzogen von lauter Ameisen.

Meine Schwester, längst wach, hörte ich schon die Treppenstufen hinunterspringen, was ich als eine arrogante Zurschaustellung ihres morgendlichen Betätigungsdranges empfand. Ich drückte auf den ratternden Wecker, um die fünf Minuten herauszuholen, die ich später wieder einmal bereuen sollte, der Startschuss des morgendlichen Bühnentheaters, das mein Vater in Ein-Mann-Besetzung uraufführte.

Es stimmte mit einem Orchester an. Das Scheppern des Geschirrs in der Küche, das Knallen des Klodeckels im Erdgeschoss, die Detonation jeder seiner Schritte auf unserer hölzernen Treppe, ja, sein Räuspern und Schnauben ließen mein Innerstes erzittern und sich wie Lava in einem Vulkan zusammenbrauen, doch ich war fest entschlossen, die fünf Minuten herauszuholen. Und so kniff ich meine Augen zusammen, noch nicht bereit, das warme Bett zu verlassen.

Die Rechnung hatte ich nur leider ohne ihn gemacht, der morgens aus dem Bett sprang, als bestünde die Matratze aus Nägeln und der Fußboden vor seinem Bett aus Zuckerwatte. Mein Vater, also völlig unempfindsam gegenüber morgendlicher Lethargie, riss die Tür auf, die daraufhin gegen die Heizung schepperte, und balancierte wie auf Wolken. Doch nicht nur das, er pfiff, er feuerte die Rollläden hoch, knallte die Fenster zu und zwitscherte ein »Guten Morgen, mein Schatz. Mach deine Äuglein auf!«, und ich stand kurz vor meinem ersten morgendlichen Zusammenbruch. Er war wie aus einem Disney-Film, in dem die Prinzessin mit einem Lächeln auf den Lippen bei Vogelgezwitscher durch ihre Kammer tanzte. Zum Kotzen.

»Raus!«, schluchzte ich und warf ein Kopfkissen nach ihm, und er zog lachend davon. Der erste Akt neigte sich dem Ende zu, der Schauspieler verzog sich hinter die Bühne, das Publikum, das aus mir bestand, tobte.

Ich schlug die Bettdecke gezwungenermaßen zurück, warf mir das Nächstbeste über und schlurfte nach unten, jeder Schritt auf dem kalten Fußboden wie ein Tritt durchs eiskalte Sibirien, rieb mir den Schlaf aus den Augen und stemmte mich mit ganzem Gewicht auf die Türklinke zur Küche, die mit einem Ächzen nachgab, das sofort Verbundenheit in mir auslöste. Mein Vater, dem jetzt doch in sein Bewusstsein drang, auf welch schmalem

Grat er sich befand, schob mir Brot und Aufschnitt kommentarlos zu, bevor er die dampfende Teekanne holte, meinen Hoffnungsschimmer am morgendlichen Horizont. Ich klammerte mich an meine Tasse wie eine Ertrinkende an ihren Rettungsring, die Finger verkrampft, der Blick ermattet.

Da schloss sich das kleine Fenster, das mir kurzzeitig einen Lichtblick versprach, und der zweite Akt brach an. Denn mein Vater blickte von seiner morgendlichen Lokalzeitung hoch und strich sich diebisch über seinen Schnäuzer.

»Ich wusste gar nicht, dass du heute nicht zur Schule gehst.« Unschuldig leckte er sich den Zeigefinger, bevor er die Seite berührte und schwungvoll umblätterte.

Ich starrte mit zusammengekniffenen Augen argwöhnisch zurück und machte mich bereit für die nächste Attacke, die nicht lange auf sich warten ließ.

»Na, wo du doch offensichtlich putzen gehst.« Da ruckelten seine Schultern vor unterdrücktem Lachen wie die Sitze eines alten Schulbusses.

Ich pfefferte zunächst das Brot zurück auf den Teller, blickte auf die Latzhose, die ich trug, und pfriemelte das geblümte Tuch zurecht, mit dem ich meine Haare zurückgebunden hatte und mit dem ich mich wie Frida Kahlo fühlte. »Spricht der, der Socken in den Sandalen anzieht.« Ich funkelte ihn an. Dann sprang ich auf und ging in den Flur, hörte es aber Rascheln, als er die Zeitung beiseitelegte.

»Wie noch mal willst du zur Schule kommen? Deine Schwester ist längst weg, du zu spät dran, und ich bin der mit dem Auto.« Vergnügtes Kichern.

Ich steckte meinen Kopf zur Küchentür herein, die Augen zu schmalen Schlitzen verengt, jetzt war ich wach. »Ist das dein Ernst? Du nutzt das Patriarchat aus? Bist du jetzt der Herr im Hause, der sich mit seiner dicken Karre profilieren muss? Du rühmst dich mit den Federn jahrhundertelanger Unterdrückung? Als Vater zweier Töchter?«

Ungläubig schaute er mich an. Ein Krümel fiel ihm aus dem Bart. Da seufzte er nur, winkte mich aus der Küche und sprach mehr zu sich selbst als zu mir: »Jetzt muss ich mir schon morgens um halb acht Vorträge über Diskriminierung anhören. Dabei darf die noch nicht mal Auto fahren. Beeil dich!«

Jetzt kicherte ich, der zweite Akt war der meine und vollbracht.

Der dritte Akt. Fünf Minuten später saß ich im Auto, nicht gut gelaunt, aber vom ersten Tief erholt. Ich drehte meine alte Kelly-Clarkson-CD auf, ich wusste, das würde ihn auf die Palme bringen, mein Vater ärgerte sich prompt. »Die alte Nappsülze schon wieder.« Womöglich würde es doch ein guter Morgen werden.

Nach unserem Fluss-Straßen-Viertel bog er auf die Hauptstraße, den einzigen Ort der Stadt, an dem es sich aufgrund einer vollkommen irren Straßenführung, die von Bahnschienen auch noch in der Mitte zerteilt wurde, immerzu staute. Hinter den Schienen lagen zwei Gymnasien und eine berufsbildende Schule, was das Autofahren in der Stadt nicht gerade erleichterte, zumal die eine Unterführung, die es unter den Gleisen für die Radfahrer gab, die Elbphilharmonie Ostfrieslands war: ewig im Bau begriffen und Steuergelder verschlingend. Das führte dazu, dass sich vor geschlossenen Bahnschienen Schüler sammelten wie Wasser vor einem Staudamm.

Wir näherten uns dem Dreh- und Angelkreuz Leers, der einzigen großen Kreuzung der Stadt, als links und rechts

Schüler auf ihren Hollandrädern an uns vorbeizogen. Ich hatte nie verstanden, wer einmal auf die Idee gekommen war, gerade diese Modelle in der Region einzuführen, wo man doch auf diesen Exemplaren mit den geschwungenen Lenkern und dem hohen Sitz maximalen Windwiderstand erzeugte, was aus offensichtlichen Gründen in Ostfriesland maximal ungünstig war. Ich sah, wie die rotwangigen Gesichter links und rechts an uns vorbeistrampelten; hier gab es kein Rechtsfahrgebot mehr.

Nach ein paar Minuten einvernehmlichem Schweigen spürte ich, wie die Luft um mich herum ihre Konsistenz veränderte, wie sie flimmerte und sich ein Sturm im Inneren des Wagens zusammenbraute. Vor uns schlossen sich die Schranken. Da wusste ich mit einem Mal, was es war, was mich hatte unruhig werden lassen. Mein Vater schwieg nicht, er hatte Jungs entdeckt, die mit mir in eine Klasse gingen. Das war nicht schwer, immerhin befanden wir uns in Leer, eigentlich kannte man jeden Einzelnen im Sattel, aber dass er gerade diesen einen Jungen ausfindig gemacht hatte, konnte nur eines bedeuten. Ich sah rot. Der Zug sauste heran. Das würde ein Kampf auf Leben und Tod. Reflexartig machte ich mich in meinem Sitz klein, sehenden Auges ins Verderben sinkend.

Mein Vater drehte unterdessen die Kelly-Clarkson-CD auf und ließ seelenruhig das Fenster herunter. Ich fasste mir ans Herz, spürte, wie der Infarkt sich anbahnte. Ich war doch viel zu jung, um zu sterben. Er trommelte unterdessen im Takt der Musik gegen die Autotür, den Kopf schlaganfallgleich wippend zu *Walk Away.* Ich sah, wie sich uns die ersten Köpfe zuwandten.

»Meine Töchter und ihren Musik-Geschmack unterstütze ich immer gern«, sagte er zu mir gewandt.

Ich dachte schon, das wäre es, die Peripetie unseres morgendlichen Dramas, der dritte Akt. Doch mein Vater wäre nicht mein Vater, würde er nicht noch eine Schippe drauflegen. Es sollte erst der Auftakt sein. Er hatte den Jungen entdeckt, mit dem er mich in der Grundschule so aufgezogen hatte, bis ich wie Obelix im Comic mittags bei Tisch einen karmesinroten Kopf bekam. »Nein«, flüsterte ich noch. Und noch einmal »Nein!«, aber es passierte trotzdem.

Ich sah, wie mein Vater mit seiner Hand ausholte, zum epischen letzten Matchball, als wäre er Boris Becker in Wimbledon. Feixend sah er noch einmal zu mir herüber, Kelly Clarkson brüllte sich währenddessen die Seele aus dem Leib, da glitt der dritte nahtlos in den vierten Akt über: Ich warf mich auf meinen Vater, fest entschlossen, ihn von dem abzuhalten, was er versuchen würde, doch mein Gurt riss mich im allerletzten Moment wieder zurück in meinen Sitz. Es war zu spät. Meine Augen weiteten sich. Da ertönte unsere Hupe vor den Schranken, als führe mein Vater keinen Honda, sondern einen Blauwal, und synchron erschreckten sich Dutzende von Schülern um uns herum, einer fiel sogar vom Rad, ich traute mich nicht zu schauen, wen es erwischt hatte, wusste aber eines mit Sicherheit: ALLE guckten zu uns herüber. Passend dazu schoss die Blauwal-Fontäne los, heiße Tränen der Wut schossen mir in die Augen, während sie bei meinem Vater vor Freude kullerten.

»Papa«, sagte ich. »Du bist SO peinlich.« Der vierte Akt neigte sich zusammen mit mir und meinem Dasein dem Ende entgegen.

Da war sie: die Katastrophe. Alle glotzten wie Kühe am Wegesrand. Ich schwitzte am gesamten Körper, dunkle Ränder hingen unter meinen Achseln und zwischen meinen noch nicht ganz vorhandenen Brüsten. Die Schranken waren noch verschlossen. Der Moment dehnte sich ins Unerträgliche aus. Und der Junge, den ich mochte, schaute unseren Honda wie ein Ufo an, mit mir und meinem Vater als Alien-Insassen. Schlimmer wäre nur noch ein Furz durch ein Megafon gewesen. Ich würde nie geküsst werden, ich würde nie heiraten, ich würde keine Kinder bekommen. Das war's. Mein Leben, vorbei. Ich siechte an einem Mittwoch in voller Schmach dahin.

Da öffneten sich die Schranken, und kurz bevor sie sich anhoben, um die emsigen Bienen hindurchzulassen, schnallte ich mich ab, und mein Vater stutzte. Für einen kurzen Moment hatte es ihm die Sprache verschlagen. Dann nahm ich meinen 4You-Schulranzen und stieg aus, so würdevoll wie möglich.

»Sag mir Bescheid, wohin ich die Adoptionspapiere schicken muss. Das war Kindesmisshandlung, sozialer Mord.« Ich knallte die Wagentür so fest zu, wie ich konnte.

Er besaß wirklich die Frechheit, noch einmal zu lachen. Ich war schon ein paar Meter weiter, stapfte meinen Wutmarsch, den Blick auf den Boden geheftet, um ja niemanden ansehen zu müssen, da ließ mein Vater neben mir noch einmal das Fenster zu meiner Seite herunter. Ich dachte noch, dass sich erste Reue breitmachte.

»Aber wo willst du denn jetzt hin? Du hast was vergessen.«

Ich blickte nun doch zu ihm hoch.

»Na, deinen Feudel zum Putzen.«

Ich hörte, wie zwei Radfahrer neben mir lachten. Ich schnaufte. »Du mich auch!«

Da merkte er wohl, dass er es übertrieben hatte und schob hinterher: »Steig doch wieder ein, Schatz, hab dich doch jetzt nicht so!«

Ich ging weiter. Da fiel mir plötzlich das Einzige ein, womit ich ihm den Brei verderben würde. Ich drehte mich noch einmal zu ihm, zeigte grinsend die Zahnlücke zwischen meinen Schneidezähnen, die sich erst Jahre später schließen sollte, und sagte den Satz, bei dem mein Vater jedes Mal eine Gänsehaut bekam: »DAS erzähl ich Mama.«

Und meinem Vater kippte wie auf Bestellung die Kinnlade herunter. Ich hörte noch sein flehendes »Das kannst du nicht machen! War doch alles nur Spaß, Kind«, aber ich drehte mich wieder um. Ich konnte und ich würde. Das hätte er sich vorher überlegen sollen. Spätestens nach der Sache mit der Fensterkurbel. Davor hätte ich vielleicht noch mit mir reden lassen. Ich hörte, wie hinter mir Kelly Clarksons *Since you been gone* lief.

Ich vergrub die Hände in meinen Hosentaschen. Denn noch hatte ich nicht das Alter erreicht, in dem nicht einmal ein Centstück zwischen Hose und Haut passte. Die letzten Meter meines Schulweges verbrachte ich pfeifend. Sozialer Tod hin oder her. Hinter mir schlossen sich die Schranken, der Vorhang war gefallen.

TEIL II

»Als nun Mose seine Hand über das Meer reckte,
ließ es der HERR zurückweichen durch einen
starken Ostwind die ganze Nacht und machte das
Meer trocken und die Wasser teilten sich.
Und die Israeliten gingen hinein mitten ins Meer
auf dem Trockenen, und das Wasser war ihnen
eine Mauer zur Rechten und zur Linken.
Und die Ägypter folgten und zogen hinein ihnen
nach, alle Rosse des Pharao, seine Wagen und
Männer, mitten ins Meer.«

2. Buch Mose (Exodus), Kapitel 14, Vers 21–23

MOSE

Im selben Sommer fuhren wir wie jedes Jahr nach Italien. Bis auf die Nadelöhre, die wir auf dem Weg zur Alb umschifften, fuhren wir viel geradeaus, vorbei an Raststätten, die dafür gemacht waren, sie schnell wieder zu verlassen, durch Tunnel, deren Stützen das Licht darin in Gitter verwandelten, Felder entlang, deren Fell sich unter der Sommerhitze sandfarben getönt hatte.

Das Wetter an der Lagune Venedigs kam mir vor wie eine Münze. Irgendwer warf sie in die Höhe, und je nachdem, auf welcher Seite sie aufkam, so war das Wetter an dem Tag. Es kannte nur zwei Seiten. Entweder knallte die Sonne erbarmungslos herunter, verbrannte Felder und Farben, oder die Sintflut brach herein. Ich liebte die Sonnentage in unserem jährlichen Urlaub. Die Tage, an denen sich alle langsamer zu bewegen schienen und sogar der Sand in der Uhr langsamer rieselte. Die Regentage aber liebte ich fast noch ein wenig mehr. Sie erinnerten mich an Zuhause. Während die sonnigen Tage meist träge ineinander übergingen wie die Fäden eines Teppichs, bei dem irgendwann niemand mehr Anfang und Ende unterscheiden kann, waren die regnerischen Tage für uns Kinder ein Abenteuer und stachen wie die Sterne am Himmel zwischen den Nadelhölzern hervor.

Die Regentage sorgten auch dafür, dass mein Vater nachts um drei Uhr fluchend aus seinem Feldbett sprang, Brille und Hose hervorkramte, um mit einer Schaufel einen Graben um unser Zelt zu buddeln. Das war natürlich lustig mit anzusehen. Meine Schwester und ich halfen ihm manchmal, oder zumindest taten wir so, was ein Luxus der Kindheit war, in der wir soeben noch steckten, da offensichtlich war, dass wir gar keine Hilfe waren. Doch wirklich effektiv war keiner von uns. Meist vertrauten wir darauf, dass irgendwer von der Rezeption vor unserem Zelt auftauchte und uns aushalf.

Unser Zelt kam mir in solchen Nächten wie ein kleines Schloss vor, das dem Regen trotzte, umgeben von dem schmalen Burggraben. Es goss in Strömen, und die Tropfen, die fielen, waren gar keine, sie waren gesponnenes Silber unbekannter Herkunft. Die Stunden, die wir zuvor noch in der Sonne verbracht hatten, kamen mir dann oft unwirklich vor.

Mein Vater blies an solchen Tagen Trübsal. »Dafür bin ich nicht in den Urlaub gefahren, da hätten wir zu Hause bleiben können.«

Doch mir machte der Regen nicht viel aus. Ich mochte, wie er alles veränderte, verdunkelte, bewegte, als hätte man noch nie richtig hingesehen. Manchmal schloss ich die Augen und hörte dem Regen zu, wie er mit seinen Fingern aufs Zeltdach trommelte. Dann fühlte ich mich fast so, als läge ich in meinem Zimmer in Ostfriesland. Das Geräusch ähnelte dem, das der Regen machte, wenn er nachts an mein Dachfenster klopfte.

Wenn es auch tagsüber schlimm regnete, blieben wir im Zelt und spielten mit unserem griesgrämigen Vater Karten unter der knackenden Plane, die sich wie eine voll beladene

Schürze dem Gewicht des Wassers beugte, aßen Kekse und tranken Tee. Es fühlte sich so an, als hätten wir uns eine Höhle mitten in der Welt gebaut. Solche Tage rochen nach feuchter Erde und Gras, nach Petrichor, dem Geruch von beidem, nach Ostfriesland. Ließ der Regen ein wenig nach und war die Sonne noch zaghaft, unternahmen wir Ausflüge, für die es sonst zu heiß war und die mein Vater, wäre es nach ihm gegangen, für jeden Tag geplant hätte, hätten wir anderen nicht so vehement protestiert.

An einem solchen Tag fuhren wir mit der Fähre hinüber nach Venedig. Unser Campingplatz lag direkt an der Lagune, die Überfahrt dauerte nur eine Stunde. Trotzdem waren wir aufgebrochen, als sich die Nacht gerade erst zurückgezogen hatte und der Himmel noch wie ein Bildschirm aussah, der seine Leuchtkraft verloren hatte.

Mein Vater brach immer überpünktlich auf, während meine Mutter dazu tendierte, sich katastrophal zu verspäten, weshalb bei Aufbruch immer einer von beiden schlechte Laune hatte. Das lag daran, dass die Sache mit dem Rauchen ein generationsübergreifender Konflikt war, meine Mutter hatte ihn einfach aus dem Elternhaus mitgenommen. Vor Familienfesten saß mein Vater schon mal eine Stunde zu früh im Auto und wartete störrisch darauf, dass meine Mutter zu spät auftauchen würde. Er tippte dabei mit den Fingerspitzen auf dem Lenkrad und starrte unentwegt, flexibel wie ein Amboss, auf unsere Haustür. Unsere Mutter hingegen hatte die Ruhe weg, zumindest bis sie das Gesicht meines Vaters sah. Sie tauchte, natürlich, zu spät und mit wehenden Fahnen in der Tür auf und behauptete, sie hätte den Hund noch rauslassen oder alle Fenster noch einmal kontrollieren müssen, dabei hätten

Außerirdische die Rauschschwaden in unserem Garten vom All aus sehen können.

Heute hatte es jedoch meine Mutter erwischt, und wir brachen viel zu früh auf. Weder die Fenster noch der Hund hatten im Zelturlaub als Ausrede herhalten können, und so hatte sie keinen Grund, heimlich eine Zigarette zu rauchen. Missgelaunt schwieg sie die meiste Zeit oder starrte verkniffen durch die Gegend. Mein Vater saß hingegen frohlockend bei aufgedrehtem Radio am Steuer und summte mit. Wir erreichten den Anleger bei Regen, und zwar so früh, dass noch nicht einmal die Überfahrten begonnen hatten. Es war Nebensaison, und wir waren die einzigen vier weit und breit. Meine Schwester kickte Steine weg, meine Mutter rauchte wie ein Wasserkessel.

Doch nicht einmal der Morgen konnte Venedig vermiesen. Wir waren schon häufiger dagewesen, aber noch nie war es so schön wie an diesem Tag. Als wir ankamen, waren kaum andere Touristen dort. Der Sommer war dabei, sich zurückzuziehen, das Wetter launiger, die Straßen und Kanäle verlassener. Wir hatten Zeit, uns wirklich umzusehen, und wurden nicht von den Massen in irgendeine Richtung gedrückt. Die riesigen Kreuzfahrtschiffe, die sonst hielten, legten zu dieser Zeit im Jahr nicht mehr so häufig an, vor allem nicht an einem Tag wie diesem. Alles spiegelte sich, die Stadt war wie ein wandelndes Kabinett. Auch die Umrisse des Dogenpalastes zeichneten sich in dem Wasser ab, das sich vor seinen Säulen versammelt hatte und das Gebäude noch imposanter wirken ließ. Ich strich mit meinen Gummistiefeln durch die Pfützen am Boden und sah, wie die Silhouetten der Stadt sich verschoben, als gäbe es eine zweite Stadt, die dahinterläge, bevor das Bild wieder einfror.

Wir liefen über den Markusplatz, auf dem so viele Tauben saßen, wie ich sie sonst nie sah, und gerade als wir den Dogenpalast betreten wollten, den wir die vorigen Male ob der Masse an Touristen gemieden hatten, drehte sich ein Mann um, der vor uns hatte eintreten wollen, und schüttelte den Kopf. Er hatte uns als Deutsche erkannt, vielleicht an der Socken-Sandalen-Kombination, die mein Vater so selbstbewusst trug wie Models Latschen aus Plastik auf Pariser Laufstegen und die sonst eigentlich nur Leute im Garten anhatten.

»Das wird heute nichts. Der Dogenpalast steht mal wieder unter Wasser«, sagte der Mann. Dann verschwand er mit seinem Cape wieder im Regen.

Meine Mutter verdrehte die Augen, um noch einmal zu verdeutlichen, wie unnütz der frühzeitige Aufbruch gewesen war. Vermutlich sehnte sie noch immer ihr kleines Feldbett herbei.

Mein Vater schaute enttäuscht drein. »Tja, das wird wohl heute wieder nichts.« Er vergrub die Hände in den Hosentaschen.

Dass wir den Palast an dem Tag nicht besichtigen konnten, machte mir persönlich nicht viel aus. Ich fühlte mich, als wäre ich darin aufgewachsen. Auf der Fähre hatte mein Vater bereits jedes noch so kleine Detail abgespult, das es zu erwähnen gab, von der »beeindruckenden Architektur«, der »massiven Statik« bis hin zur Rolle des Palasts als Justizorgan im 9. Jahrhundert, was wohl der Hauptgrund dafür war, dass mein Vater in einer solchen Leidenschaft über das Thema referierte und sich an jede Kleinigkeit erinnerte. Als ich bei dem kleinen Aufprall, mit dem die Fähre bei unserer Ankunft am Steg andockte, wach geworden war, hatte ich mich orientierungslos umgeblickt. Mein Vater hatte unterdessen noch immer gesprochen und meine Schwester ihn mit Fragen gelöchert. An manchen Tagen waren die beiden mir ein Rätsel.

Nachdem wir den Markusplatz vor dem Palast hinter uns gelassen hatten, schlenderten wir durch die Gassen, die nicht überflutet waren, aßen in einem Café Tramezzini, die dreieckigen Weißbrot-Sandwiches, die einem außerhalb Italiens vermutlich niemals schmeckten, und flanierten ein wenig weiter, bis wir schließlich trotz Gummistiefeln kalte Füße bekamen und uns auf den Rückweg machten.

Als wir wieder auf der Fähre waren, ließ der Regen mit einem Mal nach. Der marmorne Himmel bekam Risse, als hätte wer mit einem überdimensional großen Hammer auf die Platte geschlagen. Ich stupste meinen Vater an und versuchte, an meiner Kapuze vorbeizusehen. Eine Sache interessierte mich doch.

»Du, Papa? Sag mal, steht der Dogenpalast denn eigentlich häufiger unter Wasser? Das klang vorhin so.«

Mein Vater wandte sich mir zu, lächelte, weil ich mit meiner Kapuze offenbar nicht ganz so schlau aussah, und runzelte die Stirn. Das war etwas, das er immer tat, wenn er nachdachte. Dann erschienen zwei senkrechte und eine waagerechte Falte zwischen seinen buschigen Augenbrauen, fast so, als bräuchten seine Gedanken etwas, auf das sie sich stützen konnten. »Ja, das tut er. Leider. Ganz Venedig hat aufgrund der exponierten Lage häufig mit Sturmfluten zu kämpfen, weil es auf Pfählen erbaut wurde. Jedes Jahr gibt es in den Wintermonaten die sogenannte *Acqua alta*, italienisch für Hochwasser, die durch Niederschlag, Regen, Wind und den Tidenhub entsteht. So etwas ist bei einer geschichtsträchtigen Stadt wie Venedig natürlich katastrophal: Das Salz des Meerwassers frisst sich durch Fresken und Malereien wie kleine Termiten sich durchs Holz.«

»Tidenhub?«, fragte ich nur mit unbewegter Miene.

»Der Unterschied zwischen Flut und Ebbe, das kennst du doch auch von der Nordsee, *Dussel.*«

»Ach ja«, sagte ich. »Stimmt. Zum Glück steht Leer nicht auf Pfählen.« Dann drehte ich mich wieder zum Wasser und blickte übers Meer, das vereinzelt kleine weiße Kronen aufwarf.

Den Rest der Fahrt verbrachten wir schweigend und blickten über die Wellen, während die ersten Sonnenstrahlen durch die Wolkendecke fielen. Die Regentage waren vorbei, die Sonne begann wieder auf der Haut zu brennen.

Ein paar Tage nach unserem Ausflug nach Venedig spazierten wir an einer Uferpromenade entlang. Der Tag im Regen war vergessen, die Sonne mit all ihrer Wucht zurückgekehrt. Gerade als ich mich fragte, wie ich die faustgroße Eiskugel in meiner Hand bewältigen sollte, ohne auch noch meine Hose einzusauen, kamen wir an einem Schild vorbei, das an der Kaimauer aufgestellt worden war. Wir machten, was wir immer taten, wenn ein Schild kam. Wir hielten an. In meiner Familie lasen wir Müslipackungen am Frühstückstisch, Speisekarten, Straßenschilder, Lastwagenaufschriften und generell alles, was uns unter die Augen kam. Das Meer schnalzte zu unseren Füßen gegen die Steine, während wir auf die Tafel starrten.

Auf dem Schild stand in Großbuchstaben ›MO.S.E.‹ geschrieben. Darunter befanden sich Bilder der Lagune und Bauzeichnungen, die ich nicht so richtig verstand. Ich schirmte mein Gesicht mit meiner Hand gegen die untergehende Sonne ab, um besser sehen zu können. MO.S.E. stand offenbar für *Modulo Sperimentale Elettromeccanico,* was darunter aufgeführt war. So viel verstand ich immerhin.

»Ein Sturmflutsperrwerk«, murmelte mein Vater, der im selben Zug wieder einmal betonte, wie viel ihm sein Latein in der Schule gebracht hatte, ein Seitenhieb auf meine Schwester und mich, die wir Französisch gewählt hatten.

Parallel rollten unsere Augäpfel nach hinten.

»Es soll gegen das Hochwasser helfen. Was ein Wahnsinnsprojekt, das wird die Steuerzahler Milliarden kosten«, äußerte er seine erste Befürchtung, die vermutlich jeder Deutsche teilen würde. Mein Vater schüttelte den Kopf und fügte an mich gewandt hinzu:»Weißt du noch, als vor ein paar Tagen in Venedig das Wasser so hoch stand?«

Ich nickte.

Wieder gruben sich Denkfalten zwischen seine Brauen. Er zeigte auf das Schild. »Das Sperrwerk soll dagegen helfen. Es soll sich gegen die Fluten stemmen, die in den Wintermonaten die Stadt unter sich begraben. Mittlerweile kommt die ursprüngliche Bauweise nicht mehr gegen die *Acque alte* an.«

Jetzt war ich es, die die Stirn runzelte. »Warum ist das so?«

»Na, weil der Meeresspiegel steigt, das Klima verändert sich, und die Stadt ist nicht darauf ausgerichtet, nicht für solche Wasserstände gebaut.«

Das hörte ich zum ersten Mal, dass das Wasser im Meer anstieg. Ich fragte mich, wo es herkam. »Wenn Venedig so oft überflutet wird und es so schwierig ist, da zu leben, und wenn es so teuer ist, das alles zu erhalten, warum wohnen die Leute überhaupt noch da?«

Da hielt mein Vater kurz inne. »Na, weil es ihre Heimat ist. Würdest du aus Ostfriesland wegziehen, wenn es Maßnahmen gäbe, die es erhalten können?«

Ich überlegte und schüttelte den Kopf. Das verstand ich. Ich würde auch nicht wollen, dass mein Zuhause verschwindet.

»So was gibt es bei uns in Ostfriesland übrigens auch, weißt du. Vorrichtungen, die das Wasser regulieren, um uns vor Hochwasser zu schützen. Denk nur mal an die vielen Deiche, die unzähligen Siele und Kanäle, die Ostfriesland zerteilen. Ostfriesland ist wie eine riesige Badewanne, bei der wir regelmäßig den Stöpsel ziehen müssen, damit sie nicht vollläuft. Das Land, auf dem die Ostfriesen leben, war ursprünglich auch nicht darauf ausgerichtet, dass wir dort leben können. Denk nur mal an die vielen Orte, die auf -fehn und -moor enden: Unsere Region besteht überwiegend aus Feuchtgebieten. Ohne die Deiche würden die Fluten der Nordsee das ohnehin schon feuchte Land zweimal täglich überspülen.« Mein Vater musterte mich. »Sag mal, was dachtest du denn eigentlich, warum es die Deiche bei uns gibt?«

Darüber hatte ich noch nie wirklich nachgedacht, die Wassersysteme waren einfach da, die Gräben, um darüber zu springen, die weißen Klappbrücken, um hübsch auszusehen. Ich fragte meinen Vater, wie genau das alles funktioniere. Er sagte etwas davon, dass vieles längst elektronisch ablaufe und nicht mehr manuell, wie ausgeklügelt das alles mittlerweile sei, aber ich hörte ihm nicht mehr richtig zu. Was war, wenn der Meeresspiegel auch bei uns anstieg? Während mein Vater sprach, schaute ich aufs Wasser, um mich zu konzentrieren. Dabei hatte das Eis in meiner Hand zu tropfen begonnen. Als ich hinunterschaute, sah ich, dass es zerlaufen war, und spürte, wie meine Finger bereits klebten. Ich hatte nicht einmal bemerkt, wie es geschmolzen war.

Es war einer unserer letzten Besuche an der Lagune Venedigs und einer unserer letzten Familienurlaube überhaupt. Die Folgejahre verbrachten wir unseren Urlaub anderswo. Meine Schwester und ich waren urplötzlich von einem Sommer auf den nächsten dem Modell Familienurlaub entwachsen. Zusammen mit den Klamotten des vorherigen Sommers hatten wir unsere Leidenschaft für den gemeinsamen Campingurlaub auf engem Raum abgestreift. Die Nähe, die wir zuvor kaum wahrgenommen hatten, war uns jetzt zu viel geworden, wir waren zu viel gewachsen für ein Zelt zwischen Pinien und Sand.

Einige Jahre später sah ich meinen Vater bei einer Tasse Tee die Zeitung am Küchentisch in Ostfriesland aufschlagen. »Die Italiener«, murmelte er vor sich hin. »Blanker Irrsinn.«

Ich blickte über seine Schulter und erspähte das Foto eines Kreuzfahrtschiffes. Für unser lokales Blatt eigentlich nicht ungewöhnlich, war doch einer der größten Schiffbauer in der Nähe ansässig. Nur was die Italiener damit zu tun haben sollten, erschloss sich mir nicht, und so schnappte ich mir die Zeitung, sobald mein Vater sie weggelegt hatte. Das Projekt, um das es ging, war ein ›Mammutprojekt‹, entnahm ich der Unterzeile. Ich stutzte, als ich die Buchstaben ›MO.S.E.‹ wiederentdeckte und die Bilder vergangener Urlaube an der Adria in mir aufstiegen.

Ich las weiter. 1984 in Auftrag gegeben, sollte das Sperrwerk 1995 in Betrieb genommen werden. Vorbild waren Sperrwerke in Rotterdam und London, stand in der Zeitung geschrieben. Ende 2021 hätte MO.S.E. einsatzbereit sein und etwas mehr als sechs Milliarden Euro kosten sollen. Parallel seien Fahrrinnen vor der Stadt noch tiefer ausgehoben worden, um Kreuzfahrtschiffen einen leichteren Zugang zur Stadt zu gewähren. ›Bizarr‹, kommentierte der Redakteur, dessen Gesicht mir ernst über dem Kommentar entgegenblickte. Seitdem überschwemme noch mehr Wasser die ohnehin schon fast verschwindende Lagunenstadt, als schaufele man sich sein eigenes Grab, schloss der Mann mit dem ernsten Gesicht. Venedig werde womöglich ein Atlantis, eine durch eine Naturkatastrophe im Meer versunkene Stadt nach einem Mythos irgendeines griechischen Philosophen.

Dann streiften meine Augen einen Infokasten, wobei sie bei einem Detail hängenblieben. Der Name des Projekts, MO.S.E., sei nicht nur eine Abkürzung, ein Akronym, es stehe metaphorisch für etwas anderes: Es leite sich von Mosè ab, dem italienischen Wort für den Propheten Mose. Ich erinnerte mich an meinen katholischen Kindergarten zurück, dem vermutlich einzigen Ostfrieslands, und an die Nonnen, die uns mit schwarzweißen Hauben regelmäßig aus der Bibel vorlasen. Ich erinnerte mich daran, wie uns eine Schwester, deren Gesichtszüge durch ihre Alterslinien nachgezeichnet waren, von Mose erzählt hatte. In der Bibel stand, dass er das Rote Meer nach dem Auszug aus Ägypten teilte. Als die Israeliten aus Ägypten der Sklaverei zu entfliehen und sich zu befreien versuchten, teilte Mose mit Gottes Hilfe das Meer und verhalf ihnen zur Flucht.

Nun stand in der Zeitung, 2021 hätten 79 Fluttore in Italien ihre Arme ausbreiten und dabei das Meer teilen sollen, um Venedig vor den Fluten zu schützen, genau wie Mose es in der Bibel tat. Ich erinnerte mich an meinen Vater im Urlaub zurück, wie er vor dem riesigen Schild gestanden war und »gewaltig« gemurmelt hatte, und an unseren Pastor, mit dem wir im Konfirmandenunterricht immer Bibelabschnitte hatten lesen müssen. Meine Augen erfassten die letzten Zeilen des Berichts: ›Umweltschützer sind schon jetzt davon überzeugt, dass die Anlage zu niedrig konzipiert worden ist.‹ Sie haben sich verkalkuliert, stand dort geschrieben. Sie haben den Anstieg des Meeresspiegels unterschätzt. Nun wolle man die Tore erhöhen, um dem Kreuzfahrtschifftourismus weiterhin Zugang gewähren zu können.

»Wahnsinn«, sagte auch mein Vater.

Ja, dachte ich und erinnerte mich daran, wie ich mich gefühlt hatte, als ich zum ersten Mal begriff, dass wir Ostfriesen dieses Land über Jahrhunderte dem Meer abgetrotzt hatten, dass wir diese eine Sache mit den Venezianern gemein hatten. Ich sah die Lagune vor meinem inneren Auge, Venedig auf ihren Stelzen, die Kreuzfahrtschiffe, und ich sah die Nordsee und die riesigen Pötte des hiesigen Herstellers, wenn sie vorbei an unseren Deichen aufs Meer gebracht wurden. Ich legte die Zeitung beiseite und begriff, dass Wasser nicht nur gefährlich war, wenn man in ihm schwamm.

GRÄBEN

Unser Gedächtnis merkt sich Gerüche genauso gut wie Marmeladenglasmomente. Das kommt, weil Gerüche ebenso starke Gefühle in uns auslösen können, wie wichtige Situationen es tun. Unsere Nase ist quasi über eine Schnellstraße an unsere Emotionen gekoppelt. Wenn der Reiz wie ein Auto über unsere innere Straße zu den Emotionen saust, sortieren wir die Gerüche in unserem inneren Regal sorgsam in zwei Fächer ein: In der einen Schachtel landen die positiven – in der anderen Schachtel die negativen Erinnerungen.

Deshalb erinnern wir uns auch so gut an die Dinge, die wir aßen oder tranken, bevor wir uns übergeben mussten. Eigentlich ist das ziemlich nützlich. Wir empfinden Ekel, weil die Gerüche an ein negatives Ereignis gekoppelt sind, das wir in Zukunft vermeiden wollen. Doch nicht nur negative Riecherlebnisse heben wir in unserem inneren Speicher auf. Auch positive Erinnerungen können mit Gerüchen verknüpft sein. Ein gutes Beispiel ist der Duft von Sonnencreme, der uns sofort aufseufzen und in den Erinnerungen an den letzten Urlaub schwelgen lässt. Wir verbinden also Sekunden, Stunden, ja sogar Tage mit Riecherlebnissen. Manche Gerüche aber nehmen noch viel längere Zeitfenster in unserem Gedächtnis ein. Sie funktionieren wie eine Zeitmaschine. Wenn wir sie einsaugen, werden wir in die Vergangenheit zurückkatapultiert. Manch einer verbindet etwa den Sommer mit dem Geruch von Schwimmbad und Pommes – oder diesen einen blumigen Duft mit seiner Großmutter. Wenn es besonders schöne Momente sind, an die wir uns erinnern, die Marmeladenglasmomente eben, dann streckt sich eine Katze wohlig in der Sonne unseres inneren Fensterbretts.

Ich könnte an dieser Stelle behaupten, dass meine Kindheit nach dem Salz roch, das in der Luft lag, nach frisch gemähtem Gras oder nach der frisch gewaschenen Wäsche meiner Mutter, aber das wäre nur die halbe Wahrheit. Denn müsste ich meine Augen schließen und den Dachboden in meinem Kopf nach dem einen Geruch durchforsten, der meine Kindheit geprägt hat, dann wäre das vor allem einer: Gülle.

Nach dem Umzug in unser neues Haus zog die Jauche ums Grundstück wie ein unsichtbarer Einbrecher, der jede Ritze, jede kleine Spalte und Luke ausnutzte, um hineinzugelangen. Zu nah stand das Haus an den landwirtschaftlich genutzten Flächen, die sich ganz in der Nähe befanden. Alle paar Wochen fuhren die Landwirte in den Hammrich hinaus und ließen im Morgengrauen im hohen Bogen Kuhscheiße auf ihre Felder regnen. Es ließ einen fast andächtig werden, wie die Trecker so ihren braunen Schweif hinter sich herzogen. Sie sahen wie gigantische Pferde aus, die vor dem Schleier des Tages über die Weiden galoppierten. Würde man die Szene mit Debussys *Claire de Lune* untermalen, es würde an einer Seite in mir zupfen. Spätestens aber nach dem Einatmen war der Teil mit dem Andächtigsein immer vorbei und würde es auch immer bleiben, so ehrlich musste man sein. Meist roch man es ohnehin, bevor man es sah.

An solchen Tagen ließ meine Mutter panisch alles stehen und liegen, was sie zur Hand hatte, und stürzte hinaus. Den

Korb unter den Arm geklemmt, griff sie mit fahrigen Händen zur Wäschespinne im Garten, um die Kleidung noch rechtzeitig abzuhängen, bevor es zu spät war. Selbst der Hund streifte aufgeregt um ihre Beine. Es war ein Kampf gegen die Zeit: Kam sie zu spät, hing der Geruch bereits unvergesslich wie der Tod in jeder Faser. Ab dem Zeitpunkt konnte man tun, was man wollte. Wusch man nicht alles noch einmal oder besser zweimal, wurde man ihn nicht wieder los.

Leider kam ich eines Tages der Quelle des Geruchs näher, als ich es jemals wollte. Die Sonne stand bereits tief am Himmel, als meine Schwester, ihre Freundin und ich mit unserem Hund in den *Hammrich* aufbrachen. Es war eine der wenigen Wochen im Jahr, in denen der Wind einen zu der Uhrzeit nicht erschauern ließ. Wir verzichteten an dem Tag auf die üblichen Strickjacken, die wir sonst sicherheitshalber mitnahmen, weil wir sie noch schnell überstreifen konnten, sollte es doch noch kalt werden. Ungeachtet der weiten Fläche standen die Halme schnurgerade wie die Stoppeln einer Bürste am Straßenrand, keine einzige Böe schlug Wellen in ihren Kuppen. Vielleicht war es dieser ungewohnte Stillstand und das gleichzeitig unerbittliche Zirpen der Grillen, was mich hätte warnen sollen.

Meine Schwester und ich befanden uns zu der Zeit in dem Abschnitt unseres Lebens, als der Graben zwischen ihr und mir der vielleicht größte unseres Lebens war. In diesem Jahr verwandelte sich meine sonst so vertraute Schwester in ein für mich fremdartiges Wesen. Während ich noch immer dieselben Caprihosen trug und in den Sandalen herumlief, die meine Mutter mir kaufte, weil sie ein »wirklich gutes Fußbett« besaßen, tat meine Schwester nichts dergleichen mehr. Nachdem sie all die Jahre nachts in mein Bett gekrochen war, weil sie die Dunkelheit ängstigte, nur um mir dann zu sagen, dass ich zu laut atmete und mich in meinem eigenen Bett umdrehen solle, was ich auch tat, wurden die Nächte, in denen sie zu mir kam, immer seltener. Immer häufiger blieb die andere Seite meines Bettes leer, und ich begann mich zu fragen, ob ich es war, die etwas falsch gemacht hatte. Doch nicht nur das. Auch das Äußere meiner Schwester fing an, sich grundlegend zu ändern. Es war fast so, als schälte sie sich wie eine Zwiebel, als würde sie Lage für Lage, Tag für Tag ein anderer Mensch, und ich kam gar nicht mehr hinterher. Irgendwann zweifelte ich sogar an, dass sie noch derselbe Mensch war, und begann mich zu fragen, ob sie schon immer so gewesen war, wie sie jetzt wurde, und ob da schon immer ein anderes Wesen in ihr geschlummert hatte, das sich erst jetzt zeigte. Ich fragte mich, ob ich sie kannte. Sie erinnerte mich an die kleinen russischen Holzpuppen, die Matrjoschka, die ich bei Tante Harms auf dem Fensterbrett gesehen hatte, bei der aus jeder Figur, öffnete man sie, eine weitere, kleinere Holzfigur herauskam. So sah ich rätselnd und machtlos dabei zu, wie der Mensch, der mir am nächsten war, Stück für Stück ein anderer wurde.

Zuerst fing sie an, regelmäßig in Klamottenkatalogen zu blättern. Dafür hatten wir uns nie groß interessiert. Eines Tages dann erschien sie am Frühstückstisch waschbärgleich mit tiefschwarz umrandeten Augen. Kurze Zeit später trug sie mit Totenköpfen verzierte Schweißbänder an ihren Handgelenken, auch wenn sie gar keinen Sport trieb. Ich war fassungslos. Freitagsabends verschwand sie immer häufiger. Ihr Körper, der die ersten Jahre meines Lebens der mir vertrauteste andere gewesen war, wurde immer weicher und ließ ihre Konturen nach und nach verschwimmen. Hinzu kam eine für mich unverzeihbare Tatsache, die uns den vielleicht größten Bruch bescherte: Sie bandelte mit Jungs an. Während ich noch jedem Jungen außer Ubbo versicherte, völlig verabscheuungswürdig zu sein, traf sie sich plötzlich mit ihnen. Ja, ich bekam sogar mit, dass sie dabei Spaß zu haben schien.

Ich hingegen blieb zu der Zeit weiterhin ausgesprochen klein und zierlich für mein Alter. Jeder meiner Klassenkameraden überragte mich um mindestens einen Kopf. Letzteres bescherte mir einen mittelstarken Napoleon-Komplex. Ich versuchte, meine Körpergröße mit frecherem Auftreten zu kompensieren. Von der Weichheit, die meine Schwester plötzlich umgab, war ich meilenweit entfernt. Bis auf meine runden Wangen war alles an mir kantig. Was aber noch viel schlimmer war: Ich, die das Universum der Pubertät nur erahnen konnte, war in den Augen meiner Schwester etwa so cool wie die Lehrer in der Schule, die Hausaufgaben für die Sommerferien aufgaben – oder diejenigen, die sie auch noch erledigten. Meine Schwester steckte mitten im Zement ihrer Pubertät fest, unerreichbar für mich, und machte nicht nur mit ihren Blicken klar, dass ich sie besser in Ruhe ließ. Auf der Rückseite ihrer damaligen Lieblingshose prangte direkt über den Hosentaschen der pinkfarbene Schriftzug ›Don't touch‹.

Kurz gesagt: Ich verstand die Welt nicht mehr. Die Kluft zwischen uns war tiefer, als irgendwer blicken konnte. Und mein Caprihosen tragendes Ich war bereit, alles dafür zu tun, um diese Kluft zwischen uns mit einer Brücke zu überwinden.

An einem Sommertag bat unsere Mutter uns mit dem Hund hinauszugehen. Dabei ließ sie durchblicken, dass wir die Aufgabe zusammen erledigen sollten. Und so liefen meine Schwester und ihre Freundin Maike fünf Meter vor mir her, für den Fall, dass jemand uns sah, weil ich »ein Baby« war, während ich ihnen freudestrahlend folgte und mich damit von unserem Hund und seiner Freude fürs Gassigehen kaum mehr unterschied. Hätte ich einen Schwanz gehabt, hätte ich vermutlich damit gewedelt.

Wir ließen gerade eine Kreuzung hinter uns, die mir jedes Mal vorkam, als müsste man eine Grundsatzentscheidung fürs Leben treffen, weil sie inmitten der Walachei in vier verschiedene Richtungen führte, als meine Schwester aus dem Augenwinkel sah, dass ich ihnen zuhörte. Den gesamten Weg über hatte ich mich angestrengt, auch jedes Wort mitzubekommen, und hatte es aufgesogen, wie ein Taschentuch Wasser aufsaugt. In letzter Zeit redete sie kaum mehr mit mir. Durfte ich früher noch mit ihr und ihren Freundinnen spielen, warf sie mittlerweile vor meiner Nase die Tür zu.

Ich sah, wie sie die Augen verdrehte. Scheinbar beiläufig zwitscherte sie: »Du, sag mal, Maike, du kannst doch bestimmt über den *Schloot* hier springen!«

Das Wort Graben war zu fein für die Gülletümpel, die Ostfrieslands Wegesränder säumen, weshalb sie mit dem gutturalem Laut *Schloot* gesegnet waren. Sprach man es richtig aus, wandert es von ganz unten aus der Körpermitte hoch und wurde mit einem inbrünstigem Kieferrucken ausgespien: *Schloooot.*

Maike, durch und durch Leichtathletin und die mutmaßlich netteste und zugleich für Streitigkeiten und passiv-aggressive Schwingungen unempfänglichste Person auf der Welt, sah meine Schwester aus ihren großen blauen Augen heraus an und nickte. »Natürlich, das müsste ich schaffen. Wieso fragst du?«

Meine Schwester wandte sich wieder dem Weg zu und schob eine Hand beiläufig in die *Don't-touch*-Hosentasche. Sie kickte einen Stein weg. »Nur so. Schafft ja bestimmt nicht jeder. Über so einen Graben zu springen, meine ich.« Sie schielte über die Schulter. »Dafür muss man schon groß sein.«

Ich, vorpubertär, vom ersten Satz an angefixt und in meiner Napoleon-Ehre getriggert, jaulte tief gekränkt auf. »He! Von wegen! Ist doch Pipifax. Was für ein Quatsch ist denn das!« Ich stieß wie ein Wasserkessel ein lautes »Pff« aus und stemmte die Hände in die Seiten.

Jetzt drehte meine Schwester sich ganz zu mir um. »Na, sage ich doch. Pipifax.« Sie starrte mich an.

Ich starrte zurück.

Maike starrte uns beide abwechselnd an.

»Dann ist es ja gut«, gab ich nach der kurzen Stille zurück, »dass du das sagst, dass es Pipifax ist.«

Sie grinste. »Ja, genau das sage ich. Dass es eben Pipifax ist.«

Maike, sichtlich irritiert von dem für sie unsichtbaren Schlagabtausch, blickte von einem zum anderen, als flöge ein unsichtbarer Pingpongball.

Ich straffte die Schultern und sog die Oberlippe zwischen meine Zähne. Ich ließ sie mit einem Ploppen wieder zurückspringen. »Du meinst also, ich schaffe es nicht.«

Maike runzelte die Stirn. Den Teil vom Match hatte sie verpasst.

Doch meine Schwester brauchte nichts mehr zu sagen. Sie wusste, es war beschlossene Sache. Sie grinste. Ich würde springen. Ich ballte meine Fäuste. Der würde ich es zeigen. In den Augen meiner Schwester blitzte es triumphierend auf. Ihr war klar, dass ich es tun würde. Maike weniger. Die schaute noch immer ein wenig ratlos zwischen uns her, das Gesicht zu einem Fragezeichen verzogen. Letzteres bekam ich nicht mehr mit. Ich visierte bereits die andere Seite des Grabens an. Ich blies meine Wangen auf. Ich spürte, wie meine Handflächen feucht wurden. Ich wischte sie an meiner Hose ab und hörte, wie um mich herum die Grillen zirpten. Es kam mir plötzlich immer lauter vor. Ich fühlte mich, als stünde ich während der Fußball-WM in einer Arena, wo der Klang der Vuvuzelas mit fortlaufendem Spiel anschwoll. Schrittweise brachte ich Abstand zwischen den Graben und mich. Ich blickte zu meiner Schwester, die meine Schritte halb belustigt, halb erschrocken beobachtete.

Ich kniff die Augen zu. Dann öffnete ich sie. Scheiß drauf, dachte ich. Ich nahm Anlauf – und sprang. Und noch während meine Sandalen den Boden unter den Füßen verloren, kamen mir die ersten Zweifel. Ich spürte die Luft auf meiner feuchten Haut und ruderte windmühlenartig mit meinen Armen. Die Grillen schrien. Meine Schwester johlte. Ich schloss die Augen. Da passierte auf einmal das für mich Unfassbare: Ich spürte Grashalme an meinen Knöcheln.

Ich weiß nicht mehr, wer am meisten darüber staunte. Ich hatte es geschafft! Knapp hatte ich es bis auf die andere Seite des *Schlootes* gebracht. Wie ein Faultier hing ich, festgekrallt an der Rasenkante, an der Böschung der anderen Seite. Ich jauchzte und kletterte hoch. Am anderen Ufer angekommen, richtete ich mich auf und riss die Faust in die Luft. Was für ein Sieg! Ha. Der hatte ich es gezeigt. Freudestrahlend schaute ich zu meiner Schwester. Doch zu meiner bodenlosen Enttäuschung sah ich sie bloß abwinken und hörte sie ein lässiges »War klar« und »wenn-sie-das-nicht-geschafft-hätte-wäresie-ein-noch-größeres-Baby« von sich geben. Mein eben noch so triumphierender Gesichtsausdruck brach wie ein Kartenhaus in sich zusammen.

Alles war umsonst gewesen. Der Graben, den ich eigentlich hatte überbrücken wollen, war genauso breit wie zuvor. Ja, vielleicht war er sogar noch breiter geworden. Ich sah, wie sich die beiden anderen auf den Rückweg machten. Meine Schultern sackten ab. Ein unsichtbares Gewicht hatte sich an beide Seiten gehängt.

Doch der Tag grub sich damals nicht so fest in meine Erinnerung ein wegen des Sprungs, der mir gelang. Er brannte sich wegen des Sprungs ein, der mir nicht gelang. Ich blickte damals den anderen beiden nach und sah gerade noch, wie sie sich, im Gehen begriffen, abermals zu mir umdrehten.

Ich weiß noch, wie ich mir Mut machte. Schon einmal hatte ich den Graben überwunden, ich würde es noch einmal schaffen, und mit ein wenig Glück vielleicht auch den zu meiner Schwester. Ich wollte keinesfalls die Chance verpassen, ihnen auf dem Rückweg zuhören zu können. Ich nahm also Anlauf, genau wie ich es kurz zuvor getan hatte. Ich lief los, setzte panisch an – doch noch während ich abhob und flog, spürte ich, dass diesmal nichts daraus werden würde. Ich hatte mich in meiner Ernüchterung und Panik im Abstand verschätzt. Ich würde es nicht schaffen. Gerade sah ich noch, wie ich auf die anderen beiden zuflog und Maike meiner Schwester erschrocken ihren Ellenbogen in die Seite rammte, da landete ich schon mit einem lauten Platschen mitten im *Schloot.* Als ich auftauchte, hörte ich die zwei anderen grölen. Langsam erhob ich mich, als die Grillen um mich herum brüllten. Ich fühlte mich wie Cruella de Vil, die in *101 Dalmatiner* in ein

Fass Gülle fiel. Die braune Masse überzog mich wie frisch zerschmolzener Käse. Geteert, wie ich war, versuchte ich aus dem Graben zu kommen. Auf dem Weg nach oben rutschte ich immer wieder ab. Die Schmach haftete für alle deutlich sichtbar an mir. Wieder auf der Straße angekommen, stand ich da wie ein Häufchen Elend. Ich wischte mir über die Augen. Mir verschlug es den Atem. Da verstummte das Lachen der anderen für einen kurzen Moment. Erschrocken rissen sie jetzt ihre Augen auf. Die Intensität des Geruchs traf auch sie völlig unvorbereitet.

An dem Tag lernte ich etwas, das ich mein Leben lang nicht vergessen würde. Gülle, die in der Luft liegt, ist etwas völlig anderes, als Gülle, die am eigenen Körper klebt. Wie sonst in die frisch gewaschene Wäsche meiner Mutter drang die Gülle an dem Tag in jede meiner Poren ein. Sie zog in die Fasern meiner Caprihose und der Sandalen, die ich trug. Sie verschmolz mit meinen Haaren und klebte unter meinen Fingernägeln.

»Ihhh«, riefen die anderen zwei immer wieder und rannten vor mir weg.

»Ihh«, dachte auch ich.

Sogar der Hund rannte fort. Zurückblieb nur ich, eine Spur hinter mir herziehend wie eine Nacktschnecke im feuchten Gras.

Ich versuchte gar nicht erst, es zu verstecken. Ich stank bestialisch. Ich heulte Rotz und Wasser. Von Kopf bis Fuß mit der braunen und jetzt noch gallertartigen Masse überzogen, humpelte ich zurück. Vereinzelt klebten Grashalme an mir. Einzig und allein die Tränen, die jetzt über mein Gesicht rollten, fuhren wie ein Schneeschober zwei Straßen auf meinen Wangen frei. So machte ich mich schluchzend und bibbernd und in meinen Latschen glitschend auf den Heimweg. Vom guten Fußbett meiner Schuhe war nichts mehr übrig.

Als ich zu Hause ankam, hatten die beiden anderen die frohe Kunde längst verbreitet. Alle Sicherheitsvorkehrungen waren getroffen worden: Fenster und Türen waren fest verriegelt. Ich war nun der Einbrecher, der nicht eindringen durfte. Durch das Küchenfenster sah ich, wie meine Mutter versuchte, ein ernstes Gesicht zu ziehen. Zaghaft deutete sie auf den Gartenschlauch. Ich starrte ungläubig zurück. Das konnte nicht ihr Ernst sein! Als sie sah, wie ich blickte, schaute sie ganz mitleidig drein und ruckelte an ihrer Brille, zuckte aber mit den Schultern. Hinter ihr ragte das feixende Gesicht meiner Schwester hervor. Sie hatte sich eine Wäscheklammer auf die Nase gesteckt.

Ja, an diesem Tag hasste ein Teil von mir meine Schwester. Der andere Teil, der, der Caprihosen liebte, wollte noch immer die Brücke zwischen uns schlagen. Scheiß Gräben, dachte ich. Scheiß *Schloot*. Scheiß Gestank. Scheiß Pubertät.

Ich sog die Luft ein. Scheiße, war das Wasser kalt. Ich sah zu, wie es sich zu meinen Füßen mit den braunen Schlieren vermengte, bevor es im Abfluss verschwand. Die Sandalen schmiss ich an dem Tag zusammen mit meiner Caprihose in eine der blauen Mülltonnen, die in unserer Garage standen. Noch Tage später rümpften Menschen ihre Nase, wenn ich an ihnen vorbeiging.

Wenn ich heute daran zurückdenke, kann ich nicht anders. Ich muss grinsen. Obwohl der Tag alles andere als glorreich für mich verlief, kann mein Gehirn sich nicht entscheiden, in welche Schachtel er den Tag verstauen soll – in die mit den negativen oder in die mit den positiven Erinnerungen.

Vermutlich würde er in einem Regal dazwischen landen. Denn obwohl ich an dem Tag mit Pauken und Trompeten in einen Graben voller Kuhscheiße versank, meine Schwester und ihre Freundin vor mir davonliefen, als besäße ich eine ansteckende Krankheit, streckt und reckt sich die Katze auf meinem inneren Fensterbrett wohlig in der Sonne. So war das eben. Kindheit. Viel draußen, *Hammrich*, Sonne, Weite, *Schloote* und natürlich: Gülle.

DER VERSUCH

*N*ach dem Vorfall mit den Pflaumen zogen die Tage ins Land. Größtenteils war ich damit beschäftigt, mir die Zeit draußen zu vertreiben. Ich floh vor dem Haus und seinen Geräuschen, bis sie eines Tages so schnell verebbten, wie sie gekommen waren. Das Gemäuer, das gestern noch wütend zu zischen, schimpfen und brummen schien, summte allmählich wieder leise und stetig vor sich hin. Die Rohre spien keinen Dampf mehr aus, sie verrichteten nur noch emsig ihre Arbeit. Ich hörte nichts mehr scheppern, ich sah keine Werkzeuge mehr in der Werkstatt fliegen. Das konnte nur eines heißen: Opa hatte sich endlich beruhigt. Seine Wut war verraucht. Er hatte aufgehört, seinen Oldtimer mit dem Hammer zu drangsalieren.

Vorsichtig spähte ich eines Morgens in die Küche. Als ich sah, dass Opa eine Badehose trug, als er seinen Kaffee aufbrühte, seufzte ich innerlich erleichtert auf. Dann nahm ich meine Beine in die Hand und mehrere Treppenstufen auf einmal nach oben. Im Museum angekommen, schleuderte ich meine Klamotten *von mir. Ich sprang in meinen Badeanzug und machte, dass ich so schnell, wie ich konnte, den Keller erreichte, wo ich keuchend zum Stehen kam. Ich befürchtete, kam ich auch nur einen Augenblick zu spät, so würde Opas wiedergewonnene Besonnenheit wieder mit seiner Badehose im Schrank verschwunden sein. Mit angehaltenem Atem verfolgte ich, wie Opa sich Hefe von seinen Händen spülte und sich umdrehte. Dann zeigte er auf den Pool. Ich atmete aus.*

»Da kommt nichts mehr außer dir und mir rein, verstanden?«

Ich sah ihn mit großen Augen an und nickte. Als ich dann das Gewicht seiner Pranke auf meiner Schulter spürte, kamen mir vor Erleichterung ein wenig die Tränen. Falls er etwas davon mitbekommen hatte, ließ er es sich nicht anmerken. Ich wischte mir etwas Feuchtes aus dem Augenwinkel.

Opa räusperte sich. »Heiß hier drinnen, nicht wahr? Muss der Ofen sein.« Nach einer kurzen Pause fügte er hinzu. »Heute gehen wir ins Wasser.«

Ich erinnerte mich daran, wie ich einige Tage zuvor noch in den gestreiften Abgrund gestarrt hatte. Sah ganz schön tief aus. Ich begann wieder, mit der Zehenspitze kleine Kreise auf die eierschalweißen Kacheln unter mir zu zeichnen. »Du, Opa?«, murmelte ich, ohne hochzublicken, doch der zog weiter die Plane vom Becken. Diese verflixte Taubheit ist echt nicht normal, dachte ich noch. »DU, OPA?«, wiederholte ich dann lauter und versuchte, das Rascheln der Plane zu überbieten, aber Opa drehte sich um und sah mich jetzt stirnrunzelnd an.

»Kein Grund, mich gleich anzubrüllen.«

Ich schnaufte. Dass man sich aber auch nie sicher sein konnte, wann er was hörte und wann nicht. Gestern hatte ich gehört, wie Oma ganz leise auf Schwäbisch vor sich hingeflucht hatte und daraufhin sein Kopf aus dem Türrahmen geschnellt war. Selektives Hören nannte Mama das immer. Da nuschelte ich: »Wie tief issn das da unten eigentlich?«

Opa zog die Folie beiseite und drehte sich um. »Zwei Meter.«

Also viel tiefer, als ich groß war. Ich schluckte, doch Opas Stimme durchbrach meine Gedanken.

»Aber weißt du, auch wenn das für dich kein Problem sein wird, fangen wir doch erst einmal ganz von vorne und vorsichtig an. Nur damit ich mir keine Sorgen um dich mache, weißt du? Als Opa hat man einfach immer Angst, und ich bin ja doch schon ein wenig älter. Da muss ich auf meine Pumpe aufpassen, woisch? Wäre das okay?«

Meine verkrampften Schultern wurden locker und die tosenden Wellen in meinen Ohren leiser. »Ich denke schon. Wo du doch älter bist«, hörte ich mich erleichtert sagen, und Opa nickte zufrieden.

Wir übten erst auf den weißen Kacheln im Trockenen, wie ich nachher im Wasser schwimmen sollte, und Opa sagte mir, dass ich ein »alter Hase« sei, wobei ich ›alter Fisch‹ in Anbetracht der Umgebung als passender empfunden hätte. Und dann hielt ich mein Gesicht wieder ins Becken, so wie ich es schon im Bottich geübt hatte, und so sah ich auch diesmal wieder eine kleine Münze am Grund im Licht der Neonröhren schillern, die Opa für mich dorthin gelegt hatte.

Da holte er plötzlich mehrere Styroporplatten heraus und drückte mir eine davon in die Hand. »Also weißt du, ich hatte jetzt den ganzen Vormittag Zeit, dir beim Üben zuzusehen und mich an den Anblick zu gewöhnen, und ich glaube, ich könnte *jetzt mein Muffensausen in den Griff bekommen. Obwohl es immer noch ziemlich tapfer von dir wäre, es jetzt einfach im Becken zu versuchen.« Nach einem Blick zu mir durch seine dicken Brillengläser hindurch fügte er hinzu. »Aber ich muss dich vorwarnen. Ich werde die ganze Zeit direkt hinter dir sein, und du darfst noch nicht ohne die Styroporplatte und deine Flügel losziehen. In Ordnung? Mehr verkrafte ich nicht!«*

Nach kurzem Zögern bewegte sich mein Kopf auf und ab. Ich sah, wie er sich an den Beckenrand setzte und ins Wasser gleiten ließ. Überraschend elegant in Anbetracht seiner Masse, dachte ich, und es schien, als gewinne das Wasser mit seinem Eintauchen einen halben Meter dazu. Ich kicherte. Bis mir bewusst wurde, dass ich als nächstes würde hineinsteigen müssen. Was war, wenn ich es nicht schaffte? Ob Opa dann wieder wütend sein würde? Da blickte er hoch zu mir, als hätte er die Frage gespürt, die ich mir gestellt hatte.

»Weißt du, Sylvie, manche Dinge brauchen Zeit. Die klappen nicht von heute auf morgen. Und wenn es mal nicht klappt, probiert man es am nächsten Tag einfach noch einmal und macht es besser. So lange, bis es klappt. Es ist nur wichtig, dass man es weiter versucht, dass man nicht aufgibt. Darum geht es, egal was du machst. Es geht nicht ums Gewinnen oder Verlieren, um Fehler oder darum, alles perfekt zu machen. Es geht um den Versuch.«

Ich runzelte die Stirn.

Du ließ er seine Hand ins Wasser hinuntersausen und spritzte mich mit einer Wagenladung Poolinhalt nass. Er kicherte. »So, das hätten wir dann schon mal.«

»Opa!« Empört blinzelte ich das Wasser aus den Augen. »Na, warte«, sagte ich dann, »jetzt gehe ich rein, egal wie alt

du bist.« Dann schnappte ich mir das Brett und machte mich mit zittrigen Knien auf den Weg zur Treppe. Stufe um Stufe stieg ich ins Wasser hinein und starrte Opa währenddessen unentwegt an, der meine Schritte aufmerksam verfolgte. Ich schloss die Augen und klammerte mich an das Brett, als wäre ich schon halb ertrunken. Trotzig guckte ich ihn an und sagte mit all der Würde, die noch vorhanden war: »Das hast du jetzt davon, du alter Sack.« Ich hörte Opa über mir glucksen.

Danach übten wir noch eine Weile, wie ich meine Beine froschgleich im Wasser bewegen konnte, und Opa zeigte mir, wie ich dabei die Balance auf dem Brett hielt, ohne herunterzufallen. Als ich schließlich müde wurde, hob er mich wortlos aus dem Wasser. Dann bedeutete er mir mit einem Handzeichen, dass ich warten sollte. Ich erwartete, dass er mir ein Handtuch holen würde.

Doch als er zurückkam, streckte er mir die Hand entgegen. Genauso wie er es immer tat, wenn er uns Kindern heimlich Taschengeld gab wie ein Dealer seine Drogen, ohne dass unsere Eltern es sahen, obwohl sie natürlich haargenau wussten, was passierte. Diesmal aber spürte ich kein Papier zwischen meinen Fingern, als Opas Hand meine umschloss. Stattdessen drückte sich kühles Metall an meine Haut, und als ich sie öffnete, sah ich, was Opa hineingelegt hatte. Es war eine seiner Medaillen aus dem Museum. Ich sah ihn mit fragendem Blick an. Da streckte er nur seine dicken Finger wieder aus und hängte mir das Band um meinen dünnen Hals.

»Wofür ist die?«, fragte ich und strich über die raue Oberfläche des Metalls. »Ich kann doch noch gar nicht schwimmen.«

»Dafür, dass du es heute versucht hast«, gab mein Opa zurück. »Dass du's auch noch geschafft hast, ist nebensächlich.

Ich habe sie damals auch dafür bekommen, dass ich nicht aufgegeben habe,«

Ich zögerte kurz und fand, dass er in diesem Moment traurig aussah. Dann schlang ich ihm meine Arme um den Bauch und drückte ihm die Münze, die ich noch vom Grund des Eimers hatte zurück in seine Hand.

»Das ist doch deine«, sagte er.

Doch ich schüttelte den Kopf. »Nein, Opa. So viel Angst, wie du heute gehabt haben musst, da hast du dir die wirklich verdient.« Und als ich meinen Kopf an Opas dicken Bauch drückte, spürte ich, wie er unter meiner Wange bebte.

Ich ließ ihn los. Das mussten die anderen sehen! Meine Schwester würde Augen machen. Barfuß flitzte ich los und machte mich auf den Weg nach oben. Die Kette war viel zu lang, und die Münze schlug mir beim Laufen immer wieder unangenehm gegen den Bauch, aber ich konnte mich nicht erinnern, wann ich das letzte Mal so stolz gewesen war. Ich hörte meinen Großvater hinter mir lachen. Es war schön, dass sich der Vorhang vor seinem Gesicht wieder geöffnet hatte.

MYTHEN

Mit meiner Pubertät brach die Zeit der Mythen an. Es schien, als entführten Aliens über Nacht alle Kinder der Stadt und brachten stattdessen fremdartige Wesen zurück. Wir waren nicht mehr die, die unsere Eltern großzuziehen geglaubt hatten. Nicht mehr die Gesichter, die bei den Kindergeburtstagen um die Wette strahlten, nicht mehr die, die abends ins Zimmer geschlichen kamen, um sich wie ein Kätzchen in die Ritze des Ehebettes zu kuscheln, nicht mehr die, die Wörter wie Bitte und Danke benutzten. Wir blieben fort. Wir stahlen. Wir flohen. Wir logen.

Fast hätte man Mitleid mit unseren Eltern gehabt. Doch auch an uns ging das alles nicht spurlos vorbei. Wir befanden uns in einem eigentümlichen Schwebezustand. Alles, von dem wir geglaubt hatten, es bereits zu wissen, war wie flirrende Luft über Asphalt. Wir glaubten, hindurchsehen zu können, aber taten wir es auch wirklich? Gab es dort, wo das Bild verschwamm, eine andere Welt?

Ich fühlte mich, als wäre ich mein Leben lang kurzsichtig gewesen und als hätte mir wer eine neue Brille aufgesetzt. Alles verschob und verbog sich wie Metall unter wechselnder Temperatur, veränderte seine Konturen, dehnte sich aus und zog sich wieder zusammen – und verschob es sich manchmal auch nur für wenige Millimeter, so war es doch anders, als es je zuvor gewesen war. Manche konnte ich über Nacht einfach nicht mehr leiden, so sehr ich mich auch bemühte. Dafür traten neue Menschen in mein Leben. Jungs, die öde waren, fand ich plötzlich aus bestimmten Winkeln irgendwie interessant, was mich selbst am meisten argwöhnisch machte. Ich mochte einige, aber die Falschen mochten mich zurück und ich fand mich in einem Strudel aus Gefühlsroulette wieder, das es bisher nicht allzu gut mit mir meinte. Alle sahen anders aus und alle sahen andere anders, alle sprachen anders und alle fühlten auch anders. Ich befand mich in einem Zustand maßloser Verwirrung. Denn wenn alles plötzlich so anders als gestern war, wie würde es erst morgen oder übermorgen sein? *Wer würde ich sein?*

Eines Nachts brachen wir auf, um zumindest einen Mythos zu beseitigen. Fokko erzählte seinen Eltern, er schliefe bei Jasper, Jasper erzählte, er schliefe bei Bocki (dem einen aus der Gruppe, den man mit Nachnamen rief), Anna berichtete, sie ginge zu Imke, und Imke wiederum versprach ihrer Mutter, sie würde zu Johanna gehen, aber auch wirklich nur zu Johanna, um zum einhundertsten Mal *High School Musical* zu sehen und so weiter und so fort. Das falsche Alibi zog sich wie ein Rattenschwanz durch alle Teilnehmenden, und wäre ein Elternteil auf die Idee gekommen, irgendwo anzurufen, so hinge es vermutlich noch heute in der Leitung.

Die Einzige, die nicht log, war ich. Ich sagte, wohin wir gingen und was wir taten, wie jedes Wochenende. Das lag nicht daran, dass ich moralisch besser gestrickt gewesen wäre. Ich hatte es schlichtweg nicht nötig, meinen Eltern Märchen auf die Nase zu binden. Ich war glückgeküsst: Ich war die Jüngere, und die beiden hatten ihren Glauben an die Parallelwelt, in der Jugendliche nicht das tun, was Jugendliche tun, mit der Pubertät meiner Schwester hinter sich gelassen. Irgendwann hatte mich meine Mutter beiseite genommen, um mir zu sagen, ich könne tun und lassen, was ich wolle, nur müsse ich eben mit den Konsequenzen leben. Sie wusste genau, welche Wirkung das bei mir erzielen würde. Der Freifahrtschein hatte einen faden Beigeschmack hinterlassen, die Rebellion an Reiz eingebüßt, weshalb ich auch an diesem Abend meinen Eltern wahrheitsgemäß erzählte, was wir vorhatten:

»Wir zelten am Kolk und saufen.«

Meine Mutter, die am Tisch saß und Kreuzworträtsel löste, blickte kurz über den Rand ihrer Brille. »Aber übertreib's nicht, ich vertraue dir. Und zieh dich warm an!« Das war die eine Sache, bei der nicht mit ihr zu spaßen war. Nach einer kurzen Kontrolle, ob ich ein Unterhemd trug und meine »Nieren bedeckt« waren, wobei ich pflichtgemäß mit den Augen rollte, ging sie zum Tisch zurück. Dann setzte sie wieder mit ihrem Kugelschreiber an, für sie war ich längst weg.

Ich zog meine Chucks mit dem Blumenmuster an und verließ mit geglättetem Haar das Haus durch die Hintertür. »Wie ein begossener Pudel«, raunte mein Vater noch. Ich trug den Rucksack geschultert, darüber Isomatte, Schlafsack und Zelt, eine Ameise, die das Vierzigfache ihres Eigengewichts stemmen konnte.

Am Ende unserer Gasse traf ich auf Ubbo und Emma, beide ähnlich bepackt, wie ich es war. Bei jedem Tritt in die Pedale schepperte und klirrte es in unseren Rucksäcken, als wären wir auf einer Dinnerparty und würden die Gesellschaft um Ruhe dafür bitten, einen Toast auszusprechen. Wir waren die reinste Krachkolonne. Genauso gut hätten wir die Flaschen an einer Schnur befestigen und hinter uns herziehen können, wie es Frischverheiratete manchmal taten.

Emma berichtete, wie sie ihren Eltern gesagt hatte, sie schliefe bei mir, woraufhin Ubbos Kopf herumzuckte wie der Kopf einer Schlange bei Gefahr.

»Das habe ich meinen Eltern auch erzählt. Verdammt.«

Ich runzelte die Stirn. Na, hoffentlich würden sich unsere Mütter einmal nicht im örtlichen Supermarkt über den Weg laufen. Wir einigten uns nach kurzer Überlegung darauf, uns die kommende Woche Nachrichten zu schreiben, sobald sich eine Mutter mit Einkaufskorb auf den Weg machte, um einen Krisengipfel zwischen Gurken und Sellerie zu vermeiden.

Nach ein paar Metern drehte Ubbo im Überschwang die kleine Musikbox in seiner Tasche auf, in seiner typisch bananenartigen Fahrradhaltung, um seine Frisur nicht zu gefährden. Zum Glück hörte uns niemand, was unserem gewählten Kurs zu verdanken war. Wir fuhren durch den *Hammrich*, wo zu der Zeit ohnehin keine Menschenseele war. Der Himmel war überraschend wolkenlos an dem Abend, seine Farben verliefen zum Horizont wie Wachs, er fuhr in maßloser Dekadenz all seine Geschütze auf, wie um zu sagen: »Jetzt guck doch mal, wie schön ich bin!« Grillen zirpten, Schafe malmten auf dem Deich, als hätte ihnen wer die Kiefer gebrochen, Halme wogen und bogen sich, und wir fraßen mindestens drei Pfund Mücken während der Fahrt. Ich hustete und spuckte zur Seite. Die anderen taten es mir gleich. Für Vegetarier war Fahrradfahren in Ostfriesland wirklich Mist.

Nach der ersten Kreuzung fuhren wir bereits ein wenig beschwingter und mit leichteren Taschen. Nach weiteren Feldern, weißen Brückengeländern und quakenden Fröschen erreichten wir den Bahnübergang, wo wir eine Gegensprechanlage benutzten, um den Pförtner in seinem Backsteinhäuschen zu erreichen. Nachdem wir uns die Beine in den Bauch gestanden hatten, hörten wir ein kurzes Rauschen, und dann meldete er sich mit einem »Moin« und einem knappen »Jo«. Vielleicht hatte er zuvor auf dem Klo gesessen oder zu Abend gegessen, aber nach wenigen Minuten, in denen wir noch beschwingter und die Rucksäcke noch leichter wurden, öffnete sich die Schranke mit einem Knarren, die Kette darunter hing wellenzeichnend in der Luft.

Nach einer Querstraße fuhren wir an einer Landstraße immer weiter geradeaus, vorbei an einem Wäldchen und einem Maisfeld, in dem Jugendliche zwischen den sommergrünen Stängeln verschwanden und sich den Weg in das Labyrinth bahnten, um weiß Gott was zu tun. Suchten Mütter ihre pubertierenden Kinder, hätten sie eigentlich nur nach Rauchwolken über dem Maisfeld Ausschau halten müssen. Kaum dachte ich das, stieg nahe der Straße eine Schwade auf.

»Anfänger«, sagte Emma und recht hatte sie. Es dauerte noch einige Minuten, eine Jauchewolke und fünf Rasenmäher lang bis wir schließlich ankamen.

Wir hörten und rochen sie, noch bevor wir sie sahen. Um den Kolk herum zogen Schwaden in die Luft, als hätte wer gigantische Kuhfladen um den See gesetzt. Die ersten Lungen standen in Flammen, gierig zogen Jungen und Mädchen an Glimmstängeln und Bongs, um an ein wenig Dopamin zu kommen und sich von ihrem Hormontief zu befreien. Irgendwer hatte es hinbekommen, schwarze wuchtige Boxen zu organisieren, erste Zelte tauchten zwischen hohen Gräsern auf, Wege aus platt gedrücktem Schilf durchzogen unsere nächtliche Stadt. Ich spürte, wie meine vorher sorgsam glatt gezogenen Haarsträhnen sich unter der Luftfeuchtigkeit wie Amöben veränderten. Besonders an meiner linken Kopfseite drückte sich eine kurze Strähne wie ein Widerhaken in den Nachthimmel.

»Jo. Abfahrt«, fasste Ubbo die Szene zusammen und sprang aus dem Sattel, wobei er sich hinlegte.

»Lässig«, wollte ich ihm zuflüstern, war aber vermutlich schon sehr viel lauter.

Hastig rappelte er sich auf und warf sein Hollandrad zu der Flotte, die bereits vorm Gatter wartete. Jeder Neuankömmling wurde von den anderen mit einem lang gezogenen »Öyyyyyy« begrüßt.

»Öyyyy«, machten wir zurück. Eilig wischten wir uns über die Lippen, um den Mückenfriedhof zu beseitigen.

Ubbo, die treulose Tomate, verschwand kurze Zeit später in Richtung irgendwelcher Mädchen, die blöd aussahen, wie Emma und ich fanden, die aber eigentlich genauso wie wir aussahen, nur eben blöder. Trotz der Buchstaben an unserem Wasserturm, die das Wort ›Einkausstat‹ schrieben, weil das Wetter ein F und ein D abgenagt hatte, gab es nur einen H&M, einen New Yorker und, wenn die Großeltern mal einen Gutschein springen ließen, etwas aus dem einzigen Kaufhaus der Stadt, das Marken vertrieb, die eigentlich nur segelnde Rentner trugen. Das hatte zur Folge, dass alle irgendwie gleich herumliefen. Auch eine Tatsache, für die ich mich erst seit Kurzem interessierte. Die Jungs trieben sich in Jack & Jones, G-Star oder – bildeten sie sich etwas auf das Geld ihrer Eltern ein – in Hilfiger und Gant herum, die Mädchen in H&M, Only und Vero Moda. Wir trugen allesamt Jeans in Karottenschnitt, beim Feiern zogen wir Mädchen gerne in trägerlosen Tops umher, unter denen wir dann manchmal BHs mit durchsichtigen Trägern trugen, die natürlich nicht so durchsichtig waren, wie wir glaubten, und die wie Frischhaltefolie auf der Haut aussahen. Wir waren wandelndes Gemüse.

Ich schaute mich um und fand, ein bisschen ergaben wir heute ein Schachbrettmuster. Denn der einzige Unterschied zwischen uns bestand darin, ob wir das Top in Schwarz oder Weiß trugen. Wir mochten Brüste bekommen haben, unsere Menstruation, Rundungen, Liebeskummer, Pickel, die Antibabypille, die es gegen die Hautprobleme beim Frauenarzt wie Bonbons auf die Hand gab – aber Geld oder Charakter und Möglichkeiten, ihn zu entwickeln, hatten wir keine. Emma und ich mischten uns unter die anderen.

Ein paar Stunden und noch mehr Flaschen Biermischgetränk später war es so weit. Es dämmerte. Die ersten Sterne brachen durch die dunkle Decke am Himmel und ließen ihn wie eine zerrissene Plane aussehen, die jemand vors Licht hielt. Wir versammelten uns am Kolk.

»Wir sind ja nicht zum Spaß hier«, sagte Jasper und exte den letzten Rest seiner Flasche, bevor er einen lauten Rülpser von sich gab. Ihn traf es zu Hause immer besonders schwer bei Regelverstößen, im Hause Müller wurde sich in solchen Fällen tagelang bei Tische angeschwiegen, weshalb er außerhalb der vier Wände nur noch mehr rebellierte. ›Ärztekind‹ nannten wir solche Fälle: emotional verkümmert, verzweifelt auf der Suche nach einer Reaktion und trotzdem bis zum Scheitel voller Arroganz, bei der Geburt schon das richtige Genmaterial wie ein Päckchen überreicht bekommen zu haben. Er stolzierte in Seglerschuhen umher und trug bunte Shirts, natürlich stets mit einem faustgroßen Logo auf der rechten Brust. Nur manchmal, wenn keiner genau hinsah, sah er ein wenig verloren aus. Verdrehter waren nur noch Psychologenkinder. Die meinten auch noch bis zum Schluss, sie verlören nie die Kontrolle, weil sie selbst dann noch verstünden, was mit ihnen passierte, wenn sie abschmierten. Dass sie trotzdem abschmierten wie alle anderen auch, schien nebensächlich zu sein.

»Leute, das ist 'ne Schwachsinnsidee und Tierquälerei«, murmelte jetzt Didde, der an dem Abend einer der Letzten war, die eintrafen. »Musste auf Ahlerich warten«, hatte er bei seiner Ankunft gemurmelt und die Hände in die Hosentaschen geschoben. Ahlerich war der Fahrer des Anrufbusses, mit dem er um diese Zeit fahren musste. Didde kam vom Land, was wir ja eigentlich alle ein bisschen taten, nur kam er eben so sehr vom Land, dass bei ihm um diese Zeit keine regulären Busse mehr fuhren und er den Anrufbus vom Landkreis anklingeln musste, um seinem Ort, der aus drei Häusern bestand, entfliehen zu können.

Didde war ein untersetzter, sommersprossiger Junge mit Heavy-Metal-Shirts und fettigen Strähnen, die ihm ins Gesicht fielen. Diddes Vater war Landwirt, weshalb alle Anwesenden vermutlich auf ihn hätten hören sollen, aber wir hatten schon zu viele Flaschen geleert, von klarem Denken war längst keine Spur mehr. Wir zogen los, fest entschlossen, heute Nacht zumindest einen Mythos zu klären. Vom See aus waren es nur ein paar Meter zur nächsten Kuhweide. Vor dem Gatter blieben wir stehen. Es schien, als schliefen die Kühe.

»Alter, stinkt das hier. Hast du einen fahren lassen, Jasper?« Bocki formte mit seinem Zeigefinger und Daumen eine Nasenklammer und drehte sich zu Jasper um.

»Nee, aber deine Mudda«, gab der postwendend zurück.

Allgemeines Augenrollen.

»So 2010, du Knilch!«, antwortete Bocki. »So 2010.«

Gelächter. Dann kehrte wieder Stille ein.

»Ja, und jetzt?«, fragte Tjark in die Nacht hinein. »Pennen die Viecher echt im Stehen?«

Kopfkratzen.

»Sau unbequem«, ergänzte Wilko.

Didde wollte gerade zur Antwort ansetzen, wurde aber unterbrochen.

»Jo, genau wie Pferde, meinte mein Bruder. Die haben die auch schon umgeschubst, Schwöre!«, warf Fokko ein. »Jeder macht das mal!«

»Was ist denn, wenn die treten? Und wenn die sich weh-tun?« Imke bekam eine weinerliche Stimme, die sich seit der Grundschule auch nicht viel verändert hatte. »Wo hast du das noch mal gehört, Didde, was meintest du vorhin?«

Doch auch diesmal kam Didde nicht dazu, das zu sagen, was er sagen wollte, denn Jasper, der schon die nächste Fla-sche auf dem kurzen Weg geleert hatte, sprang übers Gatter.

»Der steigt da wirklich drüber. Ich dachte, wir sind zum Saufen hier!«, raunte jetzt Tjark, und auch ich erschrak. Ich hatte das mit dem Küheschubsen für einen Vorwand gehalten, sich hier beim Kolk zu treffen.

»War das nicht eigentlich mal ein Scherz?«, fragte ich.

Didde fasste sich an die Stirn und schüttelte halb fassungs-los, halb belustigt den Kopf.

Jasper drehte sich lässig im Laufen um, und dann sagte er den einen Satz, der wirklich jeden Halbstarken dazu bringen konnte, alles zu tun. »Wer kneift, is'n Schissaaaah.« Er wischte sich den Mund ab und drehte sich wieder nach vorn, wohl wissend, welche Wirkung sein Satz auf die anderen haben würde.

Prompt ging ein Seufzen durch die Menge. Wie auf Befehl schwangen sich gleich mehrere Jungs mehr oder weniger galant – manche fielen auch – hintereinander übers Gatter. Da blieben sie dann auch einige Minuten, denn der Mut schwand mit dem Sprung.

Bier wurde übers Gatter gereicht. Auf unserer Seite ließen wir uns im Schneidersitz mit Snacks und Getränken auf unseren Decken nieder.

»Machen die eh nicht. Guck dir die doch mal an, Imke«, versuchte ich sie und mich zu beruhigen. Bei der Motorik schätzte ich den augenblicklichen Erfolg der Jungs auf zwei Meter Strecke, bevor sie über ihre eigenen Füße zu stolperten. Wir mussten warten, weil das mit dem Mut-Antrinken ziemlich lange dauerte, bis auf einmal eine Veränderung durch die fünf vor dem Gatter zuckte.

»Wir pack'n das, Jungss!«, nuschelte Jasper und schlug dem ihm am nächsten Stehenden aufs Kreuz. Plötzlich umarmten sie sich alle, betrunken vergaßen sie immer ihre Homophobie, wobei während der Umklammerung immer wer wegzusacken drohte.

Dann gingen sie los durch den nächtlichen Nebel, der wie Dünensand auf den Feldern lag, hinein in die Nacht. Tjark klammerte sich an seine Hose, wie um sich zu vergewissern, dass er noch eine trug. Jasper trabte wie ein müdes Zirkuspferd, das es verlernt hatte, geradeaus zu gehen. Fokko wich alle paar Meter einem Gespenst aus und beschleunigte danach immer wieder, als ob er sich selbst ermutigen musste. Wilko fiel mehr, als dass er ging. Bocki war der vermutlich Nüchternste von ihnen, was nicht viel hieß, und bildete stolpernd das Schlusslicht.

»Da fragt man sich, wieso die Evolution stattgefunden hat«, sagte ich zu niemand Bestimmtem.

Wir sahen ihnen ungläubig hinterher. Die Aktion war zum Scheitern verurteilt. Bis zu diesem Moment hatte keiner von uns geglaubt, dass sie es wirklich versuchen würden. Doch war der Versuch zum Schreien. Wie sie, um sich an ein paar Kühe anzupirschen, auf ihren Zehenspitzen gingen und völlig übertrieben die Beine anhoben wie Hochleistungshürdenläufer in Zeitlupe. Dabei machte abwechselnd einer überdeutlich »Psst!« und schaute böse guckend in die Runde. Es waren nur noch wenige Meter bis zu den Tieren.

Ich wurde allmählich unruhig und wollte gerade die Spielverderberin mimen, da bemerkte eine der Kühe die ungebetenen Gäste und hob träge den Kopf an. »Muuuuuuuuh«, grölte sie, die Platzkuh des Feldes.

Das genügte. Die fünf Helden stoben auseinander wie Tauben in der Fußgängerzone. Ihre Beine überschlugen sich fast auf dem Weg zurück zum Gatter, es war wie in einem Comic, in dem die Beine gleich als Kreis dargestellt werden. Wir, die hinterm Gatter, schauten ihnen fassungslos dabei zu.

»Wie kann man so blöd sein und glauben, dass man eine Kuh umschubsen kann. Die können von Glück reden, dass sich keiner verletzt hat.« Didde schüttelte den Kopf. »Darf ich meinem Vater gar nicht erzählen.« Er sprach dabei Vater wie *Fadda* aus.

»Einen Scheiß haben die geschlafen!«, empörte sich Tjark jetzt lautstark und robbte sich übers Gatter. »Mensch, Didde!

Wieso hast du nichts gesagt, Mann!«

Didde hielt sich die Stirn. »Natürlich haben die nicht geschlafen, die pennen im Liegen, du Spast.«

Jasper fehlten offenbar zum ersten Mal im Leben die Worte. Käseweiß ließ er sich auf eine Decke sinken, die Seglerschuhe mit Kuhscheiße und Grashalmen verschmiert.

Nach dem Schrecken tranken die Helden in doppelt so schnellem Tempo. Jemand packte sogar eine Bierrutsche aus, was zur Folge hatte, dass sie ziemlich schnell auf ihren Luftmatratzen in einen komatösen Schlaf sackten. Als sich die Party schließlich bei allen dem Ende zuneigte, Leute in Zelten und Büschen verschwanden, die Flaschen leer und der Himmel voll Sterne war, saß ich mit Fokko am Kolk. Er stupste mich an und zeigte auf das Wasser, das wie dunkles Glas vor uns lag, eingerahmt vom Schatten der Büsche drum herum.

»Siehst du das?«, fragte er mich.

Ich runzelte die Stirn. »Was denn?«

Er grinste. »Na, da hinten.« Er flüsterte, als würde er mir das Geheimnis der ewigen Jugend verraten. Und vielleicht tat er das ja auch. Denn er sagte im Brustton der Überzeugung etwas total Sinnfreies: »Da ist mal 'ne Kuh ersoffen. Die haben ja keinen Schließmuskel. Ist einfach reingetrabt und mit Wasser vollgelaufen. Und blubb.« Er blickte hoch, was vermutlich tiefgründig hätte aussehen sollen. »Was ein scheiß Tod, was?« Dramaturgische Pause. Er sah mich an.

Ich guckte ausdruckslos zurück. Dann antwortete ich: »Hat dir das auch dein großer Bruder erzählt?«

Kurz guckte er beleidigt, dann prusteten wir gleichzeitig los. Wir lachten so laut, dass einer ein »Ruhe, ihr Penner« aus seinem Zelt brüllte, aber wir lachten nur noch lauter. Ich wischte mir die Tränen aus dem Augenwinkel und ließ mich hintenüber ins Gras fallen. Dann verschränkte ich die Arme hinter meinem Kopf. Als sich mein Atem wieder beruhigt hatte, beobachtete ich die Sterne. Wir waren über Sommer gewachsen, manche von uns sahen sogar besser aus als vorher, aber schlauer geworden waren wir nicht. Vielleicht hatten wir an diesem Abend ein Rätsel gelöst, aber das Größte von allen, das Leben, das blieb auch an diesem Abend ein Brief mit sieben Siegeln.

»Du, Fokko?«, fragte ich, ohne den Blick von den Sternen zu lösen.

»Hmm?«, gab er zurück und sah irgendwie hoffnungsvoll dabei aus.

»Beim nächsten Mal, wenn du jemanden anmachen willst, würde ich das Wort Schließmuskel vermeiden.«

Er schaute mich mit großen Augen an. Da lachten wir wieder los. Ich schaute aus dem Augenwinkel zu ihm hinüber und sah, wie er mich musterte. Er hatte lange dichte Wimpern, was mir an diesem Abend zum ersten Mal auffiel. Und er macht die Augen zu, wenn er lacht, dachte ich noch. So als ob er in dem Moment zu glücklich dafür wäre, um sie zu öffnen und sie deshalb schließen musste, was mir irgendwie gefiel, und auch das hatte ich vorher nicht bemerkt. Kaum merklich schüttelte ich den Kopf, als ich merkte, wie er mich immer noch ansah. Ich verschränkte die Arme unter meinem Kopf und sah nach oben.

Ein Mythos pro Nacht reichte.

DER LAMMI IST
WIEDER DA

*I*ch sog den leicht muffigen Geruch des Museums ein und
schlug die Bettdecke beiseite. Durch das Fenster hörte ich
bereits die Motoren der Wagen, die die Kurve am Haus meines
Großvaters vorbeifuhren. Ein Traktor grummelte vertraut in der
Ferne, die Bettseite meiner Schwester war bereits verwaist, noch
schliefen wir im selben Bett. Es war ein geschäftiger Tag draußen und auch im Haus und in mir drinnen. Es war, als flöge
Energie umher wie ein Ball, der alles und jeden um sich herum
auflud, und ich wusste: Es würde ein großer Tag werden.

Ich schlüpfte schnell in meinen schwarzen Badeanzug und
fuhr noch einmal über die leere Stelle oberhalb meiner Beine,
an der bei anderen Kindern längst hämisch ein Abzeichen auf
mich herunterhnste, bevor ich die Tür aufriss und mehrere
Treppenstufen auf einmal nahm. In der Küche angekommen,
schlang ich eine halbe Laugenstange herunter, während mein
Vater hinter seiner Zeitung verschwand. Das war mehr, als ich
von allen anderen Mitgliedern der Familie zu sehen bekam,

und mir wurde klar, dass Opa den anderen erzählt haben musste, was wir geplant hatten.

Denn wie immer, wenn ich so etwas wie eine Prüfung ablegen musste, machte es sich meine Familie zu eigen, beim Frühstückstisch in alle Himmelsrichtungen zu verschwinden. Das hatte vermutlich damit zu tun, dass ich bereits auf normalste Nachfragen mit passiver Aggressivität und nicht ganz so passiver Aggressivität wie Türenknallen reagierte. Auf ein ›Na, gut geschlafen, mein Herzi?‹ konnte schon mal ein genuscheltes ›Lass mich in Ruhe!‹ folgen, was mitunter dazu führte, dass ich zeitweise den Spitznamen Lammi von meiner Familie erhielt, die verkürzte Form von ›Lass mich in Ruhe!‹ eben, das aufgrund meines Nuschelns offenbar mehr wie Lammi klang. Hinter vorgehaltener Hand wurde an solchen Tagen ›Der Lammi ist wieder da‹ geraunt, was dazu führte, dass sich meine Familie verhielt, als wäre der Feuermelder losgegangen. Während besonders großer Sternstunden entgegnete ich an Prüfungstagen nicht ›Lammi‹, ich entgegnete einen Satz, mit dem ich heute noch zu Hause aufgezogen werde, weil ich dachte, ich ersticke mit ihm jegliche Argumentation im Keim: ›Entschuldigung, dass ich auf der Welt bin.‹ Mein Schlusswort, mit dem ich gekonnt meinen Stuhl in den Boden rammte, theatralisch seufzend aufsprang und irgendwohin verschwand. Ich ließ peinlich berührte Gesichter zurück. Wirklich übel nahm mir meine Familie mein Verhalten nicht, ich konnte einfach nicht anders. An solchen Tagen war ich wie ein geladenes Stromatom, und meine Familie wusste alles dafür zu tun, um nicht in irgendeiner Art und Weise mit mir reagieren zu müssen, in der Hoffnung, den großen Knall vermeiden zu können.

Und so war es auch an dem Tag, an dem ich endlich das Schwimmen lernen sollte. Obwohl ich wusste, wie unausstehlich ich an ebendiesen Tagen war, war ich genauso dankbar dafür, dass alle anderen sich klammheimlich aus dem Staub machten. So sprach auch mein Vater mit keinem Wort über das bevorstehende Ereignis, sondern murmelte bloß irgendwelche Kommentare zu den Artikeln aus der Zeitung vor sich hin, die keine Antwort verlangten.

Im Keller angekommen, wartete nicht wie an den Tagen zuvor ein weißes Styroporbrett auf mich. Das Becken streckte sich mir bereits entgegen, und das Wasser griff mit seinen Fingern immer wieder über den Rand und das weiße Gitter, das den Abfluss verschloss. Es blubberte und gluckerte, wie um mir zu verstehen zu geben, dass es lebte, dass es da war und dass es wartete. Gerade als ich wieder die schwarzen Linien unter mir anstarrte, wie um ihnen per Hypnose mitzuteilen, dass ich mich heute nicht unterkriegen lassen würde, nicht heute, hörte ich auch schon Opa die Treppe herunterpoltern, wobei seine Latschen bei jedem Schritt ein furzendes Geräusch von sich gaben. Er trug wieder seine Speedo-Badehose, sein Unterhemd und eine Hornbrille, aus der er mich jetzt neugierig musterte.

»Heiland zack nomol. Hast du etwa die Hosen voll?«

Ich schüttelte so heftig den Kopf, dass ich kurzzeitig befürchtete, er würde abfallen.

Opa schob sich die Brille hoch. »Na, das hätte mich auch arg gewundert. Wo doch ich derjenige von uns beiden bin, der immer die Hosen voll hat!« Er zwinkerte. Die Anspannung, die mich gerade noch stocksteif hat stehen lassen, ließ ein wenig nach, und ich fühlte mich weniger wie ein Zinnsoldat und wieder mehr wie ein Kind.

Nachdem wir uns beide erst einmal nass gemacht hatten, wovon Opa behauptete, er brauche das für seine Pumpe, und

*wobei ich mitmachte, damit er sich nicht allzu alt fühlte, stieg
ich die Treppe hinunter ins Becken, wo er bereits wartete. Er
musste mein Zögern bemerkt haben, denn jetzt breitete er die
Arme aus, obwohl er mir so nah war, dass ich seinen Atem auf
meiner Wange spüren konnte.*

*»Versuch es einfach mal«, sagte er, was mir ziemlich pein-
lich war, da er mir so nah war und man es eigentlich kaum als
Versuch bezeichnen konnte.*

»Opa, das kann jedes Baby«, brummelte ich.

*Da blickte er hoch, schaute wieder auf seine so typische
Art und Weise ernst drein und sagte: »Große Dinge sind
nicht gleich groß, weißt du? Sie fangen klein an. Wenn du nie
anfängst, können sie nicht wachsen, niemals groß werden. Was
glaubst du, wie der erste Mann auf den Mond gekommen ist?
Das hätte er sich als kleiner Junge bestimmt auch nie erträumt.
Oder wie du auf die Welt gekommen bist? Sicherlich nicht so
groß, wie du es jetzt bist. Du gibst dir jeden Tag aufs Neue die
Chance zu wachsen, wieso machst du es nicht auch bei allem
anderen so? Nichts ist von Beginn an perfekt, weißt du? Das
ganze Leben bedeutet Entwicklung. Wir müssen uns der Veränderung anpassen, all dem, was um uns herum passiert.«*

*Da war es ganz still, und ich lauschte nur Opas und mei-
nem Atem, bis ich erkannte, dass er recht haben musste. Und
dann machte ich das, was ich immer machte, kurz bevor ich
den Mut für etwas aufbringen musste: Meine Entscheidung
mündete in einer Übersprungshandlung. Etwas, wofür ich
Tage, Wochen, vielleicht sogar Monate gebraucht hatte, tat ich
aus heiterem Himmel von einem auf den nächsten Moment
und das in einer Intensität, die ich mir vorher nie hätte aus-
malen können. Ich ließ von einem auf den anderen Augenblick*

los, wie damals, als ich das erste Mal ein Schwimmbecken gesehen hatte und vom Beckenrand in den Pool gesprungen war und der Bademeister mich japsend wieder herausziehen hatte müssen. Mit fest zugekniffenen Augen strampelte ich die Schwimmzüge nach, die Opa und ich vorher so häufig im Trockenen und mit den Brettern geübt hatten. All die Energie, die mich den ganzen Tag über schon aufgeladen hatte, die jede meiner Adern elektrisiert hatte, steckte ich jetzt in diesen einen winzig kleinen Schwimmzug, der im Nichts mündete, vorbei an der Brust meines Opas, mitten im Becken, weil ich die Augen zugekniffen hielt und zu viel Kraft in diese eine Bewegung gesteckt hatte. Mein Großvater bekam mich gerade noch am Anzug zu fassen.

Trotzdem reagierte er auf meinen ersten Schwimmzug, der vermutlich peinlich laut und ein wenig orientierungslos gewesen sein musste, wie auf alle meine ersten Male: Er riss mich hoch, kurz bevor ich untergegangen wäre, wirbelte mich herum und benahm sich, als hätte ich eine Rakete ins Weltall geschossen und ich fühlte mich auch so. Dann hob er mich aus dem Becken und rannte mit mir auf dem Arm die Stufen hinauf zu den anderen, wobei er jauchzte und jubelte, sodass sich schnell alle im Flur versammelten.

Kurze Zeit später standen wir beide triefend nass vor den anderen, während alle mich feierten, als hätte ich nicht einen Schwimmzug von 30 Zentimetern vollzogen, sondern als hätte ich die letzten 30 Zentimeter zu olympischem Gold geschwommen. Und wie sie da so standen und jubelten, fühlte ich mich selbst ein wenig so, und weil ich so nass war, machte es mir gar nichts mehr aus, dass ich dabei ein klein wenig weinte und mir die Tränen über die Wangen rollten. Danach gingen wir alle zusammen Eis essen, und ich durfte mir so viel bestellen, dass ich ein wenig Bauchweh davon bekam.

Als ich an dem Abend müde und erschöpft die Tür zum Museum öffnete, sah ich etwas auf meinem Kopfkissen glitzern, das nicht dorthin gehörte. Nur wenige Schritte vor dem Bett sah ich, was es war, das dort lag und auf mich gewartet hatte: Opa hatte mir einen seiner Pokale geschenkt. Vor dem Einschlafen fuhr ich stolz alle Linien und Wölbungen nach, bis ich schließlich den kleinen Deckel anhob, der ihn verschloss. Ich sah, dass Opa mir einen Zettel hineingelegt hatte, beschrieben mit seiner für ihn typischen Sauklaue. In schiefen, unregelmäßigen Schwüngen standen dort die Worte: »Alle großen Dinge fangen klein an.« Sorgfältig verstaute ich den Zettel in meiner kleinen Tasche. Den Pokal würde ich den anderen in der Schule zeigen, wenn die Ferien vorbei waren. Mensch, was hatte es sich gelohnt, dranzubleiben! Erst die Münzen, dann die Medaille, dann der Pokal!

Das war also der Sommer, in dem ich Schwimmen lernen sollte. Nach der Sache mit dem Pokal übte Opa mit mir täglich weiter. Bald legte ich größere Strecken zurück – meine Bewegungen wurden fließender, meine Züge kräftiger – und hielt dabei die Augen offen. Doch etwas hatte sich verändert, ich hatte mich verändert. Es dauerte ein wenig, bis ich verstand, was es war: Ich hatte keine Angst mehr vor dem Schwimmen. Ich fühlte mich endlich wieder ein wenig vollständiger und nicht mehr wie ein kaputter Wagen, ich war wieder voll funktionstüchtig. Nur eine Sache ließ mir noch immer keine Ruhe: Ich hatte noch immer nicht das Rätsel meines Großvaters gelöst, aber ich hatte das Gefühl, dass es etwas mit den vielen Pokalen und seiner Angst zu tun haben musste.

DER ERSTE KUSS

Meinen ersten Kuss verlor ich im wörtlichen Sinn. Es passierte mit einem Jungen, mit dem ich nie wieder ein Wort sprechen sollte, und war mehr Versehen als Versuch. Ich muss um die fünfzehn gewesen sein, und ich verbrachte meinen Freitagabend wie jeder andere Jugendliche meiner Heimatstadt: in einer Scheune.

Dabei handelte es sich um die einzige regulär öffnende Diskothek, die ohne Taxi erreichbar war. Geld hatte ohnehin niemand, und die Fahrt zum Limit, einem wirklichen Club mit Musikgeschmack, war blanke Utopie. Neben Zeltpartys spielte sich in dieser Scheune der größte Teil dessen ab, worüber die nächsten Wochen in Leer noch geredet wurde. Das lag zum einen natürlich an dieser massiven Ballung pubertierender Jugendlicher, zum anderen aber an den absurd niedrigen Preisen. Ein Tablett voller Mischgetränke gab es bereits zu einem Preis von sechs Euro zu erstehen. Zudem mussten die Schulden nicht gleich beglichen werden, sondern erst mithilfe einer perfiden Stempelkarte am Ausgang, die selbst bettelarmen Besuchern für die kurze Zeit ihres Aufenthaltes das Selbstbewusstsein von Bierkönigen verlieh, was wiederum dazu führte, dass wiederholt verzweifelte Betrunkene dabei gesichtet wurden, wie sie über den Bauzaun flohen, jene luxuriöse Abgrenzung des ›Outdoor-Bereichs‹, und wie Mehlsäcke auf der anderen Seite wieder herunterfielen. Manchmal, wenn H. P. Baxxter kam, einer der kuriosen Ehrenbürger unserer Kleinstadt, gab es im oberen Teil der Scheune einen unvergessen edlen VIP-Bereich, der sich dadurch auszeichnete, dass er mit einem weiß-roten Absperrband von den restlichen Arealen abgetrennt wurde.

Die Mischung aus niedrigen Preisen und Hormonen kristallisierte sich im Lauf der Zeit als bombensicheres Rezept für den rufschädlichsten Cocktail schlechthin heraus. Nicht umsonst warnten alle Eltern zu der Zeit vor den Gefahren der Alkopops, der Flatrate-Partys und des Komasaufens und behielten mit alldem völlig recht, denn sie wussten um die eigentliche Gefahr für ihre Zöglinge. Sie fürchteten den Verlust ihres guten Rufs durch die Klatschkeimzelle der Stadt: die Scheune.

Gespielt wurde während des Besuchs in der größeren Halle Schlager, in der kleineren ›Black Music‹ aus beispiellos schlechten Musikboxen, die jeden Ton so verzerrt wiedergaben, dass es nur den geschulten Ohren der Besucher und der ewig gleichen Playlist zu verdanken war, dass sie die Lieder überhaupt erkannten.

Dekoriert wurde das Etablissement mit einem Sammelsurium denkwürdiger Gegenstände: So gab es eine Wand in Kuhfelloptik, um auch dem letzten Gast unmissverständlich klarzumachen, dass er sich in Ostfriesland befand. Zudem wies die Scheune eine nicht unbeträchtliche Anzahl an Lavalampen auf, die es vermutlich einmal im Großeinkauf gegeben hatte und deren Anblick schon für so manchen Besucher den letzten überquellenden Tropfen des Abendfasses bedeutet hatte. Der eine oder andere war nach zu langem Hingucken dabei gesichtet worden, wie er überstürzt den Sanitärbereich aufgesucht hatte, um den Mageninhalt der letzten Stunden wieder von sich zu geben. Schlief derjenige, da angekommen, nicht selig vor der Toilettenschüssel ein und wurde er nicht routiniert am Morgen vom Reinigungspersonal geweckt, holte er sich im Anschluss an seinen Toilettenbesuch auch noch einen Stromschlag von den dauerhaft defekten Händetrocknern ab. Der Fußboden hatte sich im Laufe der Jahre eine Patina zugelegt, als hätte wer einen überdimensionalen Klebestift darüber gezogen. Deshalb wurde zwar jeder Schritt von einem Schmatzen begleitet, ähnlich dem Geräusch, das Gummistiefel im Watt von sich gaben, die Barhocker waren dafür sattelfest am Boden festzementiert. Das war eine nicht ganz unwichtige Feinheit für die Feiernden, die sich nach einer ausgelassenen Runde auf der Tanzfläche dort ausruhten. An einem Abend sah ich, wie einer der Gäste von seinem Hocker rutschte, der Hocker selbst aber stehen blieb.

Auch gastronomisch wartete die Disko mit schweren Geschützen auf. Draußen erwartete den Gast ein kleiner Bretterverschlag mit allerlei Fettigem, liebevoll ›Salmonellengrill‹ genannt, was niemanden davon abhielt, sich dort einen Burger zu holen, da man sich am nächsten Tag ohnehin übergab.

Kurzum: Die Scheune war das reinste Paradies. Ein Ort der Eskalation, eine Kommune aller besinnungslosen Jugendlichen, die nichts besaßen, zumindest kein großes Taxigeld, und die noch weniger zu verlieren hatten. Es war ein Ort, an dem alles kaputtgehen durfte, ja, alles kaputtgehen *musste*.

Nur vor dem einen Tag, dem Montag, graute es uns Jugendlichen. Denn bis dahin war das Lokalblatt vom Samstag – oder ›Sonnabend‹, wie es dort hieß – erschienen. Und so rankten sich spätestens am Montagmorgen die hanebüchensten Gerüchte um das vergangene Wochenende, aber auch Halbwahrheiten und Wahrheiten verdichteten sich. In der Lokalzeitung war zwar in den kurzen Polizeimeldungen meist die Rede von ›einer Diskothek‹ mit der Angabe der Straße, in der sie stand, und gab es nicht allzu viel Auswahl, so war den Lesern schnell klar, wo das Ganze stattgefunden haben musste und wer Dreh- und Angelpunkt des Geschehens gewesen war ebenso.

Die lokalen Anwälte rieben sich hingegen Montagfrüh am Tisch die Hände, die Diskothek bescherte reichlich Laufkundschaft. Kam es zum Prozess, gaben alle ob des Alkoholkonsums die haarsträubendsten Zeugenaussagen von sich, am Ende war sich keiner der Beteiligten mehr sicher, überhaupt bei dem Vorfall anwesend gewesen zu sein, sodass die Verhandlung meist mit glücklich dreinschauenden, händeschüttelnden Anwälten eingestellt wurde.

Fand man sich einmal selbst einmal im Mittelpunkt eines solchen lokalen Skandals wieder, so hoffte man nur auf den Eintritt des kommenden Wochenendes, in dem Wissen, schon bald vom nächsten Pechvogel abgelöst zu werden. Die Eltern hofften gleich mit. So wurde nach einem solchen Tumult der örtliche Supermarkt tunlichst vermieden, zumindest für eine Woche, um die Wahrscheinlichkeit zu minimieren, einer anderen Mutter zu begegnen.

Für dieses Ereignis, meinen ersten Kuss, was manche vielleicht als einen der wichtigsten Momente in ihrem Leben erachten, suchte ich mir diese atemberaubende Kulisse aus. Atemberaubend stimmte insofern, als einem noch am nächsten Morgen unter der Dusche die Spucke wegblieb, stieg der Dampf des Vorabends unter dem heißen Wasser auf. Der Beginn des Abends reihte sich in alle vorher dagewesenen und darauffolgenden Abende ein: Er startete mit dem Glätteisen.

Das galt übrigens nicht nur für das weibliche Geschlecht, alle ruinierten sich zu der Zeit gleichermaßen die Haare, auch mein bester Freund und dessen Freunde verbrutzelten sich auf diese Art und Weise jeden Morgen vor der Schule ihre Häupter, was dazu führte, dass alle Pubertierenden Leers mit 16 eine schräge Haltung auf dem Fahrrad hatten, eine bananenartige Krümmung der Wirbel, fast so, als hätten sie durch den krampfhaften Versuch, ihre mit Haarspray festbetonierte Frisur beizubehalten, eine angeborene Fehlhaltung bekommen. Eine vermutlich nicht unbeträchtliche Mitschuld an diesem Phänomen trug Justin Bieber, von dessen Hit *Baby* alle steif und fest behaupteten, ihn nicht zu kennen, während sie sich zu Hause unter der Dusche die Seele dazu aus dem Leib brüllten. Das ging so weit, dass sich auch die Jungs vorher im Rudel trafen, um sich gegenseitig die Haare zu glätten, und gar der eine oder andere dabei gesichtet wurde, wie er nach Eintreffen auf der Party abermals ein Eisen wie eine Waffe aus der Tasche zog.

Ich verbrannte also gerade die letzte annehmbare Strähne meines frisch platinfarben blondierten Haares, für das ich mich noch heute schäme, als es schon klingelte und meine beste Freundin Emma mich zum Vorglühen abholte. Zum Vorglühen, also Vortrinken, ging man in Ostfriesland übrigens auch, wenn es eine der von den Eltern am meisten gefürchtetsten Flatrate-Partys gab und man zehn Euro Eintritt für endlosen Konsum zahlte, was für hiesige Taschengeldverhältnisse nichtsdestotrotz einem Hauskauf gleichkam.

Ich verließ das Haus über die Hintertür, wobei ich meinen Vater noch etwas murmeln hörte, das sich verdächtig nach »Das Kind, behangen wie ein Christbaum« anhörte, was ich wiederum mit einem »Boah, Papa« quittierte, bevor ich die Tür hinter mir zuschlug.

Emma und ich tranken Spumante aus der untersten Reihe des Supermarktregals und setzten bei Facebook minutiöse Statusmeldungen in einem wilden Mix aus Klein- und Großbuchstaben ab, genau wie alle anderen auch. Wir schrieben:

> Gleich scheunieren x_333

Enno und Max machten es kurz. Sie schrieben:

> Volltanken

Bianka und Sophie übertrieben und schrieben:

> Gleich mal wieder ESkAliilliireEnn *-*

Maren schreibt an Inke:

> Geh mal bitte icq! <3

Inke schreibt:

> abgeeeeheeeen

Fokko schreibt:

> Heute mal widda inne scheune rein jo

Und so weiter und so fort. Statusmeldungen hatten damals denselben Zweck wie Tagebucheinträge – nur mit einer Wirkung auf uns, wie es Eilmeldungen von NTV heute auf Erwachsene haben. Mit ihnen standen und fielen Abende. Wer zog mit wem los? Wo gingen sie hin? Oder wer blieb zu Hause? Die Zeit der Klapphandys war vorbei, die ersten zogen I-Phones aus ihren Hosentaschen, und Facebook war noch ein archaischer, elternloser Ort, an dem alle bis zur Ekstase an Pinnwände schrieben, als wären es Privatnachrichten. Alle stupsten sich die Finger wund, das Süßholzraspeln des 21. Jahrhunderts.

Es war Frühling zu der Zeit, die ersten Kühe standen auf dem Feld, und als wir Emmas Haus verließen, zog der Wind noch an den feinen Härchen auf meiner Haut. Hatte ich ein paar Jahre zuvor noch meine Schwester ratlos beobachtet, wie sie mit jedem weiteren Tag ihrem alten Ich entwuchs und sich wie eine Zwiebel schälte, so schien auch ich mich jetzt auf dem Weg in ein anderes Universum zu befinden. Meine Haare fielen mir nicht mehr aschblond, sondern blondiert über die Schultern, ich trug Absätze, die höher als meine Füße lang waren, und Kleider, für die mein elfjähriges Ich mich abgrundtief gehasst hätte. Jeden Morgen dieselte ich mich von Kopf bis Fuß mit einem Deo von Impulse ein, das nach Vanille riechen sollte, und zog im Anschluss wie ein Stinktier eine fast sichtbare Fahne hinter mir her, von der meine Schwester und mein Vater behaupteten, sie rieche »bestialisch« und »schmerzhaft süßlich wie der Tod«, weshalb ich wie eine Geächtete nur noch auf dem Rücksitz Platz nehmen durfte.

Letzteres war mir nur recht. Hatte ich früher schon wenig gesprochen, redete ich am Küchentisch gar nicht mehr.

Ich lief stattdessen durchgehend mit meinem MP3-Player im Ohr durch die Gegend, hörte Blink 182, Phoenix, Panic! at the Disco und Paramore und, wenn mich keiner sah, auch noch Juli. Ich befand mich in der Blüte meiner Pubertät, ich saß oftmals bei Regen heulend am Fenster, weil ich das bei MTV so gesehen hatte, und manchmal wusste allen voran ich selbst nicht mehr, wer mir da morgens eigentlich aus dem Spiegel entgegenblickte.

Und so staksten Emma und ich schließlich mit Schuhen, auf denen keine von uns wirklich gut laufen konnte, über den Parkplatz der eingangs erwähnten Lokalität und reihten uns in die Schlange aller Wartenden ein. Auch Emma hatte sich in letzter Zeit verändert und entwuchs immer mehr ihrem kurz zuvor noch aus Schüchternheit gebeugtem Rücken. Doch anders als einst meiner Schwester verübelte ich Emma ihre Transformation nicht, weil wir uns gemeinsam veränderten. Wir hörten dieselben Bands, sprachen über The Killers und fingen zeitgleich an, die Jungs um uns herum genauer zu mustern. Sie war mehr Komplizin als Verräterin.

Wir reihten uns ein und warteten auf den Einlass. Die Türsteher nahmen eine etwas rudimentärere Arbeit vor, als ich es später in der Großstadt erleben sollte. Von den Geschwistern kopierte Schülerausweise, sorgsam zu Hause laminiert, wurden ohne mit der Wimper zu zucken abgenickt. Übergab man sich nicht gerade vor den Füßen des Sicherheitsdienstes, kam jeder hinein. Die Angst, nicht zu genügen, weil man nicht cool oder abgefuckt genug gekleidet war, war eine, die ich noch nicht kannte und mit der ich erst in der Großstadt meine Bekanntschaft machen sollte. Auch erkannten Gäste hier noch nicht an der Schlange, um welchen Club oder welche Musikrichtung es sich handeln musste. Es kamen alle, und alle durften hinein.

Jeden Freitagabend damals lag etwas in der Luft, wie ich es nie mehr in der Luft habe liegen spüren. Die Nächte waren aufgeladen mit Erwartungen, Hoffnungen und Neugierde, wie sie es nie mehr sein würden. Selbst Abende, die ich später erleben sollte und die objektiv betrachtet viel schöner waren, weil alle Merkmale, alle Details und auch alle Leute viel ausgewählter und hochwertiger waren, riefen nie mehr dieses Gefühl hervor. Vielleicht lag es an der Tatsache, dass man noch nicht an die nächsten Monate, die nächsten Wochen oder überhaupt den nächsten Tag dachte. Paradoxerweise waren die Abende damals vor ihrem Anbruch so wenig klar umrissen, obwohl sich jedes Wochenende in exakt demselben Laden mit exakt denselben Leuten abspielte. Fast kam es einem Improvisationstheater gleich. Zwar blieben die Statisten immer dieselben, Requisite und Bühnenbild blieben unverändert, und doch nahm die Geschichte jeden Freitagabend einen anderen Verlauf.

Drinnen angekommen, schlug uns auch an dem Abend Rauch entgegen. Wir begrüßten die eine Hälfte der Leute, ignorierten gekonnt die andere Hälfte und taten, als würden wir sie nicht kennen, was in unserer Stadt natürlich absoluter Quatsch war. Aus den Boxen dröhnte bereits ein Song von DJ Hennos Youtube-Warteliste, der vermutlich *Strobo Pop* von den Atzen, wegen der Boxen aber nicht so leicht zu erkennen war. Die Barleute schoben im Sekundentakt Tabletts mit Fako und Coko, Korn-Mischgetränken mit Fanta oder Cola, über den Tresen, und auf der Tanzfläche rieben sich Jugendliche aneinander oder bewegten sich einfach nur ein wenig ungelenk zur Musik. Nachdem Emma und ich unsere übliche Runde gedreht und diejenigen begrüßt hatten, die wir begrüßen wollten, zog es uns auf die Tanzfläche.

Genau wie mein Körper an dem Abend stand zu der Zeit auch mein Innerstes noch auf wackligen Beinen. Anders als die Schuhe mit dem wirklich guten Fußbett war meine Schüchternheit noch nicht in einer Kiste unter meinem Bett verschwunden. Eher wurde es mit Einbruch der Pubertät immer schlimmer. Ich war ein Spätzünder und begriff erst, was damit gemeint war, als ich denselben Knall bekam, wie alle anderen um mich herum. So beschränkten sich meine Erfahrungen mit Jungs auf eine dreitägige Beziehung mit Max Groen, dem Sohn unseres Tierarztes, mit dem ich nur gechattet, ihn aber nie getroffen hatte und mit dem ich auf dieselbe Weise Schluss gemacht hatte, nachdem er es auf dem Schulhof gewagt hatte, mir Hallo zu sagen. Endpeinlich.

Und so traf mich der Kuss, den ich in dieser Nacht erhalten sollte, aus dem Nichts. Bis heute bin ich noch nicht wirklich sicher, ob es sich nicht vielleicht doch um ein Versehen handelte. Emma und ich tanzten gerade in der Mitte der Tanzfläche. Wir befanden uns nicht gleich am Rand, sondern dort, wo man nicht direkt beobachtet werden konnte. Der Spumante entfaltete langsam seine Wirkung, bevor er wie eine Rakete am Firmament zündete, und wir tanzten gleich mehrere Songs am Stück durch. Wir schwitzten ein bisschen, und alle folgenden Szenen fühlen sich heute in meinem Kopf an, als hätte ich in einer Achterbahn gesessen, während ich sie erlebte: Alles ist unscharf und verschwommen, und ein bisschen schlecht war mir auch. Wahrscheinlich ist es nur der persönlichen Tragweite des Moments zu verdanken, dass trotz Spumante aus der untersten Reihe des Supermarktregals überhaupt noch Bilder vorhanden sind.

Es war ein Hinterhalt. Gerade, als *Break Your Heart* von Taio Cruz kam und Emma mit ihren Fingern ein Herz formte, das entzweibrach, und wir mehr ekstatisch sprangen, als dass wir uns noch rhythmisch bewegten, da sah ich, wie sich Emmas Augen auf einmal weiteten. Und gerade, als ich mich umdrehen wollte, um ihrem Blick zu folgen, da passierte es schon. Ein Junge aus der Parallelklasse hatte sich angepirscht, und noch bevor ich etwas sagen konnte, landete sein Mund auf meinem, so wie der Schnabel eines Spechtes auf den Baum trifft, gegen den er pickt. Von außen betrachtet muss es eher wie eine Kopfnuss als ein Kuss ausgesehen haben. Tatsächlich tat es auch ein bisschen weh, und ich hatte zwar keine Vergleichsmöglichkeit, wusste aber, dass hier eindeutig zu viel Zähne zum Einsatz gekommen waren. Ich hielt mir den Kiefer wie ein Preisboxer in seiner letzten Runde.

Emmas Blick und ihrer vor den Mund geschlagenen Hand zufolge musste es so schön ausgesehen haben, wie es sich angefühlt hatte. Ich hatte unzählige Filme gesehen, zig Bücher gelesen, Freundinnen zugehört, und nichts hatte mich auf diesen Moment vorbereitet. Ich hatte immer gedacht, den ersten Kuss würde ich mit jemandem haben, dem ich am Herzen lag und der mir am Herzen lag, und jetzt sah ich gerade noch, wie der Junge lachte, bevor er wieder in der Menge und aus meinem Leben verschwand. Warum hatte er das getan?

Ich war durcheinander, und das nicht nur wegen des Spumante. Ich griff nach dem Geländer, das die Tanzfläche wie einen Weidezaun umgab, und bahnte mir meinen Weg von der Tanzfläche. Ich lief vorbei an dem einzigen Bildschirm der

Diskothek, wo durchgehend alte Folgen von *Mr. Bean* gezeigt wurden, was mich sonst immer auf eine merkwürdige Art und Weise beruhigt hätte, aber nicht heute. Ich musste an die frische Luft.

Draußen setzte ich mich auf eine der Bierbänke und machte den Fehler, meine Augen zu schließen, weshalb ich sie gleich wieder öffnete. Ich sah mich um und sah, wie sich ein Pärchen küsste, wie er die Hand unter ihren Rock schob und sie sich an ihn klammerte wie eine Ertrinkende, ich sah Zungen und viel zu viel davon und sah gleich wieder weg. Ich beobachtete, wie einer durch den Bauzaun pinkelte und ein anderer sich währenddessen mit ihm unterhielt, wie wieder ein anderer in den Salmonellen-Burger biss und das Papier mitaß; ich fragte mich noch, ob er am nächsten Tag verpackt scheißen würde. Und schließlich sah ich, wie der Junge im Hoodie vor mir, der aussah, als ob er schlief, in Wirklichkeit gar nicht schlief, sondern sich in den eigenen Ärmel kotzte. Der Ärmel füllte sich wie eine Brandblase mit Wundflüssigkeit es tat, bevor er überquoll. Da stand ich auf, nahm die Stempelkarte, bezahlte und ging nach Hause.

Am nächsten Morgen schlug ich die Augen auf, als ich die Kühe draußen hörte. Ich verzog mein Gesicht. Mein Mund fühlte sich an, als läge ein Flokati darin. Ich ächzte, als ein scharfer Schmerz meine Schläfe durchzuckte. Und noch während ich mich orientierte und meine Gedanken sich sortierten, wurde mir etwas bewusst: Ich hatte gestern meinen ersten Kuss gehabt! Und mit ein wenig Ernüchterung: Ich hatte gestern meinen ersten Kuss gehabt. Ich hatte ihn verloren. Irgendwo unterwegs. In einer Scheune. Ich wusste nicht einmal genau, an wen. Doch ich würde ihn nie mehr zurückbekommen.

Am Montag, als ich in die Schule kam, bemerkte ich, wie sich mir gegenüber alle ein wenig anders benahmen als sonst. Die Blicke waren indirekter, und wenn ich mit niemandem sprach, hefteten sich andere an mich wie kleine unsichtbare Reißzwecke. Ich spürte das Prickeln auf meiner Haut, im Nacken, auf meinem Hinterkopf, wenn mich ein Augenpaar wie zwei Nadeln durchbohrte. Ich fragte mich schon, ob ich über Nacht endlich so etwas wie Brüste bekommen hatte, was mal wirklich eine Neuigkeit gewesen wäre, doch als ich in der Fünfminutenpause auf der Toilette nachsah, wurde ich bitter enttäuscht. Immer noch Ebbe.

Es dauerte bis zur ersten großen Pause, bis ich erfuhr, was es war, das die Aufmerksamkeit der anderen auf mich gezogen hatte. Ein Mädchen aus der Parallelklasse erzählte es mir. Der Junge, der mir am Freitagabend eine Kopfnuss gegeben hatte, hatte allen erzählt, er hätte mich »mitten auf der Tanzfläche auf dem Podest entjungfert«. Ich fragte mich, wie das anatomisch hätte möglich sein sollen, aber ich wollte es mir eigentlich auch gar nicht vorstellen.

TRAGWEITE

In dem Sommer, in dem ich Schwimmen lernte, musste ich anerkennen, dass Tragödien persönlicher Art meist auf ihre persönliche Tragweite beschränkt blieben. Ein bisschen war es wie mit einem Stein, der im Wasser kurz seine Kreise zieht, bevor er verschwindet. Im Nachhinein deutet nichts mehr darauf hin, dass er einmal dagewesen war. Dabei liegt der Stein selbst am Grund und wird von dem vielen Wasser abgeschliffen: Er verändert sich, obwohl alles um ihn herum seinen gewohnten Gang nimmt.

Mit stolz geschwellter Brust kehrte ich am Ende des Sommers in die Schule zurück. Endlich konnte ich allen davon berichten, dass ich auch schwimmen konnte. Die Medaille trug ich um den Hals, den Pokal in meinem Schulranzen. Ein Junge aus meiner Klasse war bei der Seepferdchenprüfung dabei gewesen, und so hatten letzten Endes alle von meinem ersten großen Misserfolg erfahren, bevor ich es selbst hätte erzählen können.

Doch im zweiten Anlauf am Ende des Sommers hatte ich die Prüfung »mit Bravour« gemeistert, wie der Bademeister sagte. Selbst der dicke Hausmeister hatte im Leeraner Hallenbad geklatscht, er war nahezu euphorisch gewesen, aber vielleicht lag das auch daran, dass er an diesem Tag noch nicht gegen die Schwalbenabziehbilder der riesigen Scheibe gelaufen war. Am Ende erhielt ich meinen heiß ersehnten Aufnäher mit dem geschwungenen Seepferdchen darauf. Am liebsten hätte ich gleich mehrere gehabt und meine Mutter auf jedes Kleidungsstück, das ich besaß, eines aufsticken lassen. Auch meine Mutter schien sehr erleichtert über die bestandene Prüfung. Ich weiß nicht mehr, ob wir danach im Kiosk Pommes Schranke aßen, weil sie erleichtert war oder weil ich es war, aber das war auch nicht weiter wichtig, denn sie schmeckte mir so gut wie noch nie zuvor.

Im Treppenaufgang sah ich Eike um die Ecke biegen, und wir nickten uns cool zu. Vielleicht machte man das unter Zweitklässlern ja so. Wir zählten jetzt offiziell zu den Größeren der Grundschule und nicht mehr zu den ›Babys‹, und so fühlten wir uns auch. Die Verantwortung der Welt lastete nun schon ein Stockwerk mehr auf uns, unser Raum befand sich im ersten Geschoss. Wir mussten richtige Treppenstufen steigen und keine halben mehr wie noch im vergangenen Jahr zum Erdgeschoss. Man traute uns jetzt zu, die Füße ein paar Zentimeter höher anzuheben.

Oben angekommen, sollte sich meine Klasse in einem Stuhlkreis versammeln, aber es dauerte ein paar Minuten, bis sich die erste Aufregung über den Umzug in ein neues Klassenzimmer gelegt hatte. Ich sah, wie Jonte das Fensterbrett nach Käfern absuchte und vor Eike beschützte, weil ihm die Sache mit dem Käferessen noch nachhing, und ich sah, wie Imke in der zweiten Reihe ihren Platz eingenommen hatte und gar nicht glücklich dreinschaute. Veränderungen mochte Imke überhaupt nicht. Denn wir gingen jetzt vielleicht in die zweite Klasse, aber wir waren eben auch in der zweiten Klasse, und das hier war ein völlig neuer Raum. Ein wenig später, als sich alle halbwegs beruhigt hatten, reichte Frau Hanken ein rotes Wollknäuel herum, und jedes Kind durfte davon erzählen, was es in den Sommerferien erlebt hatte. Ich freute mich schon auf den Moment, wenn ich dran war, musste mich aber gedulden, weil das Knäuel reihum ging. Unruhig rutschte ich auf meinem Stuhl hin und her, ich war die Letzte im Kreis.

Alle erzählten nach und nach, was sie in den Sommerferien gemacht hatten. Eike hatte etwa mit seinen Eltern ein Baumhaus im Garten gebaut, vermutlich um ihn beschäftigt zu halten. Imke war auf Borkum gewesen, wonach sie eine Woche nicht ruhig hatte einschlafen können. Gegen Ende erzählte Onno davon, wie er auf dem Hof seines Vaters einen Traktorführerschein gemacht hatte, was unsere Lehrerin dazu veranlasste, die Augenbrauen in die Höhe wandern zu lassen, und Eike dazu, ein »Astrein« von sich zu geben. Onno reichte eine Urkunde herum, die verdächtig nach Marke Eigenbau aussah. In krummen Großbuchstaben, deren Abstand zueinander sich mit der Wortlänge verringerte, weil der Platz auf dem Papier ausging, stand dort ›TRÄCKERFÜRARSCHEIN‹ geschrieben und ›BESTA FARA WO GIBT‹. Andächtig blinzelte Imke ihn an. »Sapi!«, raunte sie. Eike hingegen schniefte. »Die gildet nicht! Alles falsch geschrieben.« Doch der Eklat blieb aus. Frau Hanken warf eilig die Wolle weiter zum nächsten Kind.

Geschichte um Geschichte ging es so weiter, und Inke erzählte gerade, wie sie mit ihren Großeltern in Bunde gewesen war und beim Schlickschlittenrennen mitgemacht hatte und wie ihre

Eltern in Greetsiel schon Weltmeister geworden waren. Alle raunten ein »Oooooooh«, und da spürte ich, wie mir mit jeder weiteren Geschichte auf einmal immer schwerer zumute wurde.

Alle anderen Kinder hatten so tolle Sachen erlebt. Zudem wurde mir immer mehr bewusst, dass alle bereits ihr Seepferdchen gemacht hatten, und plötzlich schämte ich mich für die Medaille, die um meinen Hals hing. Auf einmal lag sie mir ganz schwer auf der Brust und war ein Beweis dafür, wie ich vor Ferienbeginn versagt hatte. Nur hatte ich so viel über mein Ereignis nachgedacht und wie ich vom Schwimmenlernen mit meinem Opa erzählen wollte, dass mir auf die Schnelle nichts anderes mehr einfiel. Außerdem hing die Medaille bereits um meinen Hals, und ich hielt den Pokal in der Hand, der schon einige neugierige Blicke auf sich gezogen hatte. Es gab kein Zurück mehr. Mit klammen Fingern fuhr ich über den Rand.

Mein blauer Schulranzen mit den weißen Einhörnern landete an diesem Tag unsanft in der hinteren Ecke des Hauswirtschaftsraums. Auf die Frage meiner Mutter hin, wie es denn in der Schule gewesen sei, entgegnete ich ein knappes »Wie immer«. Das war zwar eigentlich nichts Neues, weil ich die beiden Worte jeden Tag auf ihre Nachfrage entgegnete, aber der Tornisterweitwurf musste sie alarmiert haben. Ich ging in den Flur zu unserem Hund und legte mich neben ihn. Unser Hund legte seine Pfote auf meine Schulter, wie um mir zu sagen ›Halb so wild, Kumpel‹, und erst da fühlte ich, wie sich mein Herzschlag ein wenig beruhigte.

Nach ein paar Minuten kam meine Mutter zu mir. Sie setzte sich auf die Treppenstufe. Dann fragte sie: »Möchtest du darüber reden?«

Ich schüttelte aufgebracht den Kopf.

Da blieb sie einfach sitzen und sagte kein Wort, bis es schließlich aus mir herausbrach.

»Niemand war beeindruckt, Mama. Die anderen Kinder haben mich sogar ausgelacht.« Ich drückte mein Gesicht, das ganz heiß geworden war, in das Fell unseres Hundes. »Die haben gesagt, ich wäre ein Baby, weil die alle schon schwimmen konnten. Und über die Medaille haben sie auch gelacht.«

Meine Mutter musterte mich. Dann sagte sie: »Ja, und?«

Ich runzelte die Stirn und wollte schon wütend werden, doch sie fuhr fort. »Erinnerst du dich an den Moment, als Opa dir die Medaille gegeben hat?«

Ich nickte.

»Wie hast du dich da gefühlt? In dem Moment?«, fragte sie.

Ich überlegte. »Gut«, gab ich zurück. »Ich habe mich toll gefühlt. Als hätte ich etwas ganz Besonderes geschafft.« Ich spürte, wie meine Mutter mir die Haare hinters Ohr strich.

»Wieso solltest du dich jetzt anders fühlen? Merk dir eins, ja? Nicht andere definieren, wie du dich fühlst. Nur du allein. Ist doch piepegal, was die sagen, hörst du? Vielleicht war das alles für die anderen nicht wichtig, aber für dich war es das. Du hast dich verändert, und darum geht es. Und überhaupt, Babys können gar nicht schwimmen. So ein saublöder Kommentar.« Sie sah mich eindringlich an. »Von denen willst du dir doch nicht vermiesen lassen, dass du dich so gefreut hast, oder?«

Ich überlegte und schüttelte dann den Kopf.

Meine Mutter stützte ihre Hände auf ihre Knie und stand auf. Dann streckte sie ihre Hand nach mir aus. »So. Und jetzt zieh dir was Warmes an. Wir fahren zur Bohrinsel.«

Und als wir auf der Insel im Watt waren und der Wind mir die Haare aus der Stirn blies, da wurde mir ein wenig leichter ums Herz. Meine Mutter gab mir eine Mark, und ich sah durchs Münzfernrohr und wieder nicht das Ende des Wassers und ich dachte darüber nach, dass ich mich heute so gefühlt hatte, als hätten alle anderen in der Schule auf der anderen Seite gestanden und mich dadurch gesehen. Ich hatte mich so klein gefühlt.

Dann saßen wir eine ganze Weile auf unserer Bank und blickten bei Ebbe übers Wattenmeer, bis uns kalt wurde, und ich dachte, dass mir die anderen wirklich egal sein konnten. Denn vielleicht hatte der Stein im Wasser seine Kreise gezogen, und alles andere nahm seinen gewohnten Gang, aber ich selbst hatte mich verändert. Vielleicht ging es am Ende gar nicht um die Kreise, sondern um den Stein selbst. Dann nahm ich die Hand meiner Mutter und drückte kurz fest zu, und sie drückte zurück, was unser Morsezeichen dafür war, dass alles okay werden würde. Und wenig später war es das auch.

KAKERLAKEN

Ich könnte mich darüber auslassen, wie schlimm das Gerücht für mich gewesen war, wie schrecklich ich mich an dem Tag gefühlt, wie sehr mich das alles beschämt und wie ich nachts in mein Kopfkissen geweint hatte, und es würde alles stimmen, aber gleichzeitig wäre es übertrieben. So war das eben. Es hatten schon schlimmere Dinge die Runde gemacht: Über Nacht hatte schon die gesamte Kleinstadt Nacktbilder und Sexvideos erhalten, und verglichen damit, war ich gut weggekommen.

Natürlich zwinkerten mir hin und wieder Jungs, die in einer Gruppe standen, anzüglich zu, und Mädchen maßen mich von Kopf bis Fuß mit ihren Blicken, aber ich tat einfach, was alle in so einem Fall machten: Ich hielt den Ball flach und sorgte dafür, dass meine Mutter zum großen Supermarkt fuhr, um ihre Einkäufe zu erledigen. Ich wusste, der nächste Montag würde kommen, die nächste Geschichte, das nächste Opfer, Wahrheiten, Halbwahrheiten, und so kam es auch. Für alle lief es so. Zumindest für alle, bis auf einen. Für den Jungen, den wir Mülli nannten, gab es nächste Montage nicht.

Es dauerte eine Zeit, bis ich seinen richtigen Namen erfuhr. Ich weiß noch, wie ich mich damals fragte, wie gerade er in den Mittelpunkt gerutscht war, wo er doch aussah, als wäre er bereits verschwunden. Er war blass, trug eine schlichte, viereckige schwarze Brille und eine etwas zu kurze blaue Bomberjacke aus Stoff. Er war still. Wenn er sprach, dann tat er es leise. Manchmal sog er seine Oberlippe ein, als hoffte er darauf, sich selbst wegzusaugen. Sein Blick war immer ein wenig gehetzt. Er ging mit federnden Schritten und mit einer leicht gebeugten Haltung, obwohl er nicht sonderlich groß war. Selbst beim Gehen versteckte er sich, und ich konnte es ihm nicht verübeln. Die graue Umhängetasche aus Stoff, die er immer bei sich trug, schlug bei jedem seiner Schritte gegen sein Bein. Vielleicht sagte sie ihm, dass er noch da war, dass es noch nicht vorbei war. Er ging in die Parallelklasse, ich sah hin und wieder, wenn ich melodramatisch am Klassenfenster stand und mit meinem MP3-Player Musik hörte, wie er über den Schulhof huschte. Eine Maus, auf der Suche nach einem Loch, das es hier nicht gab.

Einmal, in der großen Pause – es war der Tag, an dem ich seinen eigentlichen Namen erfahren sollte –, kam ich gerade aus der Toilette, der Quelle allen Übels in der Mittelstufe. Meine Hände waren noch nass vom Waschen, der Schulhof war gespenstisch leer. Gerade als ich mich zu fragen begann, warum das so war, hörte ich Rufe. Aus dem Hauptgebäude drangen Pfiffe nach draußen, Johlen, ich hörte sogar Klopfen und folgte dem Lärm. Eine Schlägerei vielleicht, dachte ich.

Ich wischte mir die Hände an meiner Hose ab, weil wieder wer mit dem Papier die Toilette verstopft hatte, und drückte die Klinke herunter. Wie ein Halbmond hatten sich fast sämtliche Klassen unseres Jahrgangs um eine Wand im Flur versammelt. Sie erinnerten mich an Kakerlaken, wie sie sich zusammengerottet hatten, darauf gefasst, alles zu verschlingen, was man ihnen zum Fraß vorwarf, und sie wurden nicht enttäuscht. Ein schwarzhaariger Junge, der mich mit seinen schmalen Augen und der aufgeworfenen Nase an ein Schwein erinnerte, hatte den Jungen mit der schwarzen Brille und der Bomberjacke am Hals gepackt und ihn an die Wand gedrückt.

Ich tippte einem Mädchen aus der Parallelklasse auf den Arm. »Was ist denn hier los?«

Sie zuckte mit den Achseln. »Diesmal macht er ihn fertig, glaube ich. Die haben ein Foto auf seinem Handy gefunden.« Es sprudelte nur so aus ihr heraus, wie aus einer zu fest geschüttelten Wasserflasche, die mit Kohlensäure versetzt war. Sie genoss es, mir davon zu erzählen. Fast schäumte ihr Mund dabei, sie sah aus wie einer der Gaffer am Straßenrand, die im Querformat Whatsapp-Storys von tödlichen Unfällen aufnahmen. Sie hob die Augenbrauen und versetzte ihrer Geschichte die Sahnehaube. »Von Max waren die Fotos.« Sie schlug die Hand vor ihren Mund. »Facebook-Bilder. Der Arme. Muss voll ekelig für Max sein, tut mir mega leid für ihn.« Ihr »mega« dehnte sich dabei in die Länge wie ein Kaugummi unter einer Schuhsohle. »Mülli war ja schon immer komisch, jetzt wissen wir auch, wieso«, setzte sie nach. Wie sie so sagte, dass es ihr leidtäte, konnte ich mir kaum vorstellen, dass ihr überhaupt jemals in ihrem Leben etwas leidgetan hatte. Ich wollte ihr eine Antwort geben, doch sie hatte sich schon wieder nach vorn gedreht. Meine Reaktion hatte sie offenbar enttäuscht.

Wut stieg in mir auf und ein bisschen Angst vor dem, was ich gleich tun würde. Ich ließ sie stehen und versuchte, mir den Weg durch die Menge zu bahnen. »He, seid ihr komplett gestört?«, rief ich. »Lasst mich mal durch.«

Ein Junge vor mir schüttelte seinen Kopf. »Nee, Mann. Wir wollen auch alle was sehen.« Doch etwas an meinem Blick ließ ihn zurückweichen. Er hob die Hände. »Stress mal nicht!«

Ich hörte ihn nicht mehr, ich sah nur noch den Jungen mit der schwarzen Brille und der Bomberjacke und wie sein Blick wie ein Feuerzeug im Wind fackelte. Er strampelte mit seinen Füßen in der Luft, reflexartig wie ein Hund, den man hochgehoben hatte. Sein T-Shirt war schweißnass.

»Lass ihn runter«, sagte ich zu dem Jungen mit der Schweinsnase. »Sofort.«

Er starrte mich an. »Sonst was?« Er lachte, und einige drum herum lachten auch, und meine Knie wurden ein bisschen weich, aber ich sah, dass er den anderen ein Stückchen tiefer hängen ließ und seinen Griff lockerte.

»Oder die geringste deiner Sorgen ist eine Suspendierung, du Flachwichser«, zischte ich. Zum Glück wackelte meine Stimme nicht. »Kannst froh sein, wenn er dich nicht anzeigt.« Ich drehte mich um, selbstbewusster, als ich es war. »Sag mal, seid ihr eigentlich alle völlig hirnverbrannt? Habt ihr nichts Besseres zu tun, als hier herumzustehen? Wie lange wolltet ihr noch warten?«

Da zogen sich die Ersten murrend zurück. Ich hörte, wie einige »Spielverderberin« murmelten, die Schaben krochen wieder zurück in ihre Löcher, ich hatte ihnen den Brei verdorben, sie witterten eine Petze.

Auch die Schweinsnase hatte jetzt die Lust verloren, wo das Publikum weg war. Sein Auftritt war vorbei. »Mach das ja nicht noch mal. Kannst froh sein, dass du ein Mädchen bist«, sagte er zu mir, seine Stirn war keine Hand breit von meiner entfernt, und ich presste die Lippen fest aufeinander, vielleicht kniff ich sogar jämmerlich die Augen zusammen.

»Scheiße«, flüsterte ich.

Der Junge mit der schwarzen Brille und der Bomberjacke sank, einmal losgelassen, an der Wand herunter auf seinen Hosenboden. Ich weiß noch, wie ich damals dachte, dass das Erschreckendste an der Situation seine Gefasstheit war, seine völlige Ruhe, als er auf dem Boden saß. Er weinte nicht, er schrie nicht, er machte keine hektischen Bewegungen, er saß einfach nur da und wartete darauf, dass es vorbeiging, dass alle weggingen und ihn in Ruhe ließen. Er war ruhiger als ich. Ich sah auf meine zitternden Finger herab.

Die Flure leerten sich, und ich spürte, wie mir noch immer das Herz in den Ohren schlug. Ich setzte mich neben den Jungen an die Wand. Da fragte ich etwas, das ich ihn viel früher hätte fragen sollen: »Wie heißt du eigentlich?«

Er runzelte die Stirn, schaute aber immer noch nach vorn. »Julian. Ich heiße Julian.«

Ich sprach nie wieder mit ihm.

Ich ging zum Direktor, der mich zur Sekretärin schickte, die mich zur Vertrauenslehrerin schickte, einer Frau mit großer Nase und dicken, runden Brillengläsern und ruhigem Blick. Wir saßen in ihrer kleinen Kammer, in der es dunkel und eng war. Ich wusste bis zu dem Tag nicht einmal, dass dieser Raum existierte. Ich erzählte ihr von dem, was ich in der Pause gesehen hatte. Nach dem Gespräch hörte ich nie wieder von der Sache.

Ich würde gerne behaupten, dass ich mutiger gewesen wäre, als ich es war, aber das war ich nicht. Ich war nicht besser. Ich hatte auch anderen wehgetan. Ich ging wieder zurück in die Klasse und behauptete, ich hätte noch zur Toilette gemusst und wäre deshalb zu spät gekommen. Ich kannte die Grenzen, das Raster, das uns alle umgab, und ich hatte es an dem Tag ausgereizt. Ich erzählte niemandem, weshalb ich wirklich zu spät in die Klasse zurückgekehrt war. Ich tauchte wieder ab.

Später fand ich heraus, dass es nicht das einzige Mal gewesen war, dass sie den Jungen, den alle Mülli nannten, »drangsaliert« hatten, wie die Vertrauenslehrerin gesagt hatte. In den Pausen hatten sie ihn abwechselnd in Mülltonnen gesteckt und den Deckel zugehalten, sie hatten ihn angespuckt, seine Sportsachen versteckt, sie sperrten ihn aus der Umkleide aus und riefen »No homo« und schlugen sich gegenseitig auf die Schulter, weil sich keiner mit ihm umziehen wollte. Wenn er vorbeilief, brüllten sie ein langgezogenes »gaaaaaaay«, und sie sagten es, als wäre Schwulsein eine Beleidigung.

Viel schlimmer war aber vielleicht das, was sie nicht taten. Sie redeten nicht mit ihm. Sie luden ihn nicht ein. Sie wählten ihn nicht im Sportunterricht. Sie schnitten ihn, als wäre er die Kakerlake, die Krankheiten übertrug, und nicht andersherum. Irgendwann nach der Mittelstufe verschwand der Junge mit der schwarzen Brille und der Bomberjacke, den sie Mülli nannten, als hätte es ihn nie gegeben, und ich sah ihn nie wieder. Keiner sprach darüber, wohin er gegangen war. Es interessierte niemanden.

Denn Mülli, der eigentlich Julian hieß, hatte einen folgenschweren Fehler begangen. Er war fast unsichtbar, mit seinem gesenkten Blick, der blassen Haut, dem huschenden Gang, und doch war es am Ende nicht genug: Er war durchs Raster gefallen. Und er hatte sich nicht verbogen, um wieder hineinzupassen.

DAS GEHEIMNIS

*E*rst Jahre nachdem ich zum ersten Mal geschwommen war, sollte ich das Geheimnis meines Großvaters erfahren. Ich schwamm schon lange, ohne dass irgendjemand dabei sein musste. Mittlerweile beruhigte es mich, ich mochte es sogar. Mein Großvater saß in seinem zerknautschten Sessel vor dem Fernseher, und ich beobachtete ihn vom Flur aus. Ich war auf meinem Rückweg aus dem Schwimmbad, Tropfen rannen mir über die Haut und bahnten sich ihren Weg wie kleine Schnecken. Er saß dort jeden Abend pünktlich zur Tagesschau, wenn sich das Licht langsam zurückzog und die Räume des Hauses in Dunkelheit zurückließ. Nur der Leuchtstreifen des Kastens vor meinem Großvater, in dem Staubkörner flimmerten, durchzog die Schwärze im Raum. Die meisten Glühbirnen waren alt, manche funktionierten schon lange nicht mehr, und so zog die Nacht auch in das Haus ein, anstatt nur seine Gemäuer zu umgeben. Der Fernseher war so laut, dass sich draußen vor dem Fenster eine Menschenmenge versammeln und mithören hätte können. Trotzdem sah ich, wie mein

Großvater seine Augenbrauen zusammenzog, mit seiner Hand eine Muschel um sein taubes Ohr formte und mit seinem Sessel noch näher an den Bildschirm heranrückte. Vermutlich hatte er sein Hörgerät wieder verlegt. Ich schmunzelte.

Gerade flimmerten der Bundestag und das Logo einer Partei über den Bildschirm, und ich beobachtete, wie sich die Schultern meines Großvaters versteiften. Fast regungslos starrte er auf den Kasten, die Knöchel an seiner Hand traten weiß hervor. Da stellte er den Fernseher ab, und die plötzliche Ruhe im Raum ließ mich frösteln. Er hatte mich bemerkt und musterte mich aufmerksam. Verlegen räusperte ich mich und trat aus dem Türrahmen hervor. Da sagte mein Großvater, umgeben von dieser eigenartigen Stille: »Du hast mich doch einmal danach gefragt, woher ich so viel übers Tauchen weiß. Erinnerst du dich noch daran? Damals warst du noch zu klein für die Antwort.«

Ich nickte und hielt die Luft an. Ich wusste in dem Moment, dass er mir etwas Wichtiges erzählen würde. Manche Sätze waren wie Regen. Sie tropften in regelmäßigen Abständen vom Himmel, und es machte nichts, wenn man sie einmal verpasste, ja, manchmal war es sogar gut, sie zu verpassen. Andere Sätze waren wie gesponnenes Gold, sie hingen in der Luft wie ein Sommerregen, sie klärten die Luft. Sie waren selten und kaum zu fassen, weshalb man sie hüten musste wie einen Schatz. Die Art, mit der mich mein Großvater musterte, machte deutlich, dass die folgenden Wörter zur letzteren Sorte zählen würden. Ich fühlte mich fast, als fühlte er mich zu dem Topf am Ende des Regenbogens, so aufgeladen war die Stille mit all den Worten, die er nie gesagt hatte, mit all den Münzen, die er mir zuvor nicht gezeigt hatte.

Er räusperte sich, ein schepperndes Geräusch in der Nacht. »Es war ganz einfach so damals, dass ich keine Wahl hatte.«

Ich beobachtete, wie er die Hände im Schoß faltete, bevor er fortfuhr, und ich sah, wie wuchtig die Worte würden, noch bevor er sie aussprach. Ich verharrte still, ich wollte ihn nicht unterbrechen, aus Angst, dass er wieder verstummen würde.

»Deine Generation kennt das alles nur aus dem Fernsehen, und dafür bin ich sehr dankbar. Es hat dir wahrscheinlich niemand erzählt, aber vielleicht hast du es dir ja schon gedacht. Als ich in deinem Alter gewesen bin, musste ich jedenfalls in den Krieg ziehen.« Er sprach schneller, die Worte schossen jetzt aus ihm heraus. »Einmal kämpften wir in der Nähe von Kiew, und wir mussten uns zurückziehen und fliehen. Wir alle rannten zum Fluss, hinein in die Sackgasse, hinter uns die Rote Armee, und wir alle rannten, als wäre der Teufel hinter uns her. Wir hatten keinen anderen Fluchtweg, nur den Fluss.« Er blickte hoch von seinen Händen, die einander kneteten, und mir ins Gesicht. »Und dann bin ich abgetaucht. Während alle um mich herum jämmerlich ertranken oder erschossen wurden. Ich tauchte durch das Flusswasser, das sich rot färbte, und ich tauchte, weil ich musste. Ich war einer der wenigen, die an dem Tag überlebten, und ich überlebte nur, weil ich schwimmen konnte. Zu der Zeit war das noch nicht so üblich wie heute. Wäre ich an der Oberfläche geschwommen, wäre ich erschossen worden.« Eindringlich schaute er mich an. »Deshalb ist es so wichtig, dass du deine Augen nie verschlossen hältst, hörst du? Einen Feind, der unsichtbar ist, kannst du nicht bekämpfen. Und jede Generation muss ihren eigenen Kampf kämpfen, verstehst du das? Ich habe das Gefühl, dass es wieder losgeht, weißt du?« Er schluckte und zeigte hinter sich, wo der Fernseher stand. Dann legte er seine Hände auf die Knie und stand auf. Er räusperte sich. Im Vorbeigehen legte er mir eine

seiner Pranken in den Nacken, und ich fühlte mich wieder wie ein zerbrechlicher Vogel. »Genug davon. Jetzt gibt's was zum Vespern. Komm mit, wir machen uns ein Leberwurstbrot.«

Er knipste eine der schwach leuchtenden Lampen im Flur an, und ich bemerkte, dass seine Hand dabei ein wenig zitterte. Ich folgte ihm in die Küche. Dieses eine Mal war ich mir nicht sicher, wer von uns beiden das Brot brauchte.

Ich dachte noch oft an dieses Gespräch im Halbdunkel zurück. Erst Jahre später verstand ich, dass er mir nicht nur sein Geheimnis verraten hatte, sondern noch viel mehr. Ich verstand, wieso er so außerordentlich schwerhörig geworden war, die Bomben hatten ihm nicht nur seine Jugend, sondern auch sein Gehör genommen. Ich verstand, wieso er damals so sauer gewesen war, als ich all die Pflaumen verschwendet hatte, weil er in Gefangenschaft Hunger hatte leiden müssen. Und ich verstand endlich, wieso dieses sonderbare Haus so war, wie es war: Ich verstand die morbide Armbrust an der Wand, das Museum mit all seinen Pokalen aus dem Schützenverein, den Keller mit dem Schießpulver, das Schwimmbecken und sogar die unheimlichen Felle an der Wand. Das alles beruhigte ihn, meinen Großvater, den Berg von einem Mann, das alles war seine Versicherung, es ließ ihn schlafen. Die Pokale und Medaillen waren sein Beweis dafür, dass er sich noch immer würde beschützen können.

All diese Sachen waren wie das kleine Licht in Form einer Mondsichel, das noch lange Zeit nachts in der Steckdose meines Kinderzimmers geleuchtet hatte. Das alles hier war seine Rüstung, das alles bildete seine Festung, wenn die Nacht kam. Und zum ersten Mal in meinem Leben hatte ich das Gefühl, dass ich den Mann, der mein Großvater war, wirklich kannte.

DAFÜR SIND
NACHBARN
DOCH DA

Meine erste richtige Beziehung wurde durch das Aufschreiben eines Kennzeichens besiegelt. Ich kam von der Schule nach Hause, die Genervtheit der Jugend auf dem Rücken, hatte Ubbo ein paar Querstraßen zuvor hinter mir gelassen, bog soeben in unsere krustige Straße, der Himmel mehr grau als blau, und beeilte mich, dem Regen noch zuvorzukommen, als ich ihn sah. Ich stöhnte innerlich auf und verlangsamte den Tritt. Ich strampelte genau genommen sogar rückwärts, um Zeit zu schinden, bis ich so langsam fuhr, dass ich fast vom Fahrrad fiel.

Der Mann, den ich fürchtete, war unser Nachbar, ein älterer Herr mit Hut und Hosenträgern, Vollbart und einem Hals, der wie aus einem Schildkrötenpanzer hervorstach, wenn er etwas observierte. Dieser Hüter unserer Straße, Rasenkantenaufseher, Herr des Vertikutierens schlich um das Auto des Jungen, mit dem ich mich treffen wollte.

Ich erinnerte mich an den Tag zuvor, als ich aus meinem Fenster geblickt und den Nachbarn dabei erwischt hatte, wie er mit dem Fernglas auf unser Grundstück geschaut hatte. Vermutlich hatte er die Heckenhöhe kontrolliert, zumindest hatte ich scheinheilig zurückgewinkt, woraufhin er schnell die

Vorhänge zugezogen hatte, was ihm genau genommen nicht mehr viel brachte, weil ich ihn schon gesehen hatte. Daran dachte ich, während ich so rückwärtsstrampelte, aber mein Rad drohte schon zu kippen, und ich musste mir eingestehen, dass ich eine Begegnung nicht würde verhindern können. Der Nachbar bewegte sich so schleppend um die Karosserie herum, ich würde niemals umhinkommen, mit ihm zu sprechen. Denn vorbeizufahren, ohne zu grüßen, war keine Option. Das hing einem in Ostfriesland Generationen nach. Grüßte man einmal nicht, wusste es auch der Goldfisch der Cousine fünften Grades desjenigen, den man nicht gegrüßt hatte, und das noch fünf Jahrzehnte nach dem eigentlichen Vorfall. Da wurden einem Dinge wie »die ist ein bisschen komisch« nachgesagt, weil man einmal nicht gegrüßt hatte. Es war ein kulturelles Ausschlusskriterium. Selbst wenn man die andere Person nicht einmal gesehen hatte, wurde einem daraus noch ein Strick gedreht.

Ich ergab mich also meinem Schicksal, stieg vom Fahrrad und seufzte. Noch während ich aber das Bein hob, um mich aus dem Sattel zu bewegen – ich befand mich ja schon vorher sozusagen auf einer Art absteigendem Ast und hatte reichlich Zeit zu gucken, aber auch nicht zu viel –, da sah ich aus dem Augenwinkel, wie unser Nachbar abermals um den silbernen Opel schlich. Er war wie ein zugegebenermaßen sehr langsamer Jäger, der sich seiner Beute näherte, bevor er schließlich etwas Weißes aus seiner Hosentasche zog. Ich schob mein Fahrrad weiter auf ihn zu. Bei genauerem Hinsehen stellte sich das weiße Viereck als Notizblock heraus. Das durfte nicht wahr sein. Er schob die Unterlippe vor, seine rosafarbene Zunge blitzte auf, er starrte mit bitterernster Miene aufs Kennzeichen, zückte einen Kugelschreiber und notierte sorgsam das Nummernschild, bevor er beides mehrere Male miteinander abglich. Dann fing er auch noch an zu pfeifen.

Ich stöhnte. »Echt jetzt?«, murmelte ich, aber ich war schon zu nah dran, und da blickte er auf und versteckte eilig den Block hinter seinem Rücken.

»Wie bitte, junge Dame?«, fragte er, als hätte ich etwas falsch gemacht.

Hastig quetschte ich ein »Äh, Moin, sagte ich!« hervor und vertraute auf sein schlechtes Gehör, woraufhin er nickte. Ich hatte noch einmal Glück gehabt, denn er antwortete:

»Das will ich auch wohl meinen. Moin, junge Dame!« Er wippte mit seinen Zehenspitzen auf und ab, die Hände jetzt auf seinem Rücken gefaltet.

Meine Augäpfel wollten sich so sehr verdrehen, dass es sich anfühlte, als müsse ich gegen einen riesigen Magneten am Hinterkopf ankämpfen. Mir fiel wieder ein, wobei ich ihn ertappt hatte, und ich wollte den Spieß umdrehen. »Mir war gar nicht bewusst, dass Sie zeichnen, Herr Ennen. Lassen Sie doch mal sehen!« Unschuldig blickte ich zu ihm hoch, und immerhin liefen seine Wangen rot an.

Er räusperte sich und machte eine wegwerfende Handbewegung. »Nee, nee. Das mache ich nicht so gerne.«

Ich schaute ihn an und machte große Augen. »Zeichnen? Oder die Zeichnungen anderer zeigen?« Dann der Todesstoß, augenblicklich verwundert, gab ich von mir: »Oder haben Sie etwa gar nicht gezeichnet gerade eben?«

Er schüttelte so heftig den Kopf, als versuche er, die Szene loszuwerden. »Ach, nee, DAS!« Er lachte und fummelte sich am Hemdkragen herum, und richtig gelöst sah er nicht aus.

Abermals Zehenspitzengewippe. »Ich bin mehr so hobbymäßig unterwegs, weißt-ja-wohl.« Nach Bestätigung suchend, blickte er mir entgegen.

Ich nickte. Ja, ich wusste wohl, was er da im Schilde geführt hatte. Gerade wollte ich ein ›War-nett-mit-Ihnen-zuschnacken-aber-ich-muss-dann-mal-wieder‹ hinterherschieben, aber er kam mir zuvor.

»Du, aber wo wir gerade hier stehen.« Meine Schultern sackten ab. Sätze, die so begannen, gingen nie gut aus. Das war viel zu vertraulich, das würde dauern, das war glasklar. Prompt hatte er wieder Oberwasser, stemmte die Hand in die Hüfte und lehnte sich ans Auto. »Wem gehört das denn wohl?« Er zeigte auf das Auto hinter sich. »Rein interessehalber«, setzte er nach, wobei er das R rollte, wie es viele ältere Ostfriesen taten.

Wieder nickte ich. Natürlich. Rein interessehalber. Und da sagte ich den Satz, der meinen Beziehungsstatus und den des Jungen, der im Haus auf mich wartete, besiegeln sollte. Mir fiel nichts Besseres ein, um das Gespräch langsam zu ersticken. Ich holte tief Luft. »Der gehört meinem ...«, ich verzog kurz das Gesicht – wie hoch war die Wahrscheinlichkeit, dass sich die beiden einmal begegnen würden? – »... Freund.« Und weil es mir jetzt doch langsam langte: »Brauchen Sie etwa ein neues Auto, Herr Ennen?«

Er schüttelte so hektisch den Kopf, dass die faltige Haut unter seinem Hals wie bei einem Truthahn mitschwang, der Lappen war wie ein Fähnchen im Wind. Er wischte über einen nicht existierenden Fleck am Wagen. »Nee, ach wat. Aber ich sag ja immer – Vorsicht ist besser als Nachsicht. Man weiß ja nie.« Gäbe es einen Satz, mit dem ich den Charakter unseres Nachbarn hätte beschreiben müssen, wäre es dieser gewesen:

›Vorsicht ist besser als Nachsicht.‹ Wobei ›Man weiß ja nie‹ auch hoch im Kurs lag.

Und ja, dachte ich. Weiß man wirklich nie, wie denn auch? Bei einer Sackgasse, quasi auf dem Land, mit ganzen neun Häusern, mit achtzig Prozent Rentnern als Bewohnern und einer Kriminalitätsstatistik, die im Minusbereich lag, da konnte man ja wirklich nie wissen, vielleicht würde es das nächste Detroit von Ostfriesland werden, das nächste Sodom und Gomorra, und das vielleicht schon übermorgen. Vielleicht würden die Senioren hier ja auf den letzten Metern noch einmal richtig Gas geben und ihren Lastern verfallen, mit Krückstöcken um sich werfen, und der silberfarbene Opel vor uns würde den Start dafür markieren. Vielleicht war der Wendehammer am Ende der Gasse ein Umschlagplatz für gestohlene Autos. Man weiß ja nie, dachte ich und nickte pflichtschuldig.

Da guckte mein Nachbar wieder zu mir, und ich wusste, er musste noch etwas loswerden, es war wie ein Aufstoßen, das er nicht mehr unterdrücken konnte: »Der steht hier nur nicht ganz so gut, der Wagen, aber wenn das dein Freund ist, dann will ich man nichts gesagt haben.« Er zwinkerte.

Großzügig, dachte ich und überlegte, mich zu verneigen, wusste aber im selben Moment, dass es mir nichts bringen würde, wenn ich jetzt einen auf dicke Hose machte, dann stünden wir noch morgen hier.

Der Blick des Vertikutiervirtuosen vor mir glitt noch einmal über das Vehikel. Da kam auch schon der nächste Rülpser. »Aber eine Wäsche könnte er wieder gebrauchen.« Er klopfte auf den Wagen. »Nichts für ungut.«

Ich antwortete das Einzige, von dem ich dachte, dass es mich irgendwie aus der Situation befreien würde: »Klasse, dass Sie da so aufpassen, Herr Ennen. Ganz toll.« Innerlich starb ein Teil von mir, aber Wahnsinn, wie das funktionierte!

Er fuhr sich, gebauchpinselt wie er war, beim Hosenbund anfangend und über den Bauch wandernd über seine Hosenträger, bis er sie schließlich ganz kurz anhob und wieder zurückschnalzen ließ, ja, er schien dabei um ein paar Zentimeter zu wachsen. Er warf sich in die Brust, seinen Truthahnhals heftig wackelnd unterm Kinn. »Das ist ja selbst und verständlich, sag ich immer!« Das sagte er leider wirklich immer. Er lupfte die Mütze und ging – endlich – los. Ich blickte ihm ungläubig hinterher.

Drinnen fragte mich der Junge, der gewartet hatte, ob wir durch die Gegend fahren wollen und wenn ja, wohin, und ich antwortete: »Weg. Weit, weit weg.«

Die Tage darauf fragte mich die ältere Dame von nebenan hinter hervorgehaltener Hand in einer Diskretion, als hätte ich mich der Prostitution verpflichtet, wer denn der »nette Herr im silberfarbenen Auto« gewesen sei. Ein anderer fragte mich ungeniert nach meinem Freund und »wie lange das denn schon ging«. Herr Ennen hatte die Kunde offenbar schon beim Vertikutieren verbreitet, und wieder eine andere Nachbarin fragte, was das denn für einer sei, den habe sie ja noch nie in der Gegend gesehen, obwohl sie so guckte, als wüsste sie ganz genau, wer das war, und als führte sie eine Strichliste über jeden Wagen, der an ihrem Haus vorbeifuhr, vielleicht schwante auch ihr den Untergang der Straße. So verbreitete sich die Kunde, dass ich einen Freund hatte, ohne dass der Junge im silberfarbenen Wagen wusste, dass er es war, in unserer Straße.

Wir verliebten uns in diesem Sommer und trennten uns ein paar Winter später. Wir schrieben uns Briefe und Postkarten, er kaufte mir eine silberfarbene Herzchenkette zum Geburtstag, geschwungen, mit einem kleinen glitzernden Stein, wie es jeder Freund in unserer Stadt für seine ersten Freundin tat, wir gingen in der Fußgängerzone in ein Café und aßen Eis, wir knutschten im Kino auf der einzigen Pärchenbank, bis uns die Lippen ein wenig wehtaten, wir versprachen uns einander und viel zu viel, wie man es nur in dieser einen, ersten Beziehung unüberlegt tat, und wir verloren uns irgendwann danach.

Den genauen Zeitpunkt dafür zu bestimmen fällt schwer. Es gab keinen. Irgendwann hörten wir einfach auf, uns Briefe zu schreiben, ins Café oder Kino zu gehen, irgendwann waren wir uns einfach wieder fremd, und er war wieder der Junge mit dem silberfarbenen Wagen. Nachdem wir uns getrennt hatten, saß ich am Fenster, und es regnete, wie es nur in meiner Heimatstadt regnete, und ich fühlte mich wie in einem Musikvideo von MTV und hörte Enno Bungers *Regen*.

Kurze Zeit später verliebte ich mich in jemand anderen.

HEIMAT IST,
WO DU
ABGESCHLEPPT
WIRST

Es stimmt schon, wenn man sagt: Du kannst überall tief in der Scheiße sitzen. Die Sache ist nur die: Nirgendwo findest du so viele Leute, die dich fach- und sachgerecht zu jeder Tages- und Nachtzeit herausziehen können, wie in Ostfriesland. Bevor ich aber die eigentliche Geschichte erzähle, muss ich ein wenig ausholen.

Besonders sortiert war ich nie. Fing ich aber an, mich zu bewegen, während ich gleichzeitig noch etwas anderes tat, kam das einer stichfesten Prognose für ein Unglück gleich. Die Lebenserwartung meines Vaters verkürzte sich um mehrere Jahre, als er mir im Leeraner Julianenpark das Fahrradfahren beizubringen versuchte. Ich fuhr zwar eigentlich einwandfrei und erfüllte auch körperlich die Grundvoraussetzungen wie schon beim Schwimmen – ich hatte keinen falsch angeschraubten Fuß oder eine linke Hand dort, wo die rechte hätte sein mussen. Das Problem war, dass ich die Konzentration schwierig aufrechthalten konnte. Ich war wie ein Hund, der eine Katze sah. Weckte in meinem Umfeld irgendetwas mein Interesse, ruckte mein Kopf herum, während ich völlig unbedacht weiterfuhr und dabei zeitgleich meinen Lenker verzog. Drehte ich mich beispielsweise nach links hinten um, riss ich dabei den Lenker nach rechts und bog zu meiner völligen Verblüffung ins Gehölz ab.

Das mündete darin, dass ich mehrfach nur knapp einer frontalen Kollision mit einem Baum entkam. Das Echo der Schreie meines Vaters schallt vermutlich noch heute durch den Park. Trotzdem muss ich an der Stelle einwerfen, dass eine Strecke mit Bäumen für ein Kind wie mich nicht die geeignetste Strecke zum Fahrradfahren war, genau genommen war es also die Schuld meines Vaters. Doch die Sache mit dem Lenkerumreißen sollte nur der erste Dominostein in einer langen Reihe von denkwürdigen Fahrvorfällen sein, die an Peinlichkeit ihresgleichen suchten.

Zunächst summierten sich die Fahrradunfälle. Einer davon bleibt mir bis heute sehr lebhaft im Gedächtnis. Es war kurz nach Schulschluss, und die Schüler strömten in Leer aus den Schulen, glücklich, dem Geruch der Räume zu entkommen, bei dem man nicht mehr einordnen konnte, ob er den Gebäuden oder den stets miefenden Pubertierenden entstammte oder aber, ob Erstere im Laufe der Zeit einfach den Geruch von Prüfungsangst und Hormonchaos aufgesogen hatten. Es war wie bei der Henne und dem Ei; es war nahezu unmöglich zu sagen, welches das andere bedingte. Erwachsenen mangelt es oft daran, sich in die Gefühlswelt ihrer Kinder einfühlen zu können. Eigentlich müsste es dafür eine ganz einfache Lösung geben: Spätestens bei diesem eigenartigen Geruch, den Schulgebäude verströmen, sollten sich alle in ihre Jugend zurückversetzen können, stanken doch inmitten der Blüte ihrer Pubertät alle auf dieselbe Art und Weise und hinterließen dabei eine Duftnote wie Hirsche in der Brunft, einen Geruch, den man wie den Geruch des Todes nicht aus dem Gehirn auslöschen kann. Es müsste wie eine Pheromonzeitkapsel funktionieren.

Am Tag des ersten Fahrradvorfalls hatte ich die Zeitkapsel hinter mir gelassen. Ich schulterte meinen Eastpak-Schulranzen, eine Sonderedition in Schlangenoptik, die ich rückblickend erstaunlich selbstsicher getragen habe, und legte den Weg zum Fahrradstand zurück. Dort angekommen, schloss ich mein Fahrrad auf und schwang mich euphorisch in den Sattel. Die Rushhour in Leer hatte begonnen. In meiner Heimatstadt ist es so, dass Punkt ein Uhr sämtliche Schüler aller Schulen losfahren, um die eine lange Straße, die Hauptader in Leer, wieder zurückzufahren und den miefigen Geruch der Hallen hinter sich zu lassen. Ich reihte mich, erleichtert über den Schulschluss und die frische Luft, in die Flotte von Schülern ein, um nach Hause zu fahren.

Und während ich so fuhr und alle um mich herum beobachtete, wie ich es immer tat, entging ein entscheidendes Detail meiner Aufmerksamkeit: Ich näherte mich mit jeder Pedalumdrehung einer mittelschweren Katastrophe. Mein rechter Schnürsenkel wickelte sich um meine Pedale, was ich erst bemerkte, als ich Inkes neue Strähnchen und Onnos neue Pustel im Gesicht fertig begutachtet hatte. Und so trat ich völlig unbedacht Runde um Runde in die Pedale bis ich schließlich in Zeitlupe umfiel. Noch während um mich herum die Schüler mit ihren Hollandrädern vorbeischnellten, mir zunickten oder mich ignorierten, während ich weiter geierte – Hatte Max etwa ein neues Rad? Und Imke eine neue Frisur? –, kippte ich bedächtig und schließlich doch plötzlich wie ein Tetra Pak Milch um.

Noch denkwürdiger als der eigentliche Sturz aber war das, was darauf folgen sollte. Denn ich war nicht nur herausragend unbeholfen, ich war auch noch aufsehenerregend stur. Als ich da so lag, den Fuß mit der Pedale unter der rechten Seite des Fahrrads verkeilt und begraben, schlug ich rigoros jedwedes Hilfsangebot aus. Ich schickte Max peinlich berührt weg, auf den ich insgeheim seit der ersten Klasse ein Auge geworfen hatte, meine Gefühle aber in der dritten Klasse mit einem kräftigen und überschwänglichen Schubser vom Kampfbalken zu kanalisieren wusste, was uns beide in den Folgejahren eine zementschwere Schüchternheit bescherte, die in gegenseitigem Einverständnis ob der emotionalen Aufgeladenheit der Begegnungen in absoluter Leugnung des Gegenübers mündete (wieso er also ausgerechnet jetzt anhielt, um mir zu helfen, blieb mir schleierhaft). Dann schickte ich Tomke weg, ein korpulentes Mädchen aus der Nachbarklasse mit einem Organ wie ein Megafon (ich befürchtete, ihre Hilfe würde noch mehr Aufsehen erregen als mein eigentlicher Sturz, was natürlich völlig absurd war, da ich diagonal den Radweg blockierte und alle mich umfahren mussten, was aus der Vogelperspektive wie ein sich öffnender Reißverschluss ausgesehen haben musste), bevor ich noch zwei, drei weitere Hilfsangebote ausschlug.

Und so lag ich auf den Pflastersteinen und wartete, begraben unter Scham und Rad und der Gewissheit, dass sich dieses Bild ins Gedächtnis der Stadt einbrennen würde, und blickte mit gerunzelter Stirn gen Himmel. Ich sah, wie Minute für Minute die Wolken und Hinterköpfe meiner Mitschüler an mir vorbeizogen, bis sich schließlich nur noch Grautöne in mein Blickfeld mischten. Eines hatte ich nicht bedacht, als ich großzügig all die Hilfen in den Wind schlug: Es war schwierig, die Schnürsenkel selbst zu lösen, wenn man halbseitig gelähmt unter seinem Fahrrad lag. Mein verdrehtes Knie begann zu schmerzen. Ich überlegte gerade, ob mein Kopf bei dem Sturz nicht vielleicht auch etwas abbekommen hatte, und drehte ihn vorsichtig nach links und rechts. Weil ich jedoch eine mit Sternchen überzogene Uvex-Wassermelone auf meinem Kopf trug, verwarf ich die Idee im selben Moment wieder, als sich das runde Gesicht eines Mannes mittleren Alters vor die Wolken schob. Zurück zu Hause, wo ich eine Dreiviertelstunde später als üblich mit hochrotem Kopf ankam – ich musste also ziemlich lange da gelegen haben –, erzählte ich niemandem, dass der Mann mir einen verschwitzten und stinkenden Turnschuh hatte ausziehen müssen, um mich aus meiner misslichen Lage zu befreien.

Doch zurück zur Geschichte. Die Vorfälle rissen nicht ab, sie setzten sich bis zu dem Tag fort, dem nicht nur meine Eltern bereits seit Jahren mit Grauem entgegenblickten: dem Tag, an dem ich meine erste Fahrstunde nahm. Nachdem ich schon das Anfahren und Parken geübt hatte, was wir in Ostfriesland am Deich taten und nicht an einem Berg, wie meine Mutter ungläubig hatte feststellen müssen, stand auch schon meine erste Fahrt auf der Autobahn bevor. Überraschenderweise war es draußen einmal nicht nass, was mich eigentlich hätte beruhigen müssen. Irgendwer hatte also Erbarmen mit mir, vermutlich gaben alle ihr Bestes, um für möglichst gute Startbedingungen zu sorgen. Ich saß dennoch kreidebleich in der Küche und wartete auf das Hupen des Fahrlehrers, während meine Mutter, stoisch wie immer, Kreuzworträtsel am Küchentisch löste. Zehn Minuten vor Beginn der Stunde war mein Rücken klitschnass, mein Gesicht aschfahl und mein Blick gehetzt. Die Übungsstunden zuvor hatten mein angeschlagenes Selbstvertrauen in puncto Koordination nicht gestärkt.

Ich stieg mit zittrigen Beinen zu meinem stereotyp adipösen Fahrlehrer ins Auto, wobei mir noch durch den Kopf ging, ob das eigentlich eine Grundvoraussetzung für den Job war und ob man schon jemals einen potenziellen neuen Lehrer abgelehnt hatte, weil er zu dünn und gesund ausgesehen hatte und man ihm deshalb nicht zugetraut hatte, jahrzehntelang neben panischen Jugendlichen auszuharren, oder ob man mit der Zeit immer birnenförmiger wurde, weil man mit seinem Sitz verschmolz.

Mein Lehrer jedenfalls war ein Mann, dessen Atem aufgrund seines exzessiven Rauchkonsums furchtbarerweise selbst dann rasselte, wenn er sich nicht einmal bewegte. Zur Begrüßung gab er ein dröhnendes Lachen von sich, wobei sein über den Jeansbund lappender Bauch zu beben anfing. »WHÄ-HÄ-HÄ. Na, dann wollen wir mal, was?! Haste schon Schiss?«

Leck mich, dachte ich und nickte ihm mit einem dünnen Lächeln zu, während ich versuchte, den faustgroßen Brocken in meinem Hals herunterzuschlucken. Die Sterne standen nicht gut. Aber es war zu spät, die Stunde war gebucht, und vielleicht würde alles nur halb so wild werden, wobei es selbst dann noch schlimm gewesen wäre. Zuvor hatte ich in einer Konsequenz Rechts-vor-links-Situationen ignoriert, die mir beim Psychiater eine suizidale Ader attestiert hätten, weshalb ich meinem Fahrlehrer seinen Galgenhumor nicht einmal verübeln konnte, immerhin saßen wir sozusagen in einem

Boot. Ich versuchte mich zu sammeln, ungefähr so, wie es die Tropfen in meinem Nacken taten, legte den Gang ein und fuhr los.

Fünfzehn Minuten später riss mein Fahrlehrer das Lenkrad auf einen Rastplatz herum, schlug die Tür auf und stützte sich draußen ächzend auf seine Knie. Ich glaubte fast, er würde kotzen. Sein Bauch hing jetzt mehrere Zentimeter unter seinem Shirt hervor, so als wolle selbst sein Körper vor ihm, mir, seinem Job und dem Auto fliehen, und sein Atem hätte ohne Weiteres die Baseline für den nächsten Horrorfilm werden können. Vor lauter Aufregung hörte er gar nicht mehr auf zu husten, fast tat er mir leid, wie er da so stand, und ich befürchtete schon, ihn nicht direkt durch mein Fahrverhalten umgebracht zu haben, aber zumindest durch dessen Auswirkungen auf seine Psyche. Den Rückweg verbrachten wir schweigend. Er auf dem Fahrersitz, ich auf dem Beifahrersitz, die Hände ineinander verschränkt und mit gesenktem Kopf. Das Radio plärrte passenderweise *Looking for Freedom* von David Hasselhoff. Als wir bei unserem Haus ankamen, gab er noch ein »Nächste Fahrstunde ist erst in ein paar Wochen« von sich, bevor er davonbrauste.

Es sollte der Startschuss für eine unrühmliche Karriere als Autofahrerin sein. Überflüssig zu erwähnen, dass ich die Prüfung für den Führerschein gleich dreimal habe antreten müssen. Das erste Mal übersah ich ein herannahendes Auto, als ich die Zufahrt zur Autobahn hatte nehmen wollen, beim zweiten Mal fuhr ich mit 30 Kilometern pro Stunde über die lokale Berühmtheit der Leeraner Fußgängerzone, die ›Pinkelrinne‹. So nannten wir den Abfluss eines kleinen Brunnens, der sich seinen Namen leider redlich verdient hatte. Beim

Schaukeln des Wagens krachten die Köpfe meines Fahrlehrers und Prüfers gegen die Decke. Offenbar hatte ich das Schild mit einer rot umrandeten Zehn nicht gesehen, was der Prüfer nach ausgiebigem Reiben seines Hinterkopfes mit einem »Das war dann wohl dein Getriebe, wa« in Richtung meines Lehrers quittierte und in meine Richtung ein »Zurück zum TÜV« blaffte.

Mit der Zeit erhärtete sich also der Verdacht meiner Familie, dass der Fahrlehrer am Ausgang der dritten und letzten Prüfung etwas gedreht haben musste: Ich musste weder auf die Autobahn, noch musste ich parken oder eine Vollbremsung ablegen, eigentlich fuhr ich nur geradeaus. Nach 30 Minuten drückte mir mein Fahrlehrer mit einem knappen Nicken in meine Richtung den Führerschein in die Hand, bevor er über unsere Schlaglöcher davonbretterte. Mein Vater ist noch heute der festen Überzeugung, der Lehrer habe sich einfach nicht mehr der Gefahr aussetzen wollen, bei mir mitzufahren.

Und so kam es, dass auch andere Leute ungerne bei mir mitfuhren, sich die Vorkommnisse häuften und die eigentliche Geschichte sich zutrug. Denn ein Fehlschlag überragte alle anderen um Nasenlängen. Er begann mit einem Irrtum. Ich befand mich irgendwo zwischen Nüttermoor und Leer, also mitten auf dem Land, und war auf dem Rückweg nach Hause. Draußen war es kalt, aber nicht so kalt, dass keine Kühe auf den Weiden stünden, und ich war dabei, eine folgenreiche Entscheidung zu treffen, während nur noch vereinzelt kleine Backsteinhäuser an mir vorbeizogen. Drehte ich das Radio auf, würde ich das Navi überhören, ein kleines silbernes Gerät von dem Gewicht eines Sets Boule-Kugeln. Andererseits war die Strecke keine allzu weite, weshalb ich aus einer Laune heraus beschloss, nicht auf die Musik zu verzichten und das Navi ausgeschaltet zu lassen. Immerhin befand ich mich in meinem Habitat.

Ich fuhr vorbei an Feldern, auf denen sich die dunklen Schemen der Kühe abzeichneten, als ich durch einen fingerbreiten Spalt meines Fensters den Geruch von Regen einsog. Der Regen der letzten Tage hatte sich wie eine Decke um Ostfriesland gehüllt, weshalb es ausnahmsweise einmal nicht nach Gülle roch, und die Stille war keine Stille, sondern eine Ruhe.

Im nächsten Moment – ich kniff gerade die Augen zusammen, um abermals ein Ortsschild zu lesen, das ich auf dem Hinweg nicht bemerkt hatte – zerriss ein Scheppern jäh die Stille. Während der Mond gerade noch selig schien, die Sterne strahlten, der Regen träge in der Luft lag und der Motor gemütlich schnurrte, versank mein Auto plötzlich im Grund. Es war, als wäre ich in einem dieser Erdlöcher aus dem Fernsehen versunken. Die Reifen fanden keinen Grund mehr. Ich fürchtete mich vor dem, was ich sehen würde, wenn ich die Tür öffnete. Als ich sie einen spaltbreit aufstieß, wurde mir bewusst, was es war, das mein Auto in seinen Klauen gefangen hielt: Ich war in einer Pfütze astronomischen Ausmaßes gelandet – bestehend aus Kuhscheiße. Durch den Regen der letzten Tage hatte sich der Grund mit den Hinterlassenschaften der Vierbeiner zu einer breiigen Masse vermischt, die mir wie frisch gegossener Beton vorkam. Während ich die Räder durchdrehen ließ, drang ein Gedanke immer stärker in mein Bewusstsein: Die Situation würde nicht mit einem einfachen Rückwärtsgang zu lösen sein. Ich schlug aufs Lenkrad und ließ den Kopf in den Sitz sinken.

Im Laufe der Vorfälle, die mich heimgesucht hatten, war meine Hemmschwelle, um Hilfe zu bitten, massiv angestiegen. Ich unternahm einen letzten, verzweifelten Versuch. Rückwirkend betrachtet, war er vor allem das: verzweifelt. Ich zog die Schuhe aus, wohl wissend, dass ich sie nie mehr würde anziehen können, sobald sie den Grund berührten, hielt die Luft an und öffnete die Tür. Mit geschlossenen Augen versank ich mit meinen Socken knöcheltief in dem noch warmen Brei. Ich schluckte meinen Ekel herunter und begutachtete das Ausmaß des Schadens.

Das Positive an der Situation war: Ich war weich gelandet, mein Auto würde keine Schrammen davontragen. Das Schlechte und leider nicht Unerhebliche an der Situation war: Es war wirklich sehr weich. Zu weich. Während die hinteren Räder noch auf halbwegs als solchem zu bezeichnenden Grund standen, badeten meine Vorderräder in einem Freilandsilo. Bei dem Weg musste es sich um einen vorrangig landwirtschaftlich genutzten Weg gehandelt haben. Während eines Schüleraustauschs mit einer Highschool in Kansas hatte ich einmal auf einem Highway beobachtet, wie ein Truck noch während der Fahrt plötzlich in die Höhe schnellte und auf überdimensional großen Reifen wie eine langbeinige Spinne davonbrauste. Bis zu diesem Moment hatte ich mir nicht vorstellen können, wozu so etwas hätte gut sein sollen. Während ich aber mein kleines armes Auto ansah, wie es traurig in der Nacht und der Pfütze versank, wünschte ich mir so einen Wagen herbei.

Nach einigen von vornherein zum Scheitern verurteilten Versuchen, den Wagen selbst anzuschieben, bei denen ich ausrutschte, fast stürzte und sich meine Socken nach einem

Gülleschlammbad noch weiter vollsogen, und nachdem das Durchdrehen der Reifen mein Auto eine weitere Etage gekostet hatte, war ich so weit. Seufzend und mit hängenden Schultern tat ich das Unausweichliche: Ich holte mein Handy heraus und atmete tief durch. »Menno, ich brauche Hilfe.« Und obwohl ich nicht einmal ansatzweise beschreiben konnte, wo genau ich war, wo ich überhaupt abgebogen oder falsch abgezweigt war, hörte ich kurz darauf das vertraute Brummen eines Traktors.

Tags darauf reihte ich mich in die Schlange zur Waschstraße ein. Menno, der Landwirt, hatte meinen Wagen nach einem unterdrückten Lachanfall innerhalb von Sekunden aus dem Matsch befreit. Ich musste ein denkwürdiges Bild abgegeben haben, wie ich da matschverschmiert und bibbernd in der Nacht gestanden war. Bei dem Weg hatte es sich offenbar um einen ausschließlich landwirtschaftlich genutzten Weg gehandelt. »Einen Wagen, abgesehen von Treckern« hatte Menno an der Stelle jedenfalls noch nicht gesehen.

Die Peinlichkeit hatte sich nur leider nicht mit dem Abschleppmanöver erledigt. Zwar war mein Wagen befreit, die Spuren waren aber noch immer deutlich zu sehen. Auf dem Weg zur Waschstraße waren Wagen an der Kreuzung stehen geblieben, als ich sie passiert hatte. Mit hochrotem Kopf hatte ich die Strecke zur Waschstraße zurückgelegt. Dazu muss man wissen, dass es in Ostfriesland dem reinen Zeitvertreib diente, seinen blitzsauberen SUV noch sauberer zu machen. Mein Auto sah hingegen aus wie eine mit Schokolade überzogene Praline, nur dass die Schokolade faulig roch. Vor mir stand ein schwarzer Volkswagen, dessen Flanken im Mittagslicht glänzten, hinter mir ein tiefer gelegter Golf 4 in tadellosem Zustand mit Unterbodenbeleuchtung und fetten Boxen im Kofferraum, dahinter ein niedlich dreinschauender Mini.

Ich schluckte und versuchte, mich im Wagen möglichst klein zu machen. Doch es war zu spät. Der Mann aus der Waschstraße hatte mich bereits entdeckt. Peinlich berührt drückte ich den Knopf, um das Fenster herunterzulassen, erwischte aber den Falschen, weshalb jetzt die Scheibenwischer angingen und der Mann neben mir genervt den Kopf schüttelte.

»Kacke«, murmelte ich und drückte den nächsten, doch wieder war es nicht der richtige, und so gingen die Nebelscheinwerfer an. Spätestens jetzt hatte ich die Aufmerksamkeit aller Wartenden.

Der Mann klopfte ans Fenster.

Scheiß drauf, ich stieg aus. »Moin«, druckste ich, knetete meine Hände und setzte einen möglichst schuldbewussten Blick auf.

Der Mann starrte unbewegt zurück. »Was wollen Sie hier damit?«, fragte er mich.

»Ähh«, sagte ich, wo ich doch dachte, dass der Grund für meinen Besuch recht offensichtlich war. »Mein Auto ist dreckig.«

Der Mann schüttelte den Kopf. »So was waschen wir nicht.«

Da begann ich mich zu fragen, was sie sonst in dem Würfel vor mir wuschen, wenn keine Autos.

»Was haben Sie denn damit gemacht?«, fuhr der Mann fort und blickte Beifall erheischend die anderen Fahrer an. »Ein Schlammbad genommen?«

Ha, ha, dachte ich. Genau, mache ich häufiger, kommt gleich nach Hyaluronsäure für die Stoßstange, aber ich hielt den Mund, weil ich leider auf den Mann angewiesen war. Mit dem Gartenschlauch war ich nicht weit gekommen, über Nacht war der Schlamm krustenartig wie Teig getrocknet.

Der Mann lehnte sich jetzt an das Schild hinter ihm, er genoss die Situation. »Ihnen ist schon klar, dass das kein Trecker ist.« Ich hörte den Autofahrer hinter mir lachen.

Ich versuchte mich zusammenzureißen und räusperte mich. »Ja, aber wenn Sie den nicht waschen, wer macht es denn dann? Zu Hause bekomme ich den unmöglich sauber.«

Der Mann zuckte bloß mit seinen Schultern. Da sah er mein verzweifeltes Gesicht und hatte Erbarmen. »So was habe ich ja noch nie gesehen.« Und mit einem Seitenblick zu mir fügte er hinzu: »Aber das wird teuer, das sag ich dir gleich.«

Ich nickte eifrig, obwohl ich mit diesem Auftritt eigentlich schon teuer bezahlt hatte. Aber für die Reinigung hätte ich ihm vermutlich auch mein Sparkonto samt Konfirmationsgeld in die Hand gedrückt.

Also gut, offenbar war ich nicht die beste Autofahrerin und würde es auch nicht mehr werden, aber darauf möchte ich eigentlich gar nicht hinaus. Mir geht es um etwas anderes. Ich bin – und das ist mir ein wenig unangenehm – schon an vielen Orten mit meinem Wagen liegen geblieben. Dass aber immer jemand kam und mich so schnell wieder herausgezogen hat, ist mir andernorts noch nie passiert. Nirgendwo kenne ich so viele Menschen, die mich immer abschleppen und nach Hause bringen können, wie in Ostfriesland. Denn ja: Buchstäblich in der Scheiße stecken bleiben, das konnte man überall – so schnell abgeschleppt und gerettet werden nicht.

DAS GEFÜHL
NACH DER
ANGST

*E*s war Herbst, als mein Großvater starb und ich nichts fühlte. Ich dachte immer, ich würde unweigerlich spüren, wenn jemand, der mir wichtig war, plötzlich verstarb. Dass die Bindung, die in dem Moment gekappt wurde, irgendwo einen lauten Knall im Universum auslöste oder wenigstens ein leichtes Ziehen in meiner Magengegend. Genau wie wenn zwei Hände, die sich umklammern, sich voneinander lösen und man spürt, dass die Wärme nachlässt. Dass ich merken würde, wenn mein Opa nicht mehr da war. Denn wie konnte jemand lautlos verschwinden, der einem so viel bedeutete?

Doch ich saß in der Uni, als mein Großvater starb, und ich tat etwas derartig Irrelevantes, dass ich es im Anschluss direkt vergaß. Vermutlich empfand ich nichts als Langeweile, während er allein starb, aber ich fühlte nicht, dass er es tat. Erst mit dem Anruf meiner Mutter brach die Trauer wie eine Lawine über mich herein. Es brach die Zeit des Umbruchs an, die Zeit,

*in der ich mir weniger Gedanken über erste Male machen sollte
als über letzte.*

*Die Autofahrt zur Schwäbischen Alb, die sonst vom Reden
meiner Schwester, dem Schimpfen meines Vaters oder dem
Geräusch begleitet wurde, das das Buch meiner Mutter von
sich gab, wenn sie es umblätterte, blieb dieses Mal still. Meine
Mutter schaute aus dem Fenster, und im Alter von 65 Jahren
war sie das letzte Mal jemandes Kind. Auch ich musste mit 25
eine Rolle aus meinem inneren Theater streichen, ein gerader
Strich durchzog jetzt das Wort Enkelin. Ich war noch eine
Tochter, eine Schwester, ja, vielleicht eine Freundin, aber eine
Enkelin war ich nicht mehr. Mein Großvater war das letzte
lebende Elternteil meines Vaters und meiner Mutter gewesen.
Ich merkte erst in dieser Zeit, dass ein Teil von mir sich immer
gewünscht hatte, mein Opa würde vielleicht meine Hochzeit
noch miterleben. Ich sah während der Autofahrt aus dem
Fenster, sah, wie die Berge an mir vorbeizogen, Täler und
Wälder, und zum ersten Mal in meinem Leben wurde mir
nicht schlecht dabei. Ich hatte einen anderen, erschreckenderen
Abgrund als den hinter dem Autofenster gesehen.*

*Die Schluchten vor der Scheibe waren weniger angstein-
flößend als diejenigen, die sich in mir selbst auftaten, und mir
ging auf, dass ich mich nie vor den Bergen gefürchtet hatte,
sondern vor meiner eigenen Endlichkeit. Ich hatte aus Angst
vor dem Tod gleich das Leben mitgefürchtet. Jetzt, wo einer
meiner mir liebsten Menschen gestorben war, merkte ich, wie
lächerlich das gewesen war. Die Endlichkeit war unumstößlich,
meine eigene und auch die der Menschen um mich herum,
und man konnte seine Zeit damit verbringen, das Leben zu
fürchten, sich vor ihm zu verstecken, obwohl es der Tod war,*

den man fürchtete, oder man konnte versuchen, das Leben in vollen Zügen auszukosten.

Trotzdem dachte ich auch über Dinge nach, über die jeder nachdenkt, wenn er wen verliert, und am meisten darüber, wie sehr ich es bereute, meinen Großvater in den letzten Jahren nicht noch häufiger gesehen zu haben. Ich dachte, wie ich schon unzählige Male von anderen gehört hatte, die jemanden Nahestehenden verloren hatten, dass mit dem Anklopfen des Todes auch die Reue Steinchen an ihr Zimmer warf, und wie ich daraufhin immer versucht hatte sie irgendwie zu trösten. Und jetzt auf einmal verstand ich, dass es keinen Trost gab, den ich in einen erlösenden Satz gießen konnte.

Die in der Kindheit und Jugend obligatorischen Sommerbesuche waren in den letzten Jahren immer sporadischer geworden, ›weil gerade einfach zu viel los war‹, ›Uni und so‹, ›ich schreiben muss‹ und sowieso, bis zur Schwäbischen Alb ›ist es ja von uns aus auch ein ganz schönes Stück‹, Sätze, die zwar jeder mit einem entschuldigenden Achselzucken von sich gab, sie aber trotzdem sagte. Jeder behauptete zwar, dass es normal sei, sein eigenes Leben zu führen, aber jetzt, in diesem Auto auf dem Weg zur Beerdigung meines Großvaters, konnte mir nichts davon meine Trauer oder Reue nehmen.

Mein Opa liegt auf einem Friedhof neben meiner Großmutter begraben, und er liegt erhöht, sodass er alles im Blick hat, das war ihm immer wichtig. An guten Tagen kann man von dem Punkt aus die Alpen sehen. Für mich wäre das natürlich eine absolute Horrorvorstellung, zur Totenruhe käme ich da nicht, aber ich wusste, wie sehr er die Berge und Oma liebte. Ich wusste, dass er nicht mehr bei uns war, dass er längst verschwunden war, wohin auch immer, aber ich wusste, dass es ihm gefallen hätte, hier zu sein.

Als ich an dem Tag der Beerdigung neben meiner Mutter stand, brach die Sonne durch die Wolkendecke, und wir schlossen unsere Augen. Diesmal war ich es, die ihre Hand drücken musste und unser Morsezeichen gab, obwohl ich nicht wusste, ob das hier jemals okay werden würde, aber es tat gut, als sie kurz zurückdrückte, obwohl es nur schwach war. Ich sah zum ersten Mal klar vor mir, dass sie nicht nur eine Mutter ist, sondern auch eine Tochter gewesen ist. Wir gingen danach spazieren, und keiner von uns redete viel, was okay war, denn worüber sollte man in so einer Situation auch sprechen.

Und als wir so nebeneinander hergingen und die Sonne zumindest unsere Haut wärmte, da fiel mir die einzige Sache ein, die meine Reue vielleicht irgendwann einmal lindern würde. Ich dachte an das letzte Gespräch, das mein Großvater und ich geführt hatten. Ich war zu der Zeit in Ostfriesland gewesen und hatte mit ihm telefoniert, was nicht ganz einfach gewesen war, weil er sein Hörgerät wie so oft verlegt hatte. Meine Mutter sagte einmal, manchmal nahm er es absichtlich bei Besuch heraus, der ihm nicht passte und dem er nicht zuhören wollte, was er als ›Luxus des Alterns‹ beschrieb. Meist vergaß er bloß, wo er es dann gelassen hatte, und vermutlich war es auch während dieses einen Telefonats so gewesen.

Ich lief an dem Tag durch die Fußgängerzone, als er mich anrief, und wir telefonierten nicht wirklich, ich für meinen Teil brüllte mir die Seele aus dem Leib. »HAST DU MEIN BUCH BEKOMMEN?«, fragte ich zum wiederholten Male und versuchte die Blicke der anderen Passanten in der Stadt zu ignorieren.

Da erzählte er mir, dass mein erstes Buch bei ihm neben seinem Sessel auf dem Tisch lag und dass er, wenn er gute Tage hatte, ein wenig in dem Sessel vor dem Fernseher saß, daraus las und wie stolz er auf mich war. Auch diese Erinnerung wärmt mich ein bisschen von innen, wenn ich daran zurückdenke, doch was mir viel eher etwas von meinem Schmerz nahm, war die Tatsache, wie wir uns voneinander verabschiedet hatten.

Ich bog gerade die Straße hinunter zum Hafen ab, um an der Uferpromenade in Leer entlangzugehen, als ich zum letzten Mal mit ihm sprechen sollte. Ich sagte: »Ich habe dich lieb, Opa!«

Und mein Großvater, der noch immer nach seinem Hörgerät am anderen Ende der Leitung suchte, verstand mich nicht, und so musste ich es ein zweites Mal wiederholen. Ich wusste, würde ich nicht schreien, so würde er mich auch diesmal nicht verstehen, und so brüllte ich, so laut ich konnte: »ICH HAB DICH LIEB, OPA!«, und diesmal drehten sich die Leute sogar reihenweise nach mir um, und eine Frau erschrak und machte einen Satz zur Seite, doch es war mir völlig egal.

Denn Opa lachte nur und antwortete mir: »Brüll doch nicht so. Weiß ich doch.«

Das war das letzte Mal, dass ich mit meinem Großvater sprechen sollte. Und ich sagte ihm nicht nur, wie sehr ich ihn liebte, ich brüllte es.

Der Tag, an dem mein Großvater beerdigt wurde, war das letzte Mal, dass ich in dem Haus meiner Großeltern sein durfte, und es war, als hätte mit dem Sterben meines Großvaters auch das Herz des Hauses aufgehört zu schlagen. Es war kalt, der Ofen und die Lichter aus. In dem Lichtstrahl, der sich durch einen Spalt zwischen einer Jalousie gezwängt hatte, sah ich, wie Staub in der Luft hing und ihn sichtbar machte. Nichts schepperte, klapperte oder brummte. Die Teigwarenfabrik war seit einigen Jahrzehnten nicht mehr aktiv, die schrille Klingel, die losging, trat ein Kunde ein, längst verstummt. Meine Großmutter lebte schon lange nicht mehr. Nirgendwo war ein Hauch von Nebel zu erahnen, keine Schwade quoll aus irgendeiner Ritze hervor. Die Armbrust, die Flinten und die Felle hingen noch an der Wand, aber mein Großvater hatte zu kämpfen aufgehört, er brauchte das alles nicht mehr. Alles war still, das ganze Haus ein Museum, nicht mehr nur ein Zimmer davon. Ein Beweisstück eines Lebens, das es nicht mehr gab.

So brachte mir mein Großvater im Alter von 95 Jahren, nachdem er mir das Schwimmen und das Leben gezeigt hatte, auch noch bei, wie es ist, wenn der Tod die Finger nach jemandem ausstreckte, den man liebte. Wie es ist, das Gefühl zu spüren, das nach der Angst kommt.

TEIL III

*»Denn siehe, ich will eine Sintflut mit Wasser
kommen lassen auf Erden, zu verderben alles
Fleisch, darin ein lebendiger Odem ist, unter dem
Himmel. Alles, was auf Erden ist, soll untergehen.
Aber mit dir will ich einen Bund aufrichten; und du
sollst in den Kasten gehen mit deinen Söhnen, mit
deinem Weibe und mit deiner Söhne Weibern.«*

1. Buch Mose (Genesis), Kapitel 6, Vers 17–18

DIE SINTFLUT

ch rührte gerade in Hamburg meinen Tee um, als ich im
Fernsehen etwas sah, das mir bekannt vorkam. Es war ein
Sonntag und die achtspurige Straße vor dem Haus leiser als
sonst. Das gleichmäßige Rauschen war verschwunden, nur
hin und wieder wurde die Stille unterbrochen, wenn irgendein Idiot mit Vollgas an der Wohnung vorbeiraste. Eigentlich
hatte ich den Fernseher nur schon mal angestellt, um den *Tatort* nicht zu verpassen.

Jetzt stellte ich die Tasse ab und setzte mich auf, als die Frau
in den Nachrichten einen Beitrag anmoderierte, den ich nun
doch sehen wollte. Verdammt, wo nur wieder diese blöde Brille war. Für alles gab es eine App, für den Amateurfußball, für
dämliche Deko, ja, sogar für den eigenen Puls – aber wie man
seine eigene Brille finden konnte, dabei half einem immer noch
keiner. Dabei war es unmöglich, sie zu finden, weil man ohne
sie ja einfach nichts sah. Immerhin fragte mich gerade niemand,
›wo ich sie denn das letzte Mal gesehen hatte‹. Ja, wenn man
das denn immer wüsste, würde man sie ja nicht suchen. Hastig sprang ich auf, um den Beitrag nicht zu verpassen, als ich
die goldene Fassung endlich auf dem Sideboard entdeckte. Ich
schob sie mir auf die Nase. Endlich sah ich den Bildschirm klar.
Über den Fernseher flimmerte das Bild eines riesigen Kreuzfahrtschiffes, das noch diese Woche aus Papenburg überführt

werden sollte. Auf dem Weg passierten die Schiffe auf ihrem Weg von der Unterems in die Nordsee immer auch Leer.

Ich erinnere mich noch an das erste Mal, als ich bei einer Schiffsüberführung zugesehen habe. Für die Kreuzfahrtschiffe wird die Unterems, ein Fluss, der an Leer vorbeiführt, künstlich aufgestaut. Ich stand zusammen mit meinen Eltern und meiner Schwester auf dem Deich kurz vor der Jann-Berghaus-Brücke in Leer. Wo sonst nur grün zu sehen war, versammelten sich immer mehr Menschen. Mit unseren verschiedenfarbigen Jacken mussten wir den Deich fast vollkommen verdeckt haben – nach einiger Zeit war kein Grün mehr zu sehen. Einige hatten Fähnchen mitgebracht und schwenkten diese durch die Luft wie im Fußballstadion, und generell erinnerte mich die Atmosphäre sehr an ein Spiel. Manche klappten mit fortschreitender Stunde sogar Stühle und Tische auf. Ein Mann verkaufte irgendwann aus einem rollenden Imbiss heraus Currywurst und Pommes. Auf der Brücke vor uns huschten die letzten Auto- und Fahrradfahrer über die Brücke, bevor sie für den Durchgangsverkehr geschlossen wurde. Wie lange die jeweiligen Menschen schon warteten, konnte man leicht an ihren Gesichtern ablesen, an den roten Wangen, der verkniffenen Haltung und den vermummten Gestalten.

Der Mann neben uns war einer von der Sorte, die schon länger warten musste. Dick in eine Wolldecke eingewickelt saß er in seinem Klappstuhl, der gefüllte Deckel seiner Thermoskanne dampfte in der einen Hand, mit der anderen presste er ein Fernglas auf seine dicken Wangen. Auf dem Tisch vor ihm stapelten sich mehrere dicke Objektive und eine Kamera. Zwischendurch blätterte er hektisch durch ein Dutzend Zettel und gab dabei ein »Ha!«, ein »Jasses« oder ein »Jetzt aber« von sich. Immer wieder schob er seine Unterlippe hervor, zog die Augenbrauen hoch und stieß dabei wie eine Dampflok Luft durch den geschlossenen Mund aus. Fast hätte man meinen können, vor seinen Augen spielte sich ein Pferderennen ab, das außer ihm niemand sah. Ich jedenfalls konnte nichts Spannendes entdecken. Als er sah, dass ich ihn beobachtete, stellte er sich ungefragt als »Heiner« vor, »Schiff-Spotter«, ergänzte er. Wie er das so sagte, klang es, als ob es sich dabei um seinen Nachnamen handelte, so wie früher, als Namen nach der Berufsbezeichnung gingen. Meine Eltern nickten ihm freundlich zu.

Geduld war noch nie meine Stärke gewesen. Wir standen uns schon eine Weile die Beine in den Bauch. Als mich der Wind streifte, fröstelte ich. Ich zupfte am Ärmel meiner Mutter. »Mama, mir ist kalt.« Ich stellte mich abwechselnd auf die Fersen und Zehenspitzen, um meine Füße ein wenig aufzuwärmen. Mein Vater nahm meine Hände in seine und quetschte sie wenig einfühlsam, so wie er es immer tat, wenn er sie aufwärmen wollte. Ich fiepte. Meine Mutter lächelte zu mir hinunter und rückte mein Stirnband zurecht.

»Dauert nicht mehr lange, versprochen.« Sie blickte zu dem Mann, der Heiner hieß. »Oder?«

Heiner blickte auf seine Uhr und machte wieder sein Dampflokgeräusch: »Vier Minuten zwanzig, dann ist dat Ding hier umme Kurve rum«, bestätigte er fachmännisch.

Schon jetzt stauten sich immer mehr Autos vor der Klappbrücke. Die Wärter ließen niemanden mehr den Fluss überqueren.

Als das Schiff schließlich um die Kurve bog, ging ein Raunen durch die Menge. Wie ein Hochhaus trieb es über das schlickige Wasser auf uns zu. Ich staunte. So ein großes Schiff hatte ich noch nie gesehen, obwohl man in Ostfriesland immer wen kannte, der ein Boot besaß. Mein Vater nahm jetzt abwechselnd meine Schwester und mich auf seine Schultern, damit wir besser sehen konnten.

»Guck mal«, sagte mein Vater, der mit seinen Händen meine Füße festhielt. »Mit so was fährt dein Opa immer in den Urlaub.«

Bald würde es in der Nordsee verschwinden, bevor es um die Welt zog. Ich blickte zu dem Giganten auf dem Wasser. Die vielen Fenster ließen ihn wie eine Bienenwabe aussehen.

Heiner schoss aus seinem Klappstuhl hoch, der mit einem Ächzen zusammenbrach. Seine Munddampflok klang jetzt, als wäre der Antrieb kaputt, er blubberte fast. Obwohl Heiner die Ankunft des Schiffes vermutlich schon seit Monaten erwartet hatte, war er in diesem Moment völlig außer sich. Er wechselte zwischen seinen Objektiven im Sekundentakt hin und her und schob Leute beiseite, die ihm die Sicht versperrten. Dann verschwand er in der Menge.

Die Brücke klappte hoch. Fähnchen wurden geschwenkt. Einige winkten dem Kreuzfahrtschiff zu. Es winkte nicht zurück. Der befüllte Thermoskannendeckel dampfte ungerührt weiter vor sich hin. Nachdem das Schiff außer Sichtweite war, kam Heiner wieder zurück. Er strahlte. »*Sapi!*«, sagte er, wobei er das A in die Länge zog, dass ich dachte, es höre nie wieder auf. Ich nickte.

Die Moderation der Frau im Fernsehen endet, als der Bericht losgeht. Ich erkenne die Jann-Berghaus-Brücke und die Ems. Kommende Woche soll wieder ein Schiff überführt werden.

Dem Bericht zufolge wird bereits jetzt die Unterems dafür aufgestaut – damit genügend Wasser für die riesigen Pötte im Fluss ist und sie überführt werden können. Das Bild schwenkt auf einen Landwirt, dessen Felder im Rheiderland überflutet werden. Die Ausläufer des Außendeichs, auf dem seine Schafe grasen, stehen regelmäßig unter Wasser. Die Flächen nehmen durch die Schiffsüberführungen Schaden, sagt er, einige könne er zum Teil gar nicht mehr nutzen. Daran haben auch die baulichen Maßnahmen Schuld, die man im Laufe der Zeit an der Ems vorgenommen habe. Er meint damit, dass die Ems begradigt und ihre Fahrrinne vertieft worden ist, damit die großen Schiffe auf ihrem Weg ins Meer nicht auf Grund laufen. Der Fluss war zu eng, die Schiffe wurden immer gigantischer, der Hersteller drohte damit, den Standort ins Ausland zu verlegen – womit einer der wenigen großen Arbeitgeber der Region verschwunden wäre. Für die Menschen, die hier leben, ein absolutes Desaster. Ich erinnere mich an einen Termin, den ich als Redakteurin begleitete, Masterplan Ems hieß das Projekt. Wie ein Masterplan klingt er nicht, denke ich jetzt, als das Kamerateam die gefluteten Flächen des Landwirts zeigt.

Durch den Fluss fließt eine stärkere Strömung, das Wasser verschlickt zusehends. Die Schiffe wirbeln bei ihren Fahrten den Grund auf, der sich neu verteilt. Und die Flut trägt mehr Wasser – und eben auch Schlick – ins Land hinein, als die Ebbe wieder hinaustragen kann, weshalb der Lebensraum von verschiedenen Arten zerstört wird. Bis 2050 soll jetzt der neue Masterplan Ems umgesetzt werden, erzählte der Mann im Fernsehen.

Ich nahm mein Handy und tippte das Projekt bei Google ein. Wie teuer die Maßnahmen werden, um die Ems wieder in ihren alten Zustand zu versetzen, ›kann niemand wissen‹, heißt es auf der Webseite. Ziel sei es, Wirtschaft und Ökosystem in Einklang zu bringen. Die Kosten dafür, dass die Ems nicht nur die Schiffe bewältigen, sondern im neuen Masterplan auch die Natur berücksichtigen kann, sollen Bund und Länder tragen, am Ende also der Steuerzahler, teilte der Sprecher im Fernsehen mit. Das sei die letzte Möglichkeit, um Strafen der EU in Millionenhöhe abzuwenden.

Ich starrte den Bildschirm an. Da wird also ein funktionierendes Ökosystem zerstört, um einen im Emsland ansässigen Schiffshersteller vor Ort zu halten. Damit dessen immer größer werdende Schiffe sich weiter durch einen Fluss ins Meer quetschen können, werden Steuergelder verwendet. Dann drohen Strafen vonseiten der EU, woraufhin die Politik einen neuen Plan umsetzen will, um das vorherige ökologische Gleichgewicht wiederherzustellen – und dafür sollen abermals Steuergelder verwendet werden. Wie viel, weiß offenbar kein Mensch.

In der Bibel steht geschrieben, dass Gott Noah die Arche bauen ließ, um sich und eine Reihe anderer Menschen und Tiere vor der Sintflut in Sicherheit zu bringen. Was aber machen, wenn das Schiff die Sintflut verursacht? Was, wenn das Schiff das Leben nicht schützt, wie die Arche Noah es getan hatte, sondern es zerstört?

Ich schaltete den Fernseher aus. Auf den *Tatort* hatte ich keine Lust mehr.

DIE JUNGE FRAU
UND DAS MEER

ch sitze im Auto und fahre auf einer schnurgeraden Straße durchs Rheiderland. Deiche ziehen an mir vorbei, plattes Land. Aus der Ferne sehen die Schafe wie abgeblühter Löwenzahn aus. Backsteinhäuser stehen hin und wieder gebückt am Wegesrand, gebeutelt vom Wetter. Wind wirft sich in weiße Räder, die in Wolken stechen. Der Himmel über mir zieht sich wie ein Reißverschluss zu. Regen liegt in der Luft.

Als ich auf der Insel im Watt ankomme, ist niemand außer mir da. Die Zugvögel, die jedes Jahr früher kommen, habe ich auf dem Weg hierher hinter mir gelassen. Sie bewachen den Weg, der ins Nichts führt. Ihre Rufe werden hier draußen längst vom Wind verschluckt. Ich frage mich, ob es einmal so weit sein wird, dass sie im Winter nicht mehr fortfliegen werden, weil sie den Stress der Reise nicht mehr auf sich nehmen werden, einfach weil sie es nicht mehr müssen.

Mittlerweile spannen sich Regentropfen wie Fäden vom Himmel. Der Wind presst mir die Klamotten an den Leib und hält mich fest. Meine Haare peitschen mir ums Gesicht. Die Kälte treibt mir Tränen in die Augen. Das Grau des Himmels verwebt sich mit dem Grau der Wellen, alles geht fließend ineinander über. Zu meinen Füßen bleckt die Nordsee ihre weißen Zähne. Da bin nur ich, und da ist das graue Meer vor mir.

Es gibt Menschen, die der Nordsee nicht viel abgewinnen können. Diesem grauen Etwas, diesem Ungetüm, das einem stets mürrisch entgegenblickt. Ich habe das nie so ganz verstanden. Ich mag genau das. Ich mag, dass sie ist, wie sie ist, und dass sie so heißt: Nordsee. Nicht Nordatlantik, der einem in der letzten Silbe leicht von der Zunge rutscht, und auch nicht Nordozean, bei dem die Buchstaben aneinanderhängen wie Honig oder als entstammten sie einem Gedicht von Eichendorff; sondern schlicht Nordsee. Keine Schlenker, keine Verirrungen, zwei abgehackte, ausgespuckte Silben, unbeschönigt, pragmatisch, deskriptiv. Ich mag, dass ihr Wasser nicht türkis wie in der Karibik oder smaragdgrün wie in Thailand ist. Dass es nicht freundlich und einladend aussieht, sondern eigentlich sogar ziemlich ungemütlich, ungesund womöglich. Niemand würde bei einem Binnengewässer dieser Farbe auf die Idee kommen, hineinzusteigen wie in ein heimisches Bad. Die Farbe ist zu trüb, zu undurchsichtig, fast breiig, als würde man sich schon beim Eintippen der Zehenspitze eine üble Durchfallerkrankung holen. Das Wasser ist schlickig, der Grund unergründlich, abgesehen von den Stunden, in denen man gar kein Meer vermutet und es sich bei Ebbe vollkommen zurückzieht, sodass man über Meeresgrund laufen kann, als wäre es ein Fußgängerweg. Ich mag, wie sich die See, wenn sie wieder da ist, mit dem Grau des Himmels vermischt, als wären beide dazu bestimmt, die Schattierungen zwischen schwarz und weiß auszufüllen, ein nie mehr endendes ausuferndes Aquarell. Und ich mag, wie laut sie dabei ist. Dass sie immer in Bewegung bleibt, dass sie lebt, dass sie lärmt und tost und wütet und stampft. Unter den Weltmeeren wäre die Nordsee der langhaarige, mit Aknenarben übersäte, ungewaschene Heavy-Metal-Typ aus der letzten Reihe im Bus: Sie legt es nicht darauf an, anderen zu gefallen.

Sie lädt auch nicht zum Baden ein. Will man sie mit dem Boot bezwingen, so sticht man in See, als würde man wie bei einem Kampf mit dem Messer das Fleisch des Gegners zerschneiden. Meist trägt sie dabei geifernde Gischt auf ihren Lippen und spuckt zischend Quallen wie Flüche aus, damit man es auch an Land schwer damit hat, sie lieb zu gewinnen. Der Wind, ihr vielleicht einziger Verbündeter, tobt stets um sie herum, um auch den letzten ungebetenen Gast zu vertreiben. Ein bisschen erinnert mich die See manchmal an ein altes garstiges Weib, das nicht gelebt, sondern das Leben überlebt hat.

Ich liebe die Nordsee trotzdem, trotz allem und vielleicht gerade wegen alldem. Sie macht einem nichts vor. Sie wiegt einen nicht in Sicherheit oder führt einen hinters Licht. Sie beschönigt nichts. Sie tut nicht so, als wäre sie eine Art erweitertes Planschbecken, oder liegt wie der ausgebreitete Wasserteppich im Mittelmeerraum da und verschluckt aus heiterem Himmel Eindringlinge wie die Adria die alte Frau im Urlaub. Sie tut nicht so, als wäre sie etwas anderes als das, was sie ist: eine Naturgewalt. Und sie ist dabei so nervtötend laut, so omnipräsent, dass etwas in mir ganz still wird, wenn ich in der Nähe bin. Die Nordsee macht deutlich, wie gefährlich sie ist. Dass sie einen mit Haut und Haaren verschlingt, wenn sie es nur will. Sie hustet und tobt und schmatzt und rülpst, um einen nicht vergessen zu lassen, dass sie das ist, was sie ist. Eigentlich warnt sie uns seit Anbeginn der Zeiten davor. Nur habe ich Letzteres lange nicht begreifen wollen.

Hin und wieder denke ich an die alte Frau und das Meer zurück. Sie war in die Adria gegangen, um das zu tun, weshalb auch wir gekommen waren: zu baden, sich zu belohnen und den Urlaub mit ihrem Mann zu genießen, den Alltag zu vergessen wie all die anderen Menschen unter ihren gestreiften Schirmen. Und dann hatte sie plötzlich mit dem Meer um ihr Leben kämpfen müssen, bis es sie nicht nur von außen, sondern sogar von innen umspült hatte und sie schließlich ganz verschlang.

Ich denke daran, wie die Tragödie die alte Frau überrascht haben musste, wenn sie schon mich derart überrascht hatte. Ich denke daran, wie willkürlich mir alles an diesem Tag an der italienischen Adria vorgekommen war, wie grausam. Wie vor meinen Augen jemand starb, während ich in Flipflops am Strand stand, um das grellste Handtuch eines Verkaufsstandes zu begutachten, was mir im Nachhinein möglicherweise doch ein Hinweis, ein böses Omen hätte sein sollen. Vielleicht hatte ich nicht genau genug hingesehen, war auf meinem Weg zu dem Stand nicht aufmerksam genug gewesen. Und ich denke daran, wie ich an dem Tag etwas lernte, das ich vorher nicht begriffen hatte.

Natürlich war mir immer bewusst gewesen, dass dem Meer eine ganz eigene Kraft innewohnt. Ich spürte es, wenn die Wellen beim Tauchen an meinem Körper zogen, an meinen Haaren, wenn sie über mich hinwegstrichen wie ein alter Freund, aber einer, der stark ist und der fest zudrücken kann. Nur war mir das Ausmaß seiner Kraft bis zu dem Tag am Meer nicht klar gewesen. Zuvor war die Kraft des Meeres für mich etwas gewesen, das man – mit ein wenig Glück – mit Unterricht, Brettern und Schwimmflügeln bezwingen konnte. Wenn ich an die alte Frau und das Meer denke, rufe ich mir in Erinnerung, wie gefährlich etwas sein kann, obwohl es sich nicht danach anfühlt. Zu glauben, das Meer sei harmlos, weil es in der Sonne so schön funkelt, ist töricht. Das Meer ist genauso tödlich wie ein Berg es sein kann. Es ist nur eine andere Art von Abgrund, in den man blickt. Und es ist einer, dessen ganzes Ausmaß der Mensch nie erfassen wird, weil seine Schluchten so tief führen, wie er nicht mehr blicken kann. Bis dahin, wo es nur noch endloses Schwarz gibt. Und Stille. Und trotzdem liebe ich es, das Meer. Trotz allem. Wenn ich es nach langer Zeit wiedersehe, wenn ich es schon rieche und schmecke, noch bevor ich es überhaupt sehen kann, dann rückt etwas in meinem inneren Regal an seinen richtigen Platz. Das war schon früher so, als ich Jahr für Jahr meine Sommer am Meer verbracht habe, und das ist auch heute noch so. Nirgendwo bin ich so glücklich, nirgendwo so gelassen wie dort, ganz gleich, wie absurd es lernpsychologisch ob der toten Frau am Meer auch sein mag. Nie bin ich so glücklich, wie irgendwo in der Nähe vom Meer. Ich zwinge mich deshalb auch dazu, mich daran zu erinnern, dass etwas gefährlich sein kann, obwohl man es liebt. Ganz gleich, wie harmlos es wirken mag. Selbst wenn sein Anblick sich anfühlt wie die Umarmung eines alten Freundes. Ich weiß, dass Dinge gerade deshalb so gefährlich werden – *weil* man sie nicht kommen sieht. Weil sie scheinbar aus heiterem Himmel passieren. Wie ein Möwenschiss.

Ich denke daran, dass die Gefahr nie mit der Gewohnheit verschwindet, so wie das Besteigen einer Maschine nach dem hundertsten Mal Fliegen nicht ungefährlicher wird. Nicht alles, was wir häufiger machen, wird darum sicherer. Das Leben spielt manchmal Roulette, und nicht immer sind wir die Croupiers. Wir erhalten unsere Jetons und können dankbar sein, wenn das Glück es gut mit uns meint. Denn nichts anderes ist das Leben: Glück. Umso wichtiger ist es, dass wir die paar Male, die wir die Fäden zum Glück in der Hand halten, auch nutzen.

Ob ich einmal nach Ostfriesland zurückwill? Ich weiß es nicht. Ostfriesland ist der Ort meiner Jugend. Hier gibt es kaum etwas, das mir begegnet, bei dem ich nichts fühle. In manchen Momenten habe ich meine Heimat gehasst. In manchen habe ich sie geliebt. Nirgendwo war ich so verliebt, nirgendwo so verletzt, nirgendwo so verloren, und nirgendwo finde ich so sehr zu mir zurück.

Denn wenn ich nachts nach einer langen Nacht nach Hause komme, wenn die Abgase des Tages noch in der Großstadtluft liegen, der Geruch von Urin und Kanalisation in meine Nase steigt, wenn ich den Kopf in den Nacken legen will, um die Sterne zu zählen, weil es das ist, was mich in der Nacht weniger einsam fühlen lässt, und wenn ich stattdessen in mattes Orange und Grau blicke, einen lichtverschmutzten Großstadthimmel, gibt es nur eine mögliche Antwort: Dann zieht das Heimweh an mir, als schlinge sich ein unsichtbares Tau um meinen Rumpf. Dann fehlen mir die Luft und die Erde, die durch den Regen schöner werden, dann fehlen mir die Deiche und ihre Weichheit, ihre weibliche Form, die sich scheinbar nebensächlich und mütterlich den Gezeiten entgegenstemmt, nur damit wir Menschen hinter ihnen leben können. Mir fehlt das kalkarme Wasser für meinen morgendlichen Tee. Manchmal, da fehlt mir sogar die Gülle, die einzige Art von Scheiße, die für mich gut riechen kann.

Doch vor allem fehlt mir die Weite, die unendliche Weite, die dafür sorgt, dass sich meine Brust weniger zuschnürt, wenn einmal alles zu viel wird, wenn meine Lungen zu klein scheinen für das da draußen und ich all die Wucht des Nichts einsaugen kann, um weniger zu sein, um wieder ruhiger zu werden, um zu begreifen, dass es so viel Größeres als mich selbst gibt und mir das auf merkwürdige Art und Weise ein Trost ist. Genauso wie jetzt, hier auf der Insel im Nirgendwo. Langsam beißt sich die Gischt mit ihren weißen Zähnen den Weg durch die Pflastersteine zu meinen Füßen. Das Wasser steigt.

Ich weiß noch nicht viel über das Leben, ich bin Mitte zwanzig. Noch habe ich keinen Einkaufskorb. Doch ich weiß gerade genug, um zu wissen, dass, wenn einmal der Tag kommen sollte, an dem mich das Meer holt, ich genauso alt sein will wie sie; wie die alte Frau, die im Meer ertrank. Und dass ich, hoffentlich, oft kämpfen darf, bevor es so weit ist. Jeden Tag aufs Neue.

Ich werde nicht allein verhindern können, dass sich das Klima wandelt. Auch hier, auf meiner Insel im Nirgendwo. Ich werde mich machtlos fühlen, als wäre ich wieder sechs und könnte nicht schwimmen, als könnte ich meine Augen unter Wasser nicht aufhalten, nicht mehr sehen und als würde ich wie ein Stein in die Tiefe sinken, ganz allein auf den Grund, nicht dazu in der Lage, dem Wasser irgendetwas entgegenzusetzen. Ich werde Fehler machen, wie ich es beim Schwimmenlernen getan habe, unzählige Fehler, wie es auch die Generationen vor mir schon getan haben, aber ich weiß, dass das okay ist – dass es okay ist, Fehler zu machen. Es fällt mir schwer meine Augen offen zu halten, wenn ich Angst habe, aber ich will es versuchen, weil man nicht gegen etwas kämpfen kann, das man nicht sieht, und weil es das war, was meinen Großvater den Krieg hat überleben lassen.

Irgendwie, denke ich manchmal, ist das alles fast komisch: Das erste Leben stammt aus dem Meer. Jetzt holt sich das Meer mit dem Klimawandel Stück für Stück Land und Leben zurück. Der Spiegel der Meere steigt, das Wasser verschlingt mit der Zeit immer mehr Grund und uns am Ende vielleicht gleich mit. Dann wird es so sein, als hätte es uns nie gegeben, vielleicht gibt es am Ende wie am Anfang nur noch irgendwelche Pantoffeltierchen im Meer. Wenn das hier nur eine Geschichte wäre, würde ich vielleicht sogar denken, wie schön rund der Bogen doch ist, der sie umspannt; dass Anfang und Ende passen und der Autor sich wirklich mächtig Gedanken gemacht haben muss. Nur ist das hier nicht nur eine Geschichte. Das hier ist mein Leben.

Ich bin keine alte Frau. Ich will nicht im Meer verschwinden. Noch nicht. Nicht kampflos. Denn das Letzte, was ich will, ist: nicht die Wahl zu haben, ob ich zurückkehren kann, weil der Grund nicht mehr bewohnbar ist, weil der Deichbau und unsere Wassersysteme nicht mit dem Anstieg des Wassers mithalten können, weil Tornados in Ostfriesland wüten, die ich zuvor nur aus dem Fernsehen kannte, und der Wind die Häuser wie ein Schwert zerfetzt. Ich möchte mich entscheiden können. Das weiß ich jetzt. Ich möchte einen Ort haben, an den ich zurückkehren kann, wenn ich möchte. Na ja, und: Ich will wirklich nicht auf einem Berg leben müssen. Angst hin oder her, das erträgt mein Magen nicht.

Doch wenn das alles nicht reicht, wenn es am Ende nicht genügt, wenn wir uns nicht rechtzeitig ändern und das hier, vor mir, zu meinen Füßen, alles verschwindet, irgendwann einmal untergeht und wenn das hier das Ende der Welt sein sollte – dann sitze ich genau hier. Auf meiner Bank. Mitten in der Wucht des Nichts. Auf dieser kleinen Insel im Watt, die im Volksmund ohnehin *Endje van de Welt* genannt wird. Mir läuft ein Schauer über den Rücken, der Wind wütet über der See, ungehobelt, wie seit Anbeginn der Zeiten.

Ich ziehe mir die Kapuze über den Kopf.

Ein Sturm kommt auf.

Ein einzigartiger Blick auf ein Deutschland zwischen Spießertum und Popkultur

Unterhaltsamer Bildband und Kulturführer

Marcus S. Kleiner
Deutschland 151
Porträt eines bekannten Landes in
151 Momentaufnahmen (Edition 151)

📖 ISBN 978-3-95889-403-7

🌐 www.conbook-verlag.de/buecher/
deutschland-151

*Editionsausgabe der 151er
als hochwertiges Hardcover*

Deutschland – ein Land, das wir alle kennen, weil wir hier leben. Vielleicht schauen wir gerade deshalb nicht mehr so genau hin. Deutschland steht für Vieldeutigkeit und Widersprüche: Beamte, die im Berghain tanzen. FKK-Fans verteidigen die Kehrwoche. Satire schlägt Sauerkraut. Deutschland wandelt sich beständig, obwohl wir oft glauben, dass nichts vorangeht, wie z. B. die Digitalisierung.

Marcus S. Kleiners Deutschlandreise beginnt mit der Zuckertüte in der Hand mitten im Wirtschaftswunder. Er geht mit uns als Urlaubsweltmeister in Sandalen und Socken durch Mallorca. Als Sparfuchs versteht er keinen Spaß am Jägerzaun, der sein Eigenheim schützt. Er spricht mit uns über Emanzipation und Karneval, Klimawandel und Wohlstandsmüll. Den König Fußball lässt er auch mal danebenschießen. Die Ironie erklärt er für beendet. Und schließlich kommt er ganz pünktlich im Streamland an. Mit diesen 151 Momentaufnahmen werden Sie garantiert anders auf das Land blicken.

**CON
BOOK.**

MOIN
TOSAMEN!

Oder auch:
Guten Tag zusammen!

**REISE-
SCHMÖKER**

OSTFRIESLAND®

Mit dem **Kuh-R-Code** zur
Bestellseite und kostenlos
unsere Kataloge bestellen:

Sylvie fragt sich, ob sie irgendwann zurück nach Ostfriesland will. So ganz verstehen wir diese Fragestellung nicht. Natürlich will sie! Wer einmal in Sylvies Heimat war, kehrt immer wieder zurück. Da gibt es überhaupt kein Vertun!

Das Land der grenzenlosen Weite und der Teetrinker, der schnurgeraden Kanäle, der weißen Klappbrücken und der rauen Nordsee mit ihrem faszinierenden Wattenmeer samt Ebbe und Flut fesselt und lässt einfach nie wieder los. Ostfriesland bedeutet Entschleunigung und Freiheit pur.

Aber nicht nur die einzigartige Natur- und Kulturlandschaft machen Ostfriesland zu einem besonderen Fleckchen Erde. Auch die Ostfriesen an sich sind besonders – humorvoll, trocken und manchmal etwas schrullig, aber immer herzlich und offen. Wann begebt ihr euch auf die Spuren von Sylvies Heimat?

Ostfriesland Tourismus GmbH   urlaub@ostfriesland.travel
Tel. 04 91 / 91 96 96-60   *www.ostfriesland.travel*

Ein Kompendium der schönsten Strecken Europas

In vielen europäischen Ländern schlummerte das Reisen im Nachtzug einen langen Dornröschenschlaf. Nun ist es wieder da! In Zeiten von Slow Travel und Nachhaltigkeit erlebt dieses ganz besondere Reiseerlebnis einen echten Boom: Das Nachtzugnetz wächst, und jedes Jahr kommen neue Verbindungen hinzu.

Spannende Städte, traumhafte Landschaften und weniger bekannte Lieblingsorte lassen sich nicht nur ganz entschleunigt, sondern auch umweltfreundlich bereisen. Lassen Sie sich inspririeren und entdecken Sie die schönsten Nachtzugstrecken in ganz Europa.

Der erste Reise-Bildband der schönsten Nachtzugstrecken Europas. Mit allen wichtigen Informationen, tollen Fotos und spannenden Geschichten!

Veronika Wengert und Jörg Dauscher
Nachtzugreisen
Die schönsten Strecken Europas

ISBN 978-3-95889-416-7
ISBN 978-3-95889-425-9
www.conbook-verlag.de/buecher/
nachtzugreisen

Sylvie Gühmanns unterhaltsamer Reiseknigge für Ostfriesland

Nach dem Abi zieht Sonja aus dem Ländle nach Leer, um beim Oostfresen-Blattje ihr Volontariat zu absolvieren. Über die Einheimischen – und ihre Eigenarten – hat sie sich vorher nicht informiert. Ostfriesland ist schließlich ein Teil von Deutschland, so anders kann es da gar nicht sein.

Wie sehr sich Sonja doch irrt! Zum Glück schließt sie schnell Freundschaft mit Grietje, die sie so manches Mal davor bewahrt, ins nächste Fettnäpfchen zu hüpfen. Mit der Zeit scheint Sonja die neue Heimat gar nicht mehr so fremd – sie ertappt sich sogar dabei, wie sie ihren heiß geliebten Kaffee am Morgen gegen Ostfriesentee mit Wulkjes eintauscht.

» Wer das Buch liest, kann Ostfriesland nur lieben.« (SonntagsReport Leer)

Sylvie Gühmann
Fettnäpfchenführer Ostfriesland
Eine Ode an das Moin

ISBN 978-3-95889-256-9
ISBN 978-3-95889-297-2

www.conbook-verlag.de/buecher/
fettnaepfchenfuehrer-ostfriesland